中传学者文库编委会

主　任： 廖祥忠　张树庭

副主任： 蔺海波　李　众　刘守训　李新军　王　晖
　　　　　杨　懿　柴剑平

成　员（按姓氏笔画排序）：

王廷信	王栋晗	王晓红	王　雷	文春英
龙小农	付　龙	叶　龙	刘东建	刘剑波
任孟山	李怀亮	李　舒	张绍华	张　晶
张根兴	张毓强	林卫国	郑　月	金　炜
金雪涛	周建新	庞　亮	赵新利	徐红梅
贾秀清	高晓虹	隋　岩	喻　梅	熊澄宇

中传学者文库

主编／柴剑平
执行主编／龙小农　副主编／张毓强　周建新

国际传播的边界与想象

姬德强自选集

姬德强 著

中国传媒大学出版社
·北京·

图书在版编目（CIP）数据

国际传播的边界与想象：姬德强自选集 / 姬德强著 . -- 北京：中国传媒大学出版社，2024.8.

（中传学者文库 / 柴剑平主编）.

ISBN 978-7-5657-3695-7

Ⅰ . G206-53

中国国家版本馆 CIP 数据核字第 202483NJ11 号

国际传播的边界与想象：姬德强自选集
GUOJI CHUANBO DE BIANJIE YU XIANGXIANG：JI DEQIANG ZIXUANJI

著　　者	姬德强
责任编辑	于水莲
特约编辑	张斯琪
封面设计	锋尚设计
责任印制	李志鹏

出版发行	中国传媒大学出版社			
社　　址	北京市朝阳区定福庄东街 1 号	邮　编	100024	
电　　话	86-10-65450528　65450532	传　真	65779405	
网　　址	http://cucp.cuc.edu.cn			
经　　销	全国新华书店			
印　　刷	北京中科印刷有限公司			
开　　本	710mm×1000mm　1/16			
印　　张	16.25			
字　　数	248 千字			
版　　次	2024 年 8 月第 1 版			
印　　次	2024 年 8 月第 1 次印刷			
书　　号	ISBN 978-7-5657-3695-7/G・3695	定　价	81.00 元	

本社法律顾问：北京嘉润律师事务所　郭建平

总　序

　　媒介是人类社会交流和传播的基本工具。从口语时代到印刷时代，再经电子时代至今天的数智时代，媒介形态加速演变、融合程度深入发展，媒介已然成为现代社会运行的基础设施和操作系统。今天，人类已经迈入媒介社会，万物皆媒、人人皆媒，无媒介不社会、无传播不治理。今天，无论我们怎么用力于信息传播的研究、怎么重视信息传播人才的培养都不为过。

　　中国传媒大学（其前身为北京广播学院）作为新中国第一所信息传播类院校，自1954年创建伊始，即与媒介形态演变合律同拍、与国家发展同频共振，努力探索中国特色信息传播人才培养模式、构建中国信息传播类学科自主知识体系，执信息传播人才培养之牛耳、发信息传播研究之先声，被誉为"中国广播电视及传媒人才摇篮""信息传播领域知名学府"。

　　追溯中传肇始发轫之起源、瞩望中传砥砺跨越之未来，可谓创业维艰而其命维新。昔日中传因广播而起，因电视而兴，因网络而盛，今天和未来必乘风破浪、蓄势而上，因人工智能而强。在这期间，每一种媒介兴起，中传均吸引一批志于学、问于道、勤于术的

学者汇聚于此，切磋学术、传道授业，立时代之潮头，回应社会需求，成为学界翘楚、行业中坚，遂有今日中传学术研究之森然气象，已历七秩而弦歌不断，将传百世亦风华正茂。

自新时代以来，中传坚守为党育人、为国育才初心，励精图治、勠力前行，秉承"系统治理、创新图强、交叉融合、特色发展"的办学理念，牢牢把握高等教育发展大势、传媒业态发展趋势，瞄准"智能传媒"和"国际一流"两大主攻方向，以世界为坐标、以未来为向度，完成了全面布局和系统升级，正在蹄疾步稳、高质量推动学校从传统高等教育向未来高等教育跨越、从传统传媒教育向智能传媒教育跨越、从国内一流向世界一流跨越，全力建设中国特色、世界一流传媒大学。

中国特色、世界一流，在于有大先生扎根中国大地，汇聚古今、融通中外；在于有大先生执教黉门，学高为师、身正为范；在于有大先生躬耕杏坛，敦品积学、启智润心。习近平总书记更强调，高校教师要立志成为大先生，在教书育人和科研创新上不断创造新业绩。中传广大教师素来以做大先生为毕生职志，努力成为新时代"经师"与"人师"的统一者，做真学问、立高品行，践履"立德树人"使命。

2024岁在甲辰，欣逢中传建校70华诞，学校特邀约部分学者钩玄勒要、增删批阅，遴选已公开刊发的论文汇编成集，出版"中传学者文库"，意在呈现学校在学科建设、科学研究、服务行业实践等方面的最新成果，赓续中传文脉，谱写时代新声。

文库汇聚老中青三代学者，资深学者渊渟岳峙、阐幽抉微；中年学者沉潜蓄势、厚积薄发；青年学者踌躇满志、未来可期。文库与五十周年校庆所出版的"北广学者文库"相承接，大致可勾勒中传知识生产薪火相传、三代辉映之概貌，反映中传在构建中国特色新闻传播类、传媒艺术类、传媒技术类学科体系、学术体系和话语体系方面的耕耘与收获，窥见中国特色信息传播类学科知识体系构建的发展脉络与轨迹。

这一构建过程，虽筚路蓝缕，却步履铿锵；虽垦荒拓野，亦四方辐辏。一批肇始于中传，交叉融合、具有中国特色的学科，如播音主持艺术学、广播电视艺术学、传媒艺术学、数字媒体艺术学、政治传播学等，从涓涓细流汇入滔滔江河，从中传走向全国，展现了中传学者构建中国自主知识体系的学术想象力和创新力。文库展示的虽然是历史，实则是呈现今天；看似是总结过去，实则是召唤未来。与其说这套文库的出版，是对既有学术成果的展示，毋宁说是对未来学术创新的邀约。

回首过往，七秩芳华。我们深知，唯有将马克思主义基本原理与中华优秀传统文化相结合，才能推动中华学术创造性转化和创新性发展，推动中国自主知识体系的构建。我们深知，唯有准确把握媒介形态演变的脉动、深刻认知媒介形态变革所产生的影响，才能推动中国信息传播类学科自主知识体系的构建与时俱进。

展望未来，星辰大海。我们深知，以人工智能为代表的产业和科技革命正迅疾而来，媒介生态正在加速重构，教育形态正在全面重塑，大学之使命与价值正在被重新定义；我们深知，唯有"胸怀国之大者"、面向世界科技前沿、面向经济主战场、面向国家重大需求，才能确保中传始终屹立于中国乃至世界传媒教育发展之潮头。

如何应对人工智能带来的深刻变革，对中传而言是一场要么"冲顶"、要么"灭顶"的"兴亡之战"。我们坚信，不管前方是雄关漫道，还是荆棘满途，唯有勇敢直面"教育强国，中传何为？"这一核

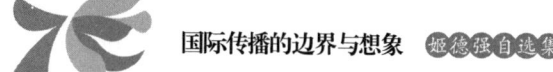

心命题,奋力书写"智能传媒教育,中传师生有为!"的精彩答卷,才能化危为机,奋力开创人工智能时代中传智能传媒教育新纪元。

功不唐捐,芳华七秩;风帆正举,赓续创新。

是为序。

第十四届全国政协委员,中国传媒大学党委书记、教授、博士生导师

自序：内外之间的国际传播

国际传播研究正呈现着星火燎原之势。对一个日益全球化的中国而言，这无疑是一件幸事，是走出固有世界观念和传统中国认知边界的重要举措。不断提高知外能力，进而反向提升知己水平，是每一个从事国际研究的学者应当具备的基本素养。任何缺少外部视野和他者思维的国际传播研究，都是自我中心主义想象的产物，往往导致盲目自大，抑或简单的认知对立，不利于建立任何有意义的传播关系，也就于国际传播能力建设无益，甚至会转化为自产自销的理论废品。因此，如何处理好国际传播复杂的内外边界问题，如何在我者与他者的互动中找寻理论探索的落脚点，如何让中国视野成为重新定义内外之间的国际传播问题的创新方案和伦理依托，成为本书的主要关切，尽管切入的角度往往灵活而多样。

笔者经常告诫自己，国际传播可能并不存在真正的、理想的国际性，这是由不同参与者之间的资源禀赋和权力关系所决定的。因此，做到真正的客观中立基本是不可能的，这也是国际传播实践史和学术史所反复印证的。正如每一个国际传播学者都无法跳脱其国家、民族、社会、制度等身份来构建一个真正具有间性色彩的理论一样。那么，既然无法平等处理内外关系，国际传播研究又该如何推进呢？本书的文章呈现了两种路径：一种是做更多语境化的处理，让对象自己讲述自己，学者的工作是尽可能多地呈现传播的本土意

义;另一种是诉求批判路径,从基本的社会正义观念出发,解构内外关系中的不平等问题,进而在法理和伦理意义上推动新秩序的形成。当然,作为全球南方国家的学者,还需要进一步挖掘非西方、去殖民语境中的传播多样性,进而丰富一种由下而上的、横向交互的理论想象。

除了上述一般性问题,作为一名中国学者,笔者也在国际传播的学术交往和教学实践中深刻意识到,中华文明的非剥夺性、非扩张性的传播基因确实让我们无法与作为现代化剥夺性和扩张性力量的西方资本主义体系在短期内相抗衡。文明传播与国际传播本就是两种不同的交往逻辑,只是近代以来,后者借助工业和军事实力而崛起,反向推动着文明传播的国际化转向,因此不得不去处理主权国家的竞争关系以及相应的传播张力问题。但是,这个屈就之举,最终也会因为国际关系的大变局而改变,正如我们已经看到的一系列文明传播再次兴起的信号。

数字时代的到来推动着基于物理疆域的边界观念和内外认知发生着重大变革。虽然有着各种主权、身份、制度、文化的边界讨论,但谁也不能否认,我们正在处理的国际传播问题,已经超越了曾经的内外之别,甚至要认真讨论作为增量的全球普遍性问题,后者不专属于任何一个国家,这也是全球连接性空前提高的后果。重新勘界,也许是国际传播研究的首要问题,这个边界可能是领域,可能是人群,可能是技术,可能是市场。也许在这个重新划定边界的过程中,兴盛自冷战期间的国际传播一词,也会逐渐淡出我们的讨论中心,取而代之的是更为复杂多样的全球传播主体。这些主体与国家主体之间是相互构建的关系。

反思过去这些年的研究历程,特别是与国际学术界的交流互动,以及对国内学者相关研究的观察,笔者明显感受到国际传播既是一个人文与社会科学研究领域,存在较为清晰的研究问题、阐释路径、理论范式，也是一个伦理认知空间，存在着多元乃至冲突的立场。两个方面往往咬合在一起，共同形构了当今世界尤其是中国的国际传播学术生态。面对这一时代态势，我们既需要学术探索的热情和勇气，更需要学术创新的理性与冷静，也许还需要学术立场的包容与公正。

在国际传播工作走深走实、国际传播研究蓬勃发展的当下，更具体的问题需要被提出、更复杂的关系需要被分析。也许，只有"国际传播"四个字不断走向后台，国际传播的真问题才会涌现到前台，国际传播研究的黄金时代才会真正开启。

姬德强
2024 年 7 月
于北京华兴园

目 录

第一部分 历史与思想

党际传播、国际传播与推动构建人类命运共同体：中国共产党对外交往的
三维向度 ··· 003

作为国际传播新规范理论的人类命运共同体
　　——兼论国际传播的自主知识体系构建 ··· 026

数字公域：数字文化视野中的国际传播新秩序 ·· 041

"一带一路"与国际传播研究的想象力 ··· 053

文化强国的内在理路与传播逻辑 ··· 067

第二部分 理论与概念

国际传播的情感结构与干预路径 ··· 081

作为冲突的传播：国际传播的内在理路与前沿问题 ·· 097

数字新闻业的政治经济学：一个基于比较体制与数字经济的视角 ····················· 119

国际新闻的情感逻辑：价值、平台与实践 ·· 132

国家话语视野内的数字新闻：基于国际传播场域的分析 ··································· 149

超文化回声室：平台化时代中国国际传播的新语境 160

中国特色新闻传播理论及其国际影响力的提升 172

第三部分　趋势与问题

政治、经济与技术的变奏：全球传播的新趋势与新挑战 183

超越西方化：中国国际传播的困境与出路 190

TikTok 研究：一个国际传播的前沿领域 201

"网红外宣"：中国国际传播的创新悖论 211

中国扶贫对外传播的话语、媒介与策略 222

坦赞铁路的集体记忆调查：代际分化及其对中国对外传播的启示 229

深度平台化：加强国际传播能力建设的战略方向 238

高举人类命运共同体大旗　塑造胸怀天下的国际话语权 241

后记 244

第一部分
历史与思想

党际传播、国际传播与推动构建人类命运共同体：中国共产党对外交往的三维向度*

中国共产党的对外交往活动贯穿于建党百年全程。从历史建构主义的路径出发，这一交往实践可被划分为"党际""国际"和"命运共同体"三维向度。三个向度之间呈现演化关系，也存在交叉关系，基本原则是以人民为中心、坚持与时俱进和发展的可持续性。

一、中国共产党的对外传播：概念界定的边界与建构主义的关照

中国共产党的对外传播活动贯穿于建党百年全程。自1921年正式成立以来，作为新民主主义革命政党，在革命武装斗争的过程中，中国共产党便始终致力于对外书报宣传以及与共产国际的联络工作。1949年，中华人民共和国成立，中国共产党既面临从新民主主义革命党向社会主义执政党的身份转化和对共产主义意识形态的进一步本土化实践，又面临对外宣传工作向"国家化"（nationalization）和"制度化"（institutionalization）的转变升级；1978年，改革开放大幕开启，中国共产党以"发展主义"（developmentalism）为先导，在搁置一部分革命意识形态的同时，吸纳了社会快速变迁和分化所产

---

* 本文原载于《全球传媒学刊》2021年第3期，与朱泓宇合作，收入本书时，略有删改。朱泓宇为清华大学新闻与传播学院博士研究生。

生的更为多样的声音和文化，又通过对接全球化进程实现国际传播的方向转移和战略升级；进入21世纪，特别是党的十八大召开以来，中国特色社会主义建设进入新时代，中国面临着的全球化挑战和国际舆论生态变得更加复杂多变，中国共产党对外传播的面向也变得愈加多元。2020年初暴发的新冠疫情对全球社会变迁起到一个加速器的作用，也驱使着国际舆论走向激化和极化。在"全球话语权力转移"①的背景下，如何向世界更好讲述中国共产党为人民谋幸福、为民族谋复兴、为世界谋大同的奋斗故事②成为后疫情时代中国共产党对外传播的新议题。这意味着中国共产党对外传播再次面临转型与升维，即在全球格局视野下不断实现政党现代性与共和国的现代化的双重"自我革命"③。

  从历史唯物主义的角度出发，中国共产党党史研究和党的传播史研究需要以党的历史资料/史实为基准，并对历史事件/对象进行"概念化"（conceptualization）界定④。但是，当我们回顾并审视中国共产党百年对外传播历史，尝试对"中国共产党对外传播"进行概念界定时却面临困难，或言存在边界的模糊性。特别是和1648年以来《威斯特伐利亚条约》下的西方主导的近代"民族—国家"（nation-state）秩序进行比对时，后者的对外或国际传播概念较好归纳，即站在本民族—国家之立场向其他民族—国家进行信息传递和文化宣扬的传播活动，其在不同历史时期有着不同的媒介偏向、实践经验及效果评估手段。但是，对于中国共产党的对外传播而言，如果按照现代民族—国家的框架进行"概念转译"，将其简单理解为中国共产党的跨国交往，或者更具体地来说，与其他外国政党进行信息传播和文化交流的传播活动，存在诸多局限。

---

① 赵月枝，姬德强. 传播与全球话语权力转移［M］. 北京：世界知识出版社，2019：1.
② 在党史学习教育动员大会上强调 学党史悟思想办实事开新局 以优异成绩迎接建党一百周年［EB/OL］.（2021-02-20）［2021-02-21］. http://jhsjk.people.cn/article/32032918.
③ 郑永年. 中国共产党的"自我革命"：中共十九大与中国模式的现代性探索［J］. 全球化，2018（2）：11-19，131.
④ 郭若平. 概念史与中共党史研究的新视野［J］. 中共党史研究，2013（5）：20-28.

首先，忽视了其从革命党、执政党再到领导中国人民进行社会主义现代化建设，并在参与和驱动全球化的进程中，倡议人类命运共同体之政党的多维身份叠加和转变。

其次，忽视了中国传统儒家文化内嵌的"家—国—天下"观，即历史地看，"中国"观念不因朝代更替和政权更迭而消亡，相反，这一家国观念长久存在于国人心中，更体现在中国共产党对于五千年中华文明的坚定传承上。因此，将中国共产党对外传播理解为跨国党际传播显然是一种简化，而需要考虑到中国共产党与国家、民族乃至全球化的复杂互动关系。

再次，中国共产党对外传播朴素的"国际观"（不等同于中华人民共和国成立后的整体国家观和国际传播观）的形成早于中华人民共和国成立，并间接影响到抗战后期和中华人民共和国成立初期的对外宣传和外事工作；换言之，党际观和国际观在相当长的一段时间内，某种程度上是中国共产党对外传播和外事工作的"一体两面"的观念。早在革命战争时期，毛泽东同志就已经提出"国际统一战线"议题，如1938年5月《论持久战》中的"抗日战争和统'一战'线之所以能够坚持，是由于许多的因素：……从共产党到国民党……从社会主义国家到各国爱好正义的人民"[①]的表述。在延安时期，于1940年12月30日开始播音的延安新华广播电台除了播送中共中央、陕甘宁边区政府文告外，同样兼顾包含"党际"又超越"党际"的国内外新闻[②]。又如1957年，毛泽东提到，中国既要巩固团结好苏联和一切社会主义国家，也要巩固团结好亚非国家，至于帝国主义国家，也要"团结那里的人民"[③]。因此，不能简单地将中国共产党对外传播按照现代国际关系的框架来理解，而是要看到其中的话语出发点和叙事落脚点，尤其是以世界人民与持久和平为基点的对外传播理念。

最后，若遵从上述概念转译，也忽视了百年党史、新中国历史、改革开

---

① 北京大学法律系.毛泽东同志国际问题言论选录[M].北京：世界知识出版社，1959：33.
② 赵玉明.解放区广播事业发展概况（1940—1949年）[J].中国科技史料，1982（4）：99-104.
③ 北京大学法律系.毛泽东同志国际问题言论选录[M].北京：世界知识出版社，1959：234.

放史及马克思主义中国化历史等史实之于古代中国、1840—1949年的近代中国历史的进步意义和史学书写意义。中国共产党的对外传播并不等同于中国对外传播，也不同于简单意义上的"中华文化走出去"。换言之，我们需要明确中国特色社会主义建设历史进程中的中国共产党、新中国和甚至是人文学科意义上的"文化中国"之间的差异和联系，在此基础上反思现有的西方传播学概念框架的解释性不足，并尝试补充完善中国特色新闻学[①]；同时，将中国共产党对外传播百年历程及其向度、交叉关系"语境化、立体化、鲜活化"，为现有的"西方本位"的国际传播、跨文化传播、全球传播等理论带来基于中国实践的中国智慧和中国方案[②]。

因此，本文不以理念论（idealism）或本质主义（essentialism）对"何为中国共产党对外传播"进行概念界定；转而以建构主义（constructivism）认识论对其进行文献溯源和史学考察。文章以建党一百年来中国共产党始终坚持的对外传播活动理念和实践，以及与之对应的不同历史时期国内外政治经济形势为参考坐标轴，关注其中的社会历史语境和对外传播之互嵌关系，分析对外传播活动中的文本与话语征象[③]，进而归纳总结，提出中国共产党的对外传播活动所包含的不同取向维度，具体分析各个向度所蕴含的主客体逻辑、话语传播策略以及与时代背景的相关性，并重点阐释这些向度之间存在的交叉融合关系。

二、从对外传播史走向对外传播"向度史"

（一）中国共产党对外传播史：文献综述与问题启发

为了更准确地锚定中国共产党对外传播的取向维度，我们首先以"中国共产党/中共对外传播"为关键词在中外文献资料库进行主题检索，尝试在文献整理基础上获取中国共产党对外传播的已有研究成果的总体特征及中国

---

① 胡钰，虞鑫.构建中国特色新闻学：何以可能与何以可为［J］.国际新闻界，2016，38（8）：92-115.
② 苏力.如何说好中国故事？——在中西文化交流的语境中［J］.东方学刊，2020（4）：74-81.
③ 赵淑梅.话语分析与中共党史研究［J］.宁夏党校学报，2010，12（1）：29-31.

共产党对外传播具体的主体分布情况。经梳理，我们发现，现有文献关注的议题主要有如下三个方面。

首先是对中国共产党对外宣传和对外传播的概括性综述。田丽从"宣传与战略宣传"的大外宣角度论述了当今时代中国共产党致力于建设具有"全局性、长期性、平衡性"的对外宣传战略框架，认为其符合国家总体战略部署要求①。同时，由于中苏关系等历史原因，中国共产党对外宣传/传播模式（包括大众传播、以党组织为代表的组织动员等在内）存在大量向苏俄/苏联学习的情况②。除此之外，在改革开放，与世界"接轨"的背景下，中国共产党对外传播从学术讨论到应用实践的西化色彩日渐浓厚，如话语策略希冀使用"传播"取代"宣传"并关注在海外受众眼中的中国共产党和社会主义中国整体形象③。刘小燕和崔远航④进一步指出，当前针对中国共产党对外传播的研究主要集中于两点，一是对中国共产党对外传播的思想进行分析研究，二是以历史为基础，对中国共产党对外传播史进行审视。参照哈罗德·拉斯韦尔（Harold Lasswell）"5W"模型，从"传播主体、传播内容、传播渠道和传播目的"等方面对中国共产党对传播作出界定，认为"中国共产党对外传播是中国共产党议程（或公共政策）、中国共产党执政行为等内政外交之信息和价值观，面向境外公众的扩散、接收、交互、认同及内化等有机系统的运作过程"。这一界定聚焦中国共产党执政的政治身份，但本文认为，更应以历史的眼光，厘清中国共产党"革命与执政"等不同角色转换的内生异质性和外延大环境。因此，必要的"向度考察"⑤需要被引入中国共产党对外传播的历史研究。

---

① 田丽. 中国共产党对外宣传战略研究 [D]. 北京：中共中央党校，2017.

② MINLING Y. Learning from the soviet union：CPC propaganda and its effects [J]. Center for security studies（CSS），2005（2）：100-111.

③ OHLBERG M S. Creating a favorable international public opinion environment：external propaganda（Duiwai Xuanchuan）as a global concept with Chinese characteristics [D]. Heidelberg：University of Heidelberg，2014.

④ 刘小燕，崔远航. 中国共产党对外传播研究的演进与未来取向 [J]. 国际新闻界，2020，42（6）：132-152.

⑤ CHEAL D. Dimensions of sociological theory [M]. London：Macmillan Education UK，2017.

其次是对某一特定历史时期中国共产党对外传播的思想和经验进行重访和评述。以历史的先后顺序为线索，如唐荣堂对1921—1927年中国共产党新民主主义革命早期的对外宣传活动进行考察，指出中国共产党早期创办了中俄通讯社、《少年》《赤光》等对外新闻宣传媒体；依托新青年社、上海书店、巴黎中国书报社等出版发行机构实现了中国共产党早期书报的海外发行；积极参与共产国际代表大会、远东人民代表大会等大型国际会议，在国际政治活动中宣传中国革命与中国共产党主张；在组织制度上设置"驻共产国际代表"职务以加强对各国共产主义组织和在海外的中国人的宣传工作①。李青林等讨论了延安时期中国共产党对外传播的组织方式和机构设置，就机制和策略问题进行了延展②。许正林等以政党形象为切入点，总结2008—2018年这十年"他者"视角下的中国共产党形象③。常江等对党的十九大对外传播议程设置进行分析④。上述研究为我们确认了中国共产党在近现代历史中的不同定位和行动理念，即作为革命党的中国共产党、作为执政党的中国共产党和作为领导中国特色社会主义事业的中国共产党之间的延续性和拓展性关系。

最后是落脚于某一具体传播领域，并探析该领域与中国共产党整体对外传播之间的关系。如吕彤邻研究了抗日战争中期（1939—1944年）西方民间人士与中国共产党对外信息传播之间的联系⑤；黎海波对抗战时期中国共产党侨务对外传播的路径、方式和经验进行了总结，指出其采用的是（西方大众传播学范式下）"人际传播—意见领袖—大众传播—一般受众"的模式⑥。这些研究的启示在于，中国共产党对外传播并非单向的传递（transmission）过程，

---

① 唐荣堂.中国共产党早期的对外宣传活动述论（1921—1927）[J].新闻界，2020（10）：60-68.
② 李青林，徐龙超.延安时期中共对外传播机制与策略研究[J].青年记者，2017（31）：87-88.
③ 许正林，王卓轩.十年来中国共产党政党形象对外传播的理论与实践[J].现代传播（中国传媒大学学报），2018，40（9）：68-75.
④ 常江，田浩.中共十九大对外传播议程设置解读[J].对外传播，2017（11）：4-6.
⑤ 吕彤邻.抗日战争中期西方民间人士与中共对外信息传播[J].中共党史研究，2015（7）：28-35.
⑥ 黎海波.抗战时期中共侨务对外传播的路径、方式与经验[J].理论月刊，2016（7）：84-88.

而充满多个变量因素和参与单位；其中的主客体逻辑需要被发掘和讲述，同时要有对西方社会科学范式套用、滥用的警惕，需要把中国共产党对外传播放置在党与党、国与国甚至是全球性互动等特定背景下加以理解和阐述。

综合来看，时事热点与政治议程对中国共产党对外传播研究的影响不容小觑，如有大量中国共产党对外传播研究集中于2017年党的十九大前后，2011年建党九十周年和2012年党的十八大后的中国共产党对外传播研究数量也呈现增多趋势。此外，已有的中国共产党对外传播研究已经关注到中国共产党建党以来不同历史时期内对外传播特点的变化，也有了一定的主体区分意识，但没有从"向度"视角对其予以分析和归纳。

当前对中国共产党对外传播的研究存在明显空白，亟待填补，具体来看：第一，对对外传播主体的分析尚不明晰，执政党和政府部门在内的主体和多元传播机构常常被混杂在一起（如建制化后对"一个机构、两块牌子"的情况并未作具体分析讨论），多数研究没有明确区分"中国共产党对外传播""中国对外传播"和"中华文化走出去"的差异与联系。第二，由于分析主体不明晰导致对中国共产党对外传播的实践观念和指导思想缺乏清晰认识和判断。基于此，本文认为，在进行中国共产党对外传播研究时有必要引入基于历史逻辑的非线性"党际""国际""命运共同体"三维向度。第三，缺乏对不同历史时期的差异化比较及其中的关键历史节点分析，如1949年中华人民共和国成立后，党际传播和国际传播存在交叉状态；1978年改革开放后"党际"在一定程度上为"国际"所服务；以及2012年党的十八大至今，党际、国际和命运共同体都存在于中国共产党对外传播实践中，而且日益呈现交叉乃至融合的趋势，而当前研究没有明确指出上述交叉状态的传播特征。

（二）向度史与交叉关系：研究问题与方法论

基于上述对概念边界的讨论和对文献综述的分析，本文提出的研究问题如下。

1. 建党百余年，中国共产党对外传播的"党际""国际""命运共同体"的三维向度，其具体的主客体逻辑、话语风貌和其传播活动所依托的社会历

史语境如何？

2."党际""国际""命运共同体"的非线性三维向度具体在哪一历史时段，存在怎样的交叉关系？

需要说明的是，上述研究的问题和最终的讨论，并无意绘制一张详尽的中国共产党百年对外传播历史画卷，而是引出一种新的思考路径和研究方向，即从简单编年史叙事走向"向度史"和交叉关系研究。

社会科学研究中的"向度"（dimensions）一词，参照加拿大社会学教授戴维·切尔（David Cheal）在《社会学的向度》（*Dimensions of Sociological Theory*）一书中的使用，可被概括为"理解某一现象/活动或实践的不同方式、路径及其观念成果"[①]。"向度"可作为一个具有统摄性质的核心概念而被用以解释不同的甚至是具有冲突性的观点。不同"向度"之间之所以有所区别，原因在于它们存在着以下五个方面的差异：第一，不同的分析单元（例如如何分析对象，更看重有关的个体行动还是社会事实）；第二，不同的解释方式（即如何解释对象）；第三，不同的关键要素（即社会历史进化的动因是什么）；第四，不同的有关学科知识（社会地、历史地还是本质化地理解对象）；第五，不同的结构和议题（例如对象的结构是什么，怎样去结构化地理解它）。因此，本文借用"向度"概念，并提出"向度史"的研究视野，认为需要牢牢把握中国共产党对外传播实践在不同观念和范式下所产生的不同传播向度，以及这些向度之于中国共产党百年党史，包括革命战争、社会主义改造和建设、改革开放及中国特色社会主义新时代等的嵌合关系，并分析这些传播样态向度之间的交叉融合关系。

就建构主义研究路径而言，要解决上述研究问题，一方面需要借鉴法国年鉴学派（annales school）的方法论启示，对于三维向度和交叉关系的考察不应仅局限于档案资料的历史客观记录，同时要意识到产生这些"话语"的

---

① CHEAL D. Dimensions of sociological theory[M].London：Macmillan Education UK，2017：1-5.

特定历史语境①和背后的行为主/客体；更可以尝试以之为方法②，既看到中国共产党对外传播处于具有普遍性的世界整体历史进程中，也要看到中国共产党对外传播的特殊性及研究价值，"还原"三维向度在特定历史语境下的传播特征及向度间交叉关系的融合可能性。

另一方面要避免对外传播的中心论和本质化倾向，不把"党、国家、市场、社会、权力、意识形态"等重要概念脸谱化、去历史化和庸俗化③或滑向极端，比如部分西方学者的机械"党国论"（party-state）割裂了中国共产党对外传播的历史语境和全球语境，将之进行孤立化处理；而应该将中国共产党对外传播语境化到新民主主义革命、社会主义建设、改革开放与新时代等社会历史阶段中，明确中国共产党对外传播的社会主义和共产主义意识形态追求与更大范围的包容性规范，比如如何对不平等的全球资本主义结构和世界信息传播秩序进行挑战，并在新时代语境下对人类命运共同体理念进行推广。

三、三维向度：党际、国际、命运共同体

（一）党际传播：从"国际共运，以俄为师"到"组建部门，政党外交"

党际传播是中国共产党百年党史对外传播的起点和重要构成向度。在实践过程中，党际传播往往与"政党交往""党际交往"等活动有概念上的相通和实践中的重叠；但在此处，为了突出一种学科化乃至媒介化（mediatization）的视角，本文仍采用"党际传播"的界定。需要说明的是，对外传播活动中的党际传播不包括与国内早期国民党和后期民主党派之间的相互交流，而特指国际范围的政党之间的交往和关系建构。以历史为经，中国共产党对外党际传播可被分为四个阶段，并经历了从"国际共运，以俄为师"到"组建部门，政党外交"的发展。

---

① 董国强.中国当代史研究方法论两题[J].中共党史研究，2021（1）：152-155.
② 沟口雄三.作为方法的中国[M].孙军悦，译.北京：生活·读书·新知三联书店，2011：125.
③ 赵月枝.传播与社会：政治经济与文化分析[M].北京：中国传媒大学出版社，2011：54.

1. 新民主主义革命时期的党际传播

苏俄成立和共产国际运动对中国共产党的建立和中国共产党对外传播事业的启程起到了重大推动作用。其中，第三国际代表维经斯基于1920年来华并与李大钊、陈独秀等人会晤促成了中国共产党的建立①。1921年7月1日，中国共产党正式建立，这既拉开了中国无产阶级新闻事业的序幕，也宣告了中国共产党对外传播事业的正式启航。参考陈日浓在《中国对外传播史略》一书中的论述，早在中国共产党成立之前，一些对外宣传活动就已经展开，而早期的对外传播活动主要是把革命情况向共产国际和各兄弟政党进行通报②。中俄通讯社早在1920年7月1日便对外发稿，在中国共产党正式成立之后，中俄通讯社也改名为华俄通讯社。中俄通讯社的工作主要有两项，一是翻译并报道有关苏俄、共产国际方面的资料；二是把中国报刊的重要消息翻译成俄文发往莫斯科③。

此后，年轻的中国共产党围绕国际共运展开系列对外宣传活动。中国共产党在革命根据地开展土地革命，于1931年在共产国际指引下以苏俄（联）模式建立中华苏维埃政权。此时创立的红色中华通讯社（Chinese Soviet Radio，CSR）打上了浓厚的苏维埃印记，红色中华通讯社也使用中英文对外播报中华苏维埃政府成立的消息和重要文告等。新民主主义革命期间，中华人民共和国尚未成立，彼时更无"全球化"概念，世界史主旋律仍为两次世界大战及战后世界格局的重建工作（如"铁幕"在欧洲的拉开和逐步形成的"冷战"两极格局），中国共产党要解决的主要矛盾为"中国人民和帝国主义、封建主义、官僚资本主义统治之间的矛盾"④；中国共产党对苏俄（联）和共产国际仍有依靠关系并处于发展、壮大的过程中，因此，中国共产党对外传播，尤其是和苏共之间的沟通是不平等和主客互置的。具体话语如中国共产党在

---

① 高万娥，刘道慧.建党伟业：聚焦2011 [M].北京：人民出版社，2011：214.
② 陈日浓.中国对外传播史略 [M].北京：外文出版社，2010：51-52.
③ 黄修荣，黄黎.共产国际与中国共产党关系探源：上卷 [M].北京：人民出版社，2016：142.
④ 艾思奇.辩证唯物主义纲要 [M].北京：人民出版社，1959：171.

九一八事变后,出现极左倾向,担忧日军进攻苏联并提出"武装保卫苏联"的极端口号①。换言之,彼时中国共产党对外党际传播的失衡状态恰恰反映了中华人民共和国成立以前中华民族主权丧失的历史和传播过程中主体性的相对欠缺。

2. 中华人民共和国成立前三十年时期的党际传播

中华人民共和国成立后的前三十年经历了社会主义改造、建设和"文革"等不同历史时期,尽管具体分期复杂,但总体特征较为明显,仍旧是在社会主义国家意识形态框架下进行建设,如有学者将其概括为"红色中国"②或"前十一届三中全会"时期③。本文将这一时期界定为"前三十年"对外传播时期(1949—1978)。这一时期,中国共产党并不直接代表中央人民政府同其他国家政府开展外交活动,但会对中国处理外交关系和对外传播进行战略、路线、方针及政策制定;即中国共产党发展对外传播和党际关系与中国发展国际关系的出发点仍是根本一致的。1949年中华人民共和国成立,党际传播也开始呈现多样化的发展局面:一方面,中国共产党开始设立相关领导部门,如1951年成立了"中共中央对外联络部",这一时期党的对外交往对象主要是"各国共产党、工人党和左翼进步组织"④,其中党群外事协调局直至今天也负责"协调、管理中央直属机构和各省、自治区、直辖市党委的对外交往等工作"⑤,党际传播逐渐层级化,传播工作有针对性地展开;另一方面,中国共产党经历了1949—1957年"学习苏联模式"到20世纪60年代的"中苏大论战",和苏联共产党的决裂⑥。直到改革开放后,中国共产党对外党际传播逐渐恢复正常,以

---

① 中共中央党史研究室. 中国共产党历史大事记(1919.5—1990.12)[M]. 北京:人民出版社,1991:67.
② 史安斌,张耀钟. 新中国形象的再建构:70年对外传播理论和实践的创新路径[J]. 全球传媒学刊,2019,6(2):26-38.
③ 郭树勇. 论100年来中国共产党全球观念变迁的主要规律[J]. 国际观察,2021(1):1-25.
④ 戴秉国. 发挥政党外交优势服务全党全国工作大局:纪念中联部成立50周年[J]. 当代世界,2001(2):4-7.
⑤ 中联部简介[EB/OL]. (2020-12-31)[2021-01-01]. https://www.idcpc.org.cn/zlbjj/wbjj/.
⑥ 麦克法夸尔. 剑桥中华人民共和国史:革命的中国的兴起1949—1965年[M]. 谢亮生,译. 北京:中国社会科学出版社,1998:505-508.

"政党外交"为理念抓手并重视执政党对国家外交的服务和帮助作用。

3. 改革开放时期的党际传播

1978年改革开放以来，随着中国开放程度的逐步提升，以经济建设为中心的"发展主义"和现代化发展诉求成为国家首要议程，作为执政党的中国共产党必须加快自身改革步伐并适应社会变革和与全球化接轨的节奏，甚至是协商一部分意识形态解释空间，拓展党际互动范围，加强党的对外信息传播，向国际社会全面、客观、准确地介绍中国和中国共产党①。这一工作有助于提升党的对外影响力、增强国家软实力，巩固党的执政地位、维护党的执政安全，为改革开放和现代化建设营造良好的外部环境。

1982年，党的十二大正式提出了中国共产党与各国共产党（1987年党的十三大进一步发展为与各国各类政党）发展关系的四项原则，即"独立自主""完全平等""互相尊重""互不干涉内部事务"②。同时，"政党外交"一词也应运而生。然而，中国共产党的外事部门，因其相对神秘而较少在海外媒体和学术界曝光，曾被沈大伟等西方学者理解为"一个安静但重要的渠道"（quiet but a key conduit）③。

4. 新时代的党际传播

中国共产党对外党际传播在新时代以政党外交为基础，形成了别具一格的中国特色（Chinese characteristics）的党际传播模式④。党的十八大以来，中国共产党就党际传播问题，以更加积极主动的姿态出现于世界舞台，确立了维护世界和平与稳定、促进国家关系发展、为改革开放和社会主义现代化建设服务的党际外交目的宗旨以及政治对话、治党理政经验交流、经济文化合

---

① 杨淞. 党际交往中的对外传播[J]. 对外传播，2011（7）：28–29.
② 中国共产党章程（中国共产党第十二次全国代表大会一九八二年九月六日通过）[EB/OL].（2017-07-19）[2021-01-01].http://www.scopsr.gov.cn/zlzx/ddh/ddh17_3983/ddh170/201811/t20181121_328514.html.
③ SHAMBAUGH D. China's "quiet diplomacy": the international department of the Chinese communist party[J]. China: an international journal, 2007, 5（1）：26–54.
④ NIU H. Party diplomacy with Chinese characteristics[M]//China's diplomacy: Theory and practice, 2014: 415–476.

作、国情考察和理论研讨等内容形式①，目前已与160多个国家和地区的600多个政党和政治组织建立了不同形式的联系，"成为向国际社会展示党的良好形象的重要窗口，成为党员领导干部观察和研究世界的重要平台，成为借鉴国外经验、为中央决策服务的重要渠道"。改革开放以来，特别是新时代以来，党际传播显现从"以我为主 为我所用"到"融通中外 和谐与共"的发展趋势。例如，2020年新冠疫情期间，中联部便组织了中方医疗团队与印度国大党领导人甘地、印度北方邦卡马拉尼赫鲁纪念医院院长昌德拉等印方专家参加中印医护人员抗击疫情经验线上视频交流会，围绕新冠肺炎诊疗方案和防控举措等进行交流，以党际建设促进区域卫生防疫战线的建立。

（二）国际传播：发挥执政党的对外传播引领作用

随着解放战争胜利，中华人民共和国正式成立，中国共产党将马克思列宁主义、苏联政治体制和近代中国实际（以国民党"党国体制"为例）相结合，创造性地走出一条"以党建国，以党治国"的新体制道路。中国共产党执政党地位依靠抗美援朝战争、国内社会主义改造等而愈加稳固，中国共产党领导的"国际型"或言国家整体对外传播开始成型（不同于但又脱胎于革命时期的朴素"国际观"），也出现了"党际和国际"交叉的对外传播形态，而这一交叉状态也一直延续至今。具体来看，中国共产党领导的"国际型"对外传播主动性/主体性强，可分为前三十年时期、改革开放时期和新时代以来三个阶段。

1. 前三十年时期中国共产党领导的国际传播

作为中华人民共和国的执政党，中国共产党领导的国际传播需要与中国共产党对外党际传播在理念、政策、实践及目的等多方面有所区别。具体而言，这一时期，中国共产党一方面需要从新民主主义革命政党到社会主义执政党进行身份转变，另一方面也面临社会主义统一的多民族国家的聚合问题，包括针对不同阶层、区域、民族的相融乃至整体社会共识的培育。

因此，彼时的对外传播不仅需要以"党"的定位来开展，更需要一个

---

① 刘靖北. 中国共产党党的建设 [M]. 北京：人民出版社，2016：149–154.

"国家机器"的启动和整体对外理念的诞生,中国共产党领导的国际型对外传播要将话语主动权、制动权牢牢掌握在自己手中。例如,1951年刘少奇在《党的宣传战线上的任务》报告中表示,"中国革命胜利了……我们的宣传工作者就要继续利用这种条件来加强马列主义的宣传……使我们中华民族在世界上成为有最高理论水平的民族之一"①。1955年,毛泽东更是对新华社提出"把地球管起来""要让全世界都听到我们的声音"②的要求,振奋人心的同时将"马列主义—中国共产党—中华民族—世界视野"的彼此逻辑与中国共产党国际传播的奠基紧紧连接。

2. 改革开放时期中国共产党领导的国际传播

随着十一届三中全会的胜利闭幕,改革开放的大幕开启,全球市场话语及西方新自由主义意识形态旋风也随之刮入中国,中国共产党对外传播在"国家整体观"的巩固过程中面临着"国际受众观"的考验,逐渐过渡到"党政双管体制"③或更进一步的"一元体制 二元运作"模式。如何将执政党、社会主义国家、资本、国内外市场等的不同需求进行调和,是这一时期要解决的对外传播的主要矛盾。江泽民曾在党的十五大报告中指出:"我们不把自己的社会制度和意识形态强加于人,也绝不允许别国把他们的社会制度和意识形态强加于我们。"④例如,1980年4月中共中央决定成立对外宣传小组,加强对外宣工作的领导,并于同年发布《关于改进和加强对外宣传工作的意见》,目的在于使中国对外传播能够进一步树立良好形象从而有效面对国际舆论斗争形势。"东西少、不对路、时效慢"是彼时小组指出的外宣工作弊病,为此"中央对外宣传小组连续数次以文件形式,系统化、规模化、具体化地提出了对外宣传工作的发展战略和规划布局"⑤,希冀实现国际传播的质量提升

---

① 刘少奇.刘少奇选集:下卷[M].北京:人民出版社,1985:80-81.
② 中共中央文献研究室.毛泽东新闻工作文选[M].北京:新华出版社,1983:182.
③ 姜飞,张楠.中国对外传播的三次浪潮(1978—2019)[J].全球传媒学刊,2019,6(2):39-58.
④ 江泽民.高举邓小平理论伟大旗帜,把建设有中国特色社会主义事业全面推向二十一世纪[M].北京:人民出版社,1997:48.
⑤ 李舒东.中国中央电视台对外传播史(1958—2012)[M].北京:人民出版社,2013:34.

和对其的切实全面领导。

3. 新时代中国共产党领导的国际传播

进入新时代，中国共产党领导的国际传播主要围绕融合中外的话语体系构建展开，其目的在于形成同我国综合国力相适应的国际话语权①。与此同时，随着中国国际影响力的增强和国际地位的攀升，中国共产党领导的国际传播更是在价值论层面对"国际关系的建构"这一大命题进行反思，这一反思建立在对西方政治经济制度和信息传播体制的"去魅"基础上。换言之，在新时代的界定之前，或言 2010 年中国正式赶超日本，成为世界第二大经济体之前，中国的外宣话语对于以美国为首的西方国家一方面存在"市场原教旨主义"崇拜，放大对国际传播活动中的受众心理及效果的捕捉，追求量化指标效应，而忽视了新型国际关系之下国与国的友好往来以及文化意识形态本身的多维建构力量；另一方面可能存在"民主/自由原教旨主义"倾向②，混淆西方国际政治关系或国际传播研究中的基础概念，较少重视中国特色制度、道路、理论和文化的自信。取而代之的是，新时代以来，中国共产党领导的国际传播致力于重塑原有的不平等信息流通和交往关系。这既是对 20 世纪 60 年代以来"世界信息与传播新秩序"（NWICO）历史遗产及其"教训"的反思与超越③，也是在话语层面对全球传播权力转移的一次建构尝试。

2019 年的"中美主播约辩事件"和由中美"贸易争端"引发的"舆论战"是中国共产党领导国际传播在新时代转型的一大佐证。近年来，中国共产党正在以更加自信的精神状态应对国际舆论压力，拓展媒体融合外部效应，对境外势力进行有效反制，展开主动外宣工作④。比如，2021 年，中国共产党和统一俄罗斯党共同参加两党成立 100 周年和 20 周年庆祝活动，举办第六

---

① 姜飞，姬德强.发展中的中国国际传播思想及其世界意义［J］.出版发行研究，2019（11）：70–76.
② 张维为.西方的制度反思与中国的道路自信［J］.求是，2014（9）：47–50.
③ KISHAN D T，HUGO B D，ANBIN S.China's media go global［M］.London：Routledge，2017：34.
④ 姬德强，杜学志.平台化时代的国际传播：兼论媒体融合的外部效应［J］.对外传播，2019（5）：13–15，44.

届中俄政党论坛,在双边交往和多边场合中协调立场,加大相互支持力度。2021年5月31日下午,习近平在中共中央政治局第三十次集体学习时强调,要"加强和改进国际传播工作 展示真实立体全面的中国",系统提出了中国国际传播能力提升的国家方略,显示了新时代中国共产党作为执政党领导国际传播和推进新型国际关系建设的战略规划。

(三)命运共同体传播:以世界政治和人类命运为宗旨

随着2012年党的十八大的召开,中国特色社会主义进入新时代。全球化发展风险与机遇与日俱增,互联网平台影响下的"数字地缘政治"(digital geopolitics)成为牵动国际关系的新引线,特别是2016年美国总统选举事件、2020年英国脱欧事件,再加上社交媒体平台的快速发展,2020年初暴发的新冠疫情,全球性公共卫生防护体系的构建和无障碍信息传播平台的搭建变得越发重要且必要,新时代中国共产党的对外传播事业出现了第三种向度可能,即"命运共同体传播"。同时,命运共同体传播也与党际传播、国际传播向度形成新的交叉关系。三个向度的融合共生成为21世纪第二个十年之后中国共产党对外传播事业的基本精神和实践理念。上述三维向度及其交叉关系在历史纵坐标的具体分期情况详见图1。

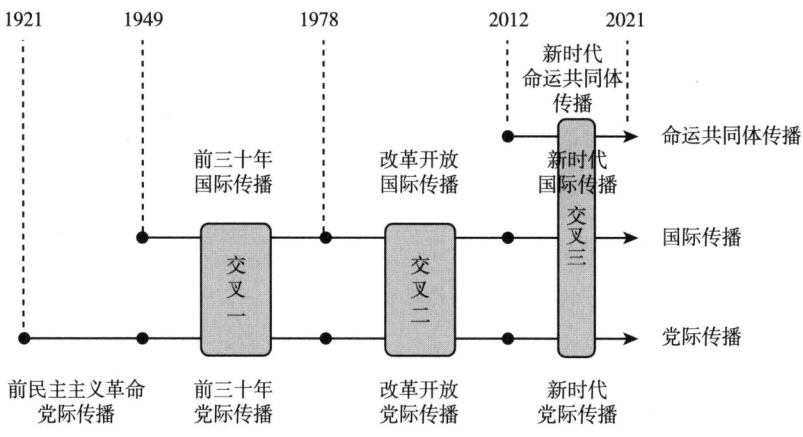

图1 建党百年中国共产党对外传播的三维向度与交叉关系

党际传播、国际传播与推动构建人类命运共同体：中国共产党对外交往的三维向度

党的十八大以来，人类命运共同体的理念、倡议及其实践便贯穿于新时代中国共产党带领中国人民探寻新型全球化、新型国际关系和可持续发展道路的始终。中共中央总书记、国家主席习近平多次在外交、演讲现场和国际性论坛等重大场合提出"人类命运共同体"的理念，即"在政治上真诚互信、经贸上合作共赢、人文上互学互鉴、国际事务中密切协作、整体合作和双（多）边关系相互促进的五位一体新格局"①。在2017年召开的中国共产党第十九次全国代表大会上，习近平总书记指出，全面建成小康社会，夺取新时代中国特色社会主义伟大胜利，离不开坚持和平发展道路，推动构建人类命运共同体。中国将高举和平、发展、合作、共赢的旗帜，恪守维护世界和平、促进共同发展的外交政策宗旨，坚定不移在和平共处五项原则基础上发展同各国的友好合作，推动建设相互尊重、公平正义、合作共赢的新型国际关系。新时代中国共产党命运共同体传播以"践行人类命运共同体"为基本理念，开拓全球化时代信息交流与传播新局面。

人类命运共同体理念对中国共产党领导的党际、国际传播，甚至是现行的英式、美式全球传播均有所超越：一方面超越党际、国际传播，即超越以"政党"和"民族—国家"为分析单位的零和博弈或"冷战"逻辑，以及国家间权力平衡变化所诱发的权力转移话语；同时，对"东—西"和"南—北"的地缘关系抱有正义认知，呼唤国家间的友好交互往来。另一方面将超越现行英美全球传播，用文明多样性和交往平等性超越全球传播内涵中的民粹式技术主义、大众民主观（主体多元论），以及潜在的文化/信息帝国主义和新霸权倾向。换言之，此时的对外传播主客体逻辑关系甚至存在理念层面的"消解"可能——但是在实践意义层面从未也不可能抛弃执政党和国家立场——中国将持续积极倡导、建设"一带一路"，继续加强金砖国家合作共赢，深化亚太经合组织的伙伴关系，以中非合作论坛带动国际社会对非洲的关注及投入，成为一个以建设全球人类命运共同体为对外传播理念的执政党。

---

① 习近平.论坚持推动构建人类命运共同体［M］.北京：中央文献出版社，2018：146-147.

四、交叉关系：三维向度间的融合效应

中国共产党对外传播非线性三维向度存在交叉关系。区别于西方政治的分权传统、建基于"冷战"思维的"民主/威权"二元对立论以及政治传播活动追求所谓"冲突话语"的不延续性特点，中国共产党领导的中国特色社会主义政治体制和对外传播体制各向度之间高度融合共生、高度延续完整，即基于中国特色社会主义的政党国家制度而存在各向度间的交叉关系。正如前文所分析的，就历史分期而言，交叉关系在中华人民共和国成立后就一直存在，特别是"党际""国际"的交叉；新时代以来更是形成了"党际""国际"和"命运共同体"传播的新交叉融合关系。总体来看，共分为下述三大交叉关系。

（一）交叉一：前三十年时期党际传播与国际传播的交叉

在前三十年，党际传播与国际传播的交叉正好印证了中国共产党作为执政党对于国家建设、国际关系把控的宏观视野。以《人民画报》为例①，中华人民共和国成立前由晋冀鲁豫军区政治部人民画报社编辑出版，而中华人民共和国成立后，作为中华人民共和国成立后出版的第一本面向世界的综合性摄影画报，《人民画报》于1950年7月从国家整体的视角在发刊词中这样写道，"我们的国家正在进行大规模的社会改革工作和经济建设工作。我们的国家每天每天都有进步，每天每天都有新鲜事物在我们的生活中涌现出来"，而其中的第一幅插图就是天安门前飘扬的五星红旗和中国共产党党旗（见图2），这意味着此时中国共产党的对外宣传思想和新中国的国家意志已合为一体，产生了"1+1>2"的作用力。

同时，1950年10月，《人民画报》刊文"世界民主青年会师北京"，既站在中国共产党的立场（和中国新民主主义青年团，即中国共产主义青年团前身等角度）欢迎来自苏联、朝鲜的共产党及民主青年代表，也不乏以国际眼光

---

① 具体参见《人民画报》1950年第1期（7月）发刊词、第4期（10月）、第5期（11月）。

来洞察爱好民主的青年会师北京的时代意义（见图3）。11月又刊文"中苏电影事业合作万岁！"指出中共中央和苏联代表团就表现中国人民伟大斗争的影片通力合作的精神，党与党、国与国之间的深切友谊在彼时展现无遗（见图4）。虽然此后中苏关系破裂，党际传播面临严峻考验，但党际与国际传播交叉的关系从未断裂。

图2 天安门前飘扬的五星红旗和中国共产党党旗（《人民画报》1950年7月）

图3 世界民主青年会师北京（《人民画报》1950年10月）

图4 中苏电影事业合作万岁！（《人民画报》1950年11月）

（二）交叉二：改革开放时期党际与国际传播的交叉

改革开放以来，随着"政党外交"观念的逐步形成，"以党际促国际、以国际带党际"的交叉型对外传播新局面得以成为现实。突出的案例当属亚洲政党会议。自 2000 年以来，亚洲政党会议各代表以"求同存异""平等协商"等原则进行交流沟通，为半个多世纪以来各亚洲国家反对帝国主义殖民势力、走民族独立解放道路的经验分享提供了平台。其中，2004 年亚洲政党会议由中国共产党主办，并围绕"地区安全与多边合作""经济增长与社会进步"和"政党建设与国家发展"等议题进行讨论，发表了《2004 北京宣言》。

同时，我们需要看到，1978 年后，包括整个 20 世纪 80 年代至 21 世纪初，直到 2012 年，中国共产党外事工作呈现"党"的相对低姿态，即意识形态宣传的收缩、调适[①]和对"发展中国""文化中国"等去意识形态化议题的偏向传播。这一"传播的偏向"不是对中国共产党执政地位及其形象的"冷处理"，恰恰相反，正是这种历史辩证性的"以退为进、以守为攻和以柔克刚"，才能在一定程度上实现中国共产党领导中国辩证接入所谓"普世主义"的全球化进程，推进改革开放各项工作的持续进行。

区别于西方政党和国家的现代化，中国共产党对外传播在这种历史辩证性和文化与社会包容性中实现了自我的现代化革新，正如上文所言，沈大伟等部分西方学者将这一时期中国共产党外事形象特征描绘为"安静但重要"的。概而言之，这一时期，中国共产党领导的对外传播既需要不断提升党的治国理政水平和对外传播战略实力，又需要破除西方学者对中国共产党党际传播"权力论"的迷思[②]，真正做到吸纳别国、别党发展建设的先进成果，为自身的国内国际和平发展环境提供充足的推进动力。

---

① 沈大伟.中国共产党：收缩与调适［M］.吕增奎，王新颖，译.北京：中央编译出版社，2011：153-154.

② BENABDALLAH L. Power or influence? making sense of China's evolving party-to-party diplomacy in Africa［J］. African studies quarterly，2020（19）：94-114.

（三）交叉三：新时代党际、国际和命运共同体传播的交叉

进入新时代，党际、国际和命运共同体传播交叉关系更为紧密。随着全球化共识的普遍树立，中国国际地位抬升及话语权增强，而西方解释话语体系"频频失效"，在这个"全球共同体时代"①，正带领中国人民实现伟大复兴中国梦的中国共产党，不仅需要巩固党、民族和国家利益，最大化中国人民利益，也要为整个世界的和平发展、命运与共贡献应有的力量。以2017年全球政党大会（中国共产党与世界政党高层对话会）为例，习近平在开幕式上指出，"政党要顺应时代发展潮流、把握人类进步大势、顺应人民共同期待，志存高远、敢于担当，自觉担负起时代使命。中国共产党将一如既往为世界和平安宁、共同发展、文明交流互鉴作贡献"②。

中国共产党开启的全面建成小康社会、社会主义现代化建设历史征程，首先需要与各国政党友好往来、开拓共赢，开展广泛的文明友好对话；同时需要以执政党、治理者角色带领中国人民和中华民族在国际社会赢得尊重，获得发展新机遇，使国内国际两个循环真正发挥作用；最后，更需要以号召者、参与者乃至建设者身份构建人类命运共同体，超越零和博弈和丛林法则，以超越性、包容性和平等性的对外传播理念和实践，促进全球传播的公正有序和命运共同体的持久和平。

五、结论与讨论

对"党际""国际""命运共同体"三维对外传播向度进行划分，要严格落脚于建党百年的历史纵向演进历程。对1921—2021年的百年历史阶段划分是本文必须讨论的问题，也是三维向度和交叉分析所依靠的社会历史现实根基。以此为依据，本文指出，党际传播经历了从国际共运、以俄为师向组建

---

① 李怀亮.从全球化时代到全球共同体时代[J].现代传播（中国传媒大学学报），2020，42（6）：1-5.
② 习近平出席中国共产党与世界政党高层对话会开幕式并发表主旨讲话[EB/OL].（2017-12-02）[2021-01-01].http://cpc.people.com.cn/n1/2017/1202/c64094-29681323.html.

部门、政党外交的转变；国际传播赋予了中国共产党执政党、社会主义现代化建设者和新型国际关系倡导者等多样使命；命运共同体传播则使得中国共产党对外传播迈上一个新台阶，中国共产党应以人类命运共同体视野看待中国问题，理解全球未来。三者的协和统一、交叉关系使得中国共产党对外传播既有历史传承的"惯性"，又以非线性的融合状态在不同阶段有所侧重和突出，完成了时代和人民交予的答卷。

值得注意的是，本文明确指出，尽管"党际""国际"和"命运共同体"的三维向度及其交叉关系是中国共产党百年对外传播史的最重要构成部分，但是其不能囊括和替代中国共产党对外传播的其他形式、内容和实践工作。例如，由人际采访出发并借助书籍的传播在革命战争时期也起到了重要作用。在长征时期，美国记者埃德加·斯诺（Edgar Snow）就在红区先后采访了四个多月，毛泽东向其介绍了党的诸多背景知识和个人成长经历。《红星照耀中国》（Red Star Over China）最终于1937年首次在英国出版，将红军的英勇事迹传播至海外。其中，关于"共产党人建设自给经济"的记录[①]既与中国共产党革命战争"三大法宝"的叙事互相印证，更可作为中国共产党对外传播的一大成功案例予后代以启发。除此之外，在抗战时期，毛泽东[②]等中国共产党领导人也多次与艾格尼斯·史沫特莱（Agnes Smedley）、伊斯雷尔·爱泼斯坦（Israel Epstein）等外国记者交谈，分享作战战术、党建理念和对国内外局势的分析判断[③]。这些人际交流经历一方面反映了中国共产党领导人的个人交际能力和人格魅力，另一方面也为中国共产党对外传播整体向度形成有力补充。但同时，本文认为现有的"人际传播"等西方色彩浓重的传播学理论及概念不能完全被挪用于解释具有丰富内涵和层次的中国共产党对外传播历史，而更多地在话语和修辞层面发挥作用、具有更加深刻在地化经验转化的理论概念还有待学界的进一步研究提出。

---

① 斯诺.西行漫记［M］.董乐山，译.北京：生活·读书·新知三联书店，1979：234.
② 毛泽东.毛泽东选集（第四卷）［M］.北京：人民出版社，1991：1191.
③ 爱泼斯坦.见证中国：爱泼斯坦回忆录［M］.沈苏儒，贾宗谊，钱雨润，译.北京：新世界出版社，2004：201.

中国共产党对外传播三维向度的区分及其交叉关系的演绎见证了百年历史中国共产党角色的传承、转化与发展。首先，中国共产党牢记使命初心，自1921年建立以来始终坚持无产阶级政党底色，就对外传播活动的红色基因与血脉传承问题坚守政治站位；其次，在1949年、1978年及2012年等多个历史转折节点实现了自身对外传播主体身份的拓展和转化，由党际传播向国际传播，再由党际传播、国际传播向命运共同体传播转变，需要强调的是，这一转变绝非"线性进步论"，也不是由后者替代前者的转变；最后，就发展而言，实现了交叉关系的历史性突破和世界性创新。三维向度及其交叉关系统一于中国共产党百年对外传播历程，尽管存在向度间的差异，但都能落脚于中国共产党始终"坚持以中国人民为中心、坚持与时俱进、坚持发展可持续"的党建核心要义。这与西方的政党体制（比如执政/在野之分）及其实践完全不同，中国共产党的自身（党际—国际—命运共同体）定位和历史使命赋予了其对外传播的鲜明特色和百年延续性。总体来看，本文提出的三维向度和交叉关系问题，并不在于描绘整体百年中国共产党对外传播图景，而旨在为中国共产党对外传播研究提供新思路，并为具体的历史事件讨论带来一个规范性的研究框架。

作为国际传播新规范理论的人类命运共同体*
——兼论国际传播的自主知识体系构建

作为现代国际关系表征而建构起来的国际传播理论是历史的、具体的、变迁的学术话语。自威斯特伐利亚体系建立以来，以民族国家为政治主体的国际秩序便主导了现代国际关系的走向，也使得作为现代社会组织化、建制化传播形态的国际传播成为可能。20世纪初以来，作为现实主义哲学取向指导下的传播实践，国际传播被紧密地整合进世界大战和"后冷战"国际格局的动态演变过程中。随着世界政治格局的变迁，国际传播所服务的国际关系格局和国际竞合诉求也随之变化，并在新的政治、经济、技术环境中显现流变的理论脉络和实践思路。比如，隶属于第三世界的广大发展中国家和地区在"冷战"期间和"后冷战"格局内围绕国际传播的民主化目标持续进行着边缘抵抗和话语斗争。作为传播主体，它们既是这一国际格局变动的参与者和助推者，又是不断进行反思和调试的变革者。

中国作为发展中国家的一员，一方面基于革命实践发展出以第三世界理论为代表的斗争性话语体系，另一方面基于社会主义现代化建设实践发展出构建和谐世界和人类命运共同体的超越性话语体系。与此同时，中国自主的对外宣传和国际交往实践也推动着国际传播的多边化和民主化进程，在助力"全球南方"崛起的同时，以另类且自主的现代化挑战着"二战"以来国际传

---

* 本文原载于《新闻与写作》2022年第12期，与陈蕊合作，收入本书时，略有删改。陈蕊为中国传媒大学传播研究院硕士研究生。

播话语秩序的资本主义元叙事，为国际传播的理论创新提供了一面结合了东亚礼乐秩序（如"天下体系"）和社会主义现代性的棱镜。作为处理国际关系、开展全球治理的核心原则，人类命运共同体就是这一棱镜折射出来的融合式理念，它意味着国际传播规范理论进一步去西方化，也蕴含着再国际化的创新潜能。在这个意义上，尽管源自政策话语，人类命运共同体具备了成为21世纪国际传播新规范理论的实践基础和知识内涵。

国际传播的自主知识体系构建包含两个核心维度：其一是对学术史及其知识社会学逻辑的清醒认知；其二是对新的规范性理论的自主建构，并以此激发经验领域的研究创新。两个维度相结合提供了后疫情语境下国际传播学术想象的概念基石和阐释创新的话语空间。本文从国际关系和国际传播相互建构的知识轨迹入手，结合加速数字化和平台化的传播新语境，探讨如何以人类命运共同体为新规范理论，反思和创新国际传播研究的理论路径，为具有中国特色的国际传播理论体系建设提供参考。

一、国际传播的知识轨迹——作为现代国际关系的表征

虽然从字面上来看，任何跨越物理和虚拟国界甚至是主体的国家身份的信息传播行为都可以被视为"国际传播"，在日常的政策和实践话语中，"国际传播"也往往和"全球传播"乃至"跨文化传播"混用，但严谨的历史回顾和严肃的理论关怀时刻提醒着我们，以现代民族国家这一单一政治实体为基础的国际关系和国际秩序才是掌控国际传播的深层结构和权力逻辑，它们显性或隐性地反映着国际传播的根本诉求，影响着各类传播主体的战略策略。因此，针对不同类型的国际关系的讨论是进入国际传播研究的前提。

亚历山大·温特（Alexander Wendt）曾在西方现代性的语境中提出三种国际体系文化，其中霍布斯文化是强现实主义的理论来源，这一丛林文化强调"所有人反对所有人的战争"，在物竞天择、适者生存的零和竞技场中，其核心共识就是"你死我活""强权即公理"，强强必争、国强必霸；洛克文化是强调竞争与合作并存的文化，以"生存也允许生存"的安全共识取代"所

有人反对所有人的战争"的意识,洛克文化的基本特征是现代国际关系中的主权原则,这成为国际关系实践的行为规范;康德文化接近大同文化,强调在以友谊与合作为基本规范的文化中,安全已经不是问题,持久和平真正得以实现,"安全共同体"就是康德文化的具体表现①。

当然,这并不意味着在一个安全共同体中没有冲突,但共同的背景知识或曰合作型安全文化给予成员以非暴力方式解决冲突的充分可能。② 从丛林文化到竞和文化再到大同文化,我们能够看到,至少在西方语境及其所主导的国际格局中,不同的理论视野在调和民族国家之间实质性的竞争或根本上的对立关系上,虽然有着立场或程度上的差异,但都立足一个基本的认知,即民族国家作为政治实体是以自身的利益最大化为目标的,为了实现这一目标,可以采取竞争、共存或合作等多种方式。如果把民族国家和现代国际关系的形成作为历史进程,这一特征自然也是资本主义从西方兴起对现代政治主体塑造的结果。

在国际关系理论中,发源于现代民族国家秩序的现实主义范式认为,国际关系的实质是冲突,是一场零和游戏。③ 这一点尤其表现在两次世界大战以及"冷战"格局中。"冷战"结束后,强调硬实力的现实主义国际关系理论式微,国际制度主义得以发展,并成为国际秩序的一种主流甚至是主导观点。④ 在快速全球化的进程中,以多边主义为理想秩序原则的理念结构初具雏形,并逐步凝聚起共识。⑤ 然而,2008 年全球金融危机的爆发点燃了国际社会的金融安全焦虑,反全球化的声音和逆全球化的行动越来越明显。英国脱欧代表着区域一体化进程成为某些国家的负担,特朗普当选美国总统提出"美国优先",美国从一个全球国家回归到一个民族国家,国际关系尤其是大国政治重回国家中心主义,物质性实力或者"硬实力"或者"软实力"的硬

---

① 温特. 国际政治的社会理论[M]. 秦亚青,译. 上海:上海人民出版社,2014:244-308.
② ADLER E,BARNETT M. Security communities[M]. Cambridge: Cambridge University press,1998:59.
③ 秦亚青. 新冠肺炎疫情与全球安全文化的退化[J]. 国际安全研究,2021,39(1):15.
④ KEOHANE R. Twenty years of institutional liberalism[J]. International relations,2012,26(2):125-127.
⑤ 秦亚青. 新冠肺炎疫情与全球安全文化的退化[J]. 国际安全研究,2021,39(1):17.

基础再度显现为国际关系的基本准则。如果说 2008 年的金融危机为裂解全球化进程提供了动力，那么英国脱欧和美国特朗普政府的对外战略则明确表达了它们对地球村想象和全球化机制的不信任，强化了以自身实力实现自身安全和利益诉求的信念。在这个背景下，国际制度化合作陷入僵局乃至断裂。新冠疫情期间，美国频频的"脱钩"举动正是国际关系重回现实主义冲突逻辑的直接体现。俄乌冲突中的地缘政治博弈和意识形态对抗再一次将国际传播乃至全球传播的地球村想象打破。在这样的认知框架中，自我被界定为处处受损的自我，他者被界定为处处沾光的对手，国际政治由此成为开展竞争的场域，尤其表现为大国之间的地缘竞争。① 约翰·米尔斯海默（John Mearsheimer）等国际关系现实主义学者批判美国过去三十年的对外战略选错了敌人，误将基地组织等而不是将中俄等大国，以及印度、巴西等新兴经济体作为敌手；错误的战略判断和战略行动导致美国权力的衰退，与中国等大国合作更是"养虎为患"。② 修昔底德陷阱提出了对世界秩序的挑战，讨论了崛起国与守成国之间的竞争及战争后果，并成为当今世界影响安全文化认知的重要描述。③

国际关系和相应的国际秩序是影响国际传播理论和实践的基础结构，使得国际传播被自然而然地纳入地缘政治进程中。就起源来看，"国际传播（international communication）是世界近代史的产物，是威斯特伐利亚体系之后诞生的现代民族国家或主权国家间的传播现象和传播关系，既通过建制化的渠道（政府、铁路、电信、媒体等），也借助于民间交往（如人员、贸易和文化往来），从一开始就是一个'大传播'（grand communication）现象"④。如今，国际传播正在日益征用流动性主体，尤其是互联网空间的多元行动者，

---

① 秦亚青. 新冠肺炎疫情与全球安全文化的退化［J］. 国际安全研究，2021，39（1）：25.
② MEARSHEIMER J. Bound to fail: the rise and fall of the liberal international order［J］. International security, 2019, 43（4）: 134.
③ 艾利森. 注定"一战"：中美能避免修昔底德陷阱吗？［M］. 陈定定，傅强，译. 上海：上海人民出版社，2018.
④ 姜飞. 如何走出中国国际传播的"十字路口"［J］. 国际传播，2016（1）：41-42.

进而展示丰富的数字化和平台化动能。与实践相呼应,"'国际传播研究'则兴盛于第二次世界大战以后,在战时宣传研究的基础上,基于美国新闻署和美国之音的电波战,成为美国树立战后文化霸权的战略知识体系"①。延续这"一战"时宣传的视角,在跨越国家和地区边界的信息发布中,策略性地将传播主体所在国家和地区的意识形态植入传播过程,影响目标国家或地区的主体意识重构和发展进程,并集纳于发展传播学为代表的理论资源当中,支撑国际传播的学理性建设,在"冷战""凉战"以及"一切不发生肢体和武器直接接触的利益争夺中发挥出超越武器的作用"。②事实上,一直到苏联解体的 1991 年,基于发展传播学理论视角的国际传播实践与理论的探讨一直很活跃。战争底色和现代性扩张作为发展传播学理论指导下的国际传播的底层逻辑,昭示着信息跨越边界流动背后的政治动机乃至"冷战"思维,从而使以美国为代表的民主制度和传媒体制,以及个体主义、现实主义的价值观念顺理成章地与传播实践达成合谋,助推了美国主导的文化帝国主义和媒介帝国主义的权力格局的形成与巩固。

与发展传播学形成区别的是 20 世纪 50 年代以后,由美国人类学家爱德华·T. 霍尔(Edward T. Hall)开启的跨文化传播研究与实践,丰富和补充了纯粹依赖国家机器力量的胁迫式国际传播的缺陷和不足,以跨文化传播理论和精神中政府和民间两条腿走路的取向支撑起国际传播。③虽然有着深刻的后殖民主义色彩,但始自弗朗兹·博厄斯(Franz Boas)的"文化相对论"观念在很大程度上缓和了文明冲突中的等级论和优越论,使得文化多元性和文化主体性的逻辑成为解释西方文明的"他者"之差异的重要知识来源和认识论根基。然而,这一文化相对主义以及文化多元主义并未完全遮蔽文明等级论的不平等传播的现实。与此同时,有关文化格局与文明秩序的博弈依然在延续,并在"后冷战"时代的国际传播思想中占据主导。

---

① 姜飞,姬德强.发展中的中国国际传播思想及其世界意义[J].出版发行研究,2019(11):70.
② 姜飞.全球传播新生态呼唤国际传播新思想[J].新闻记者,2020(10):81.
③ 姜飞.如何走出中国国际传播的"十字路口"[J].国际传播,2016(1):35.

在发展传播学和跨文化传播之外,来自欧美地区和第三世界国家的左翼学者一同揭露了文化帝国主义的权力格局的形成。其中,欧美学者更多从资本主义文化产业的垄断化和跨国化的角度,批判全球传播的物质和象征资源在商业力量的推动和政府权力的庇护下不断集中的过程,认为其导致了文化消费的同质化和文化标准的西方化,进而遮蔽乃至抹杀了文化的多元地方性和传播的复杂在地性,聚焦了如何实现资本主义传播体系内部的自我反思与超越。相较而言,第三世界国家的学者更多从后殖民主义的角度批判全球传播权力的渗透过程,主要探讨了本国权力机构及其指定的传播政策如何达成了与全球资本市场的合谋,从而压制了本国的在地性乃至革命性力量,也就消弭了本土文化的生存空间和找寻另类传播话语的可能性。这一系统性的反思和批判范式仍然在影响着当今的国际传播研究,尤其是在价值和伦理层面。除此之外,我们需要看到其他或另类实践经验和理论探索的重要性,而不是仅以英美为代表的简化乃至意识形态化的"西方"为叙述的起点和中心。比如,新中国的对外宣传工作一方面不得不在"冷战"格局中参与国际舆论斗争,另一方面也创造了以阶级解放为核心的第三世界的革命传播范式,不仅在亚非拉地区取得了广泛共识——这一共识部分地延续至今——也为新中国在国际格局中的政治地位跃升打下了坚实的舆论基础和关系网络,为外交和外贸等工作的开展铺垫了相对稳固的民意基础。

然而,随着"冷战"结束,在英美两国政策的引领下,新自由主义思潮在全球扩散,市场开放与去规制化深刻重组着国际传播格局,消弭着曾经牢固的民族国家的权力和利益边界。这一看似打破边界的"全球主义"(globalism)在经济一体化进程的助力下强调着更具有去语境化色彩的"全球传播"(global communication)概念。"从词源学来说,在英语中,'global'与'holistic'是近义词,与'世界化'及其他拉丁语系的同义语言不同,它明显参照了整体论思想,即综合一致性与系统一致性的思想。'全球化'如同19世纪末的'国际化'一词,它来自英语,试图涵盖经济领域的一体化过程,并通过推理来解释全球的整体情形。"①在阿芒·马特拉(Armand Mattelart)看来,"全球的"是一种管理方式,它随着电子传播的发展表达着一种对世界的认识,借助"全球的"词汇来思考问题的立场意味着相信新技术、传播媒介和产品标准化所打造出来的同质化消费需求。传播领域的这种"全球的"雄心支持着在广告产业和多媒体领域中搭建全球性互联网络,并推动建立世界级的企业集团。等同主义或者说单一标准是"全球化"的原则,通过采取经济整合——在媒体领域主要表现为"融合"(convergence)——的手段,来"蔑视国际传播中因文化差异而造成的不同意识形态——人们汲取价值观和规范的参照框架——的存在"。"全球化"所指向的受"地缘—技术—金融约束的社会传播图景",利用商业管理模式进行的社会治理,是理解美国商业文化倡导的国际化传播的理论工具。②需要指出的是,虽然全球传播往往以主体多元、价值多向等为伦理准则,在超越了国家之间的地理和空间边界的同时看似超越了国际传播的竞合关系,但不管是政治的多维碰撞,还是文化的多元交织,都服务于一个市场的全球整合过程,背后的推手除了超级大国,更是依附于超级大国的跨国传媒机构和超级互联网公司。媒介帝国主义的批判看似已经远去,但在日益加剧的数字资本主义和平台资本主义的当下得以再生。在政治经济层面,全球传播的资源配置走向和权力结构变迁恰恰与新自由主义的迷思叙事相反,逐渐变得更加集中,并表现得更加复杂化与智能化。在很大程度上,全球传播是当今国际传播的主导范式,拥有着来自不同政治制度和文化传统的国家的众多支持者。

综上,从历史演变的角度而言,国际传播作为一种民族国家间的信息流动、意义生产和价值交往现象,随着威斯特伐利亚体系建立以来的现代资本主义全球化进程而逐步拓展,并在以美国所代表的西方世界在两次世界大战以来的以建制化的大众传播方式进行国家间信息传播中达到发展高峰。同一

---

① 朱振明.国际传播中的"全球化"与"世界化":阿芒·马特拉的国际传播观[J].法国研究,2009(4):60.
② 朱振明.国际传播中的"全球化"与"世界化":阿芒·马特拉的国际传播观[J].法国研究,2009(4):61.

时期，跨文化传播的概念由人类学、语言学领域提出并向国际政治、国际关系层面扩散，以期丰富对文明的"他者"的认知，并努力平衡简单的文明等级论，提升基于主体间性的理解和交往的可能。"冷战"结束以后，全球传播的理念尽管立足于对传播主体多元性的认可和信息流动多向性的探索，尤其是超越了单一的国家逻辑，但仍然带有鲜明的以英美为主导的、以同质化进程为核心的全球主义意识形态色彩，是新自由主义思想和政策的体现，与资本主义全球化进程同向同构。因此，当前流行的国际传播理论大多是西方中心主义的，而在根本上是资本主义的，虽然它们有着不同的侧重点和政策主张，但均是围绕以英美为主导、全球支持者为同盟的政治经济霸权诉求而展开，目的是将全世界裹挟进一种以英美制度和文明标准为底色的跨边界的信息流动和共识打造的历史进程中，而往往将这个进程中的不平等关系和实质上多样化的政治组织方式、经济交往方式和文化传承方式给遮蔽掉了。

随着以中国为代表的全球南方国家的崛起以及其对上述国际格局的冲击，西方世界内部的逆全球化思潮对权力中心内部秩序的挑战，新冠疫情作为催化剂对这一权力格局转型的加速推动，以及数字化和平台化进程同时对全球连接性的快速提升和将全球数字鸿沟的拉大，当下的国际传播实践正在被重新整合进新的国际地缘政治逻辑，盛行的全球传播理论也面临着国家力量回归、极化政治兴起、虚假信息泛滥、信息安全危机等引发的普遍性的共识坍塌和信任撕裂的信息失序的挑战。在一个充满矛盾和不确定性的后疫情时代，国际传播的理念和理论亟须更新。

二、国际传播转型的新语境——新冠疫情作为加速器

作为公共卫生和健康危机的快速和集中爆发，2020年初开始的新冠疫情大流行使全球政治格局、经济体系和交往生态遭遇了空前的历史性打击。作为深度全球化的副产品，新冠疫情也深刻揭示了当前国际社会正面临着前所未有的全球性威胁。全球性威胁与传统威胁的区别明显：首先是跨国性。全球性威胁具有不受国界限制的流动性和随机蔓延的特征，无论是隐形的病原

体、被污染的空气,还是计算机病毒都可轻易越过主权边界,在不同国家之间穿梭往来、广泛渗透。采取最严密的防范措施也难以完全控制这种无确定目的、无清晰渠道的无形的跨国界流动。其次是全覆盖性。全球性威胁构成了对全人类和整个国际社会的威胁,它超越了种族、民族、国家、信仰、意识形态、政治体制、经济水平和社会形态等的差异。无论是公共健康危机、金融危机、气候变化还是恐怖主义,越是全球化嵌入程度深、相互依存度高的国家,越容易遭遇它们的灾难性打击。全球性威胁并非针对任何一个具体的国家或地区,或者特定的种族或族群,而是针对被广泛连接、有着较大流动性的人类社会。这一点也可以被视为非排他性。在全球性威胁面前,任何国家、社会、族群等都难以独善其身。即便是超级大国也无法通过动员自身资源和力量而消除威胁。在历次重大全球性威胁中,主要国家几乎无一幸免。恐怖组织袭击了美国这一世界超级大国,然而,长达二十余年的全球反恐行动并未根除恐怖主义,反而催化了各种类型的新型恐怖主义;2008 年爆发的全球金融危机威胁到所有重要的经济体,不只是西方发达国家,发展中国家也因为与全球金融和市场体系的紧密连接而遭受经济寒冬;2020 年初的新冠疫情蔓延到全世界,与病毒同步蔓延的还有"信息疫情"(infodemic),几乎所有国家和地区都成为这类疫情的"灾区",遭遇着信息失序带来的发展困境和治理危机。更进一步,如果不是蔓延在所有地方的病毒被全部消除,疫情就可能卷土重来、再行蔓延,疫情的反复使得任何地方都有再度成为疫区的可能。① 因此,危机的全球化成为一个相互依存和多向互联的过程,人们无法通过控制一个节点切断所有关联,人类社会的命运相连已经从一种规范性现象成为一种经验现实,而且会愈加紧密。

全球性威胁的跨国性、全覆盖性或非排他性使其成为一种典型的恶性全球公共物品。新型冠状病毒完全具备作为一种恶性公共物品的属性,使人类健康受到威胁,经济增长遭受重挫,社会遭受裂解。与此同时,逆全球化趋

---

① 秦亚青. 新冠肺炎疫情与全球安全文化的退化 [J]. 国际安全研究,2021,39(1):13–14.

势明显,"政治病毒"变身为西方大国转向民粹主义和种族主义的外宣借口,国际传播中的对抗格局愈加紧张,国际秩序和规则、国际传播的规范和共识遭到持续挑战。如果说以连接性和流动性的极大拓展为标志的深度全球化进程自21世纪初以来便潜藏着向心力和离心力复杂缠绕的势能,那么新冠疫情便急剧放大并更加复杂化了全球化的这种双面性。换言之,不断加速和紧密的全球互联互通既成为病毒扩散的主要动力,又孕育了命运共享的共识和合作抗疫的选择,比如医疗援助的国际互惠;既要求社会暂停与保持人际距离,又提供以数字化为代表的新的连接方式,使全球互通和复苏成为可能。因此,全球化和逆全球化深度交织,导致了后疫情时代国际格局的割裂化和离心化,但又因共同面临的全球性危机和共生发展的全球化事实而面临被新的理念和机制整合的历史契机。

在这一疫情同时加速和撕裂全球化的背景下,数字化的连接方式成为保持人际互通和国际交往的新常态。国际传播在物理世界遭遇障碍的同时,加速了自身的虚拟化步伐,这一过程大多由跨国数字中介机构(比如跨国超级互联网公司)的技术架构和市场网络所支撑。我们称这一变化为"国际传播的平台化"(the platformization of international communication)。平台化在解决因疫情而停滞的国际和国内交往问题的同时,释放出强大的技术优势和市场动能。"以大型互联网平台公司为主导的信息传播新型基础设施正在从技术、市场、政治和文化等多个层面,重构着全球传播的信息流动新格局、地缘政治新秩序和文化交往新生态。"[1]

基于以上所述,在国际传播的平台化转型过程中,"新冠疫情扮演了加速器的作用:一方面,快速推动了以短视频社交、视频会议、流媒体音乐、电子商务等为代表的互联网平台对社会生活的全面渗透,数字化生存正在转向平台化生存,人类社会与主要互联网平台之间的依赖关系空前加强;另一方面,严重扩大了国际传播已有的裂痕,包括基础设施建设和终端接收使用的

---

[1] 姬德强.数字平台的地缘政治:中国网络媒体全球传播的新语境与新路径[J].对外传播,2020(11):14.

数字鸿沟,以及与政治博弈、贸易争端和文化歧见等深度绑定的数字平台的地缘政治"[①]。换句话说,物理层面的使用或接入鸿沟和交往层面的价值或认知鸿沟都因为疫情而变得愈加明显。国际传播正陷在民粹主义、民族主义、种族主义等意识形态泥潭里而无法自拔。正如作为商业平台的 TikTok 出海受阻所暗示的,围绕美国商业化的平台系统与中国发展型的平台系统之间的结构性数字地缘冲突已经开始,位于其他国家和地区的平台博弈(如印度)也在多点展开。在这个背景下,国际传播面临着更加复杂的利益博弈和政治斗争的压力传导,并加剧了非传统安全问题向全球进一步外溢的风险。

因此,如何在以离心化为特征的逆全球化进程中重建共识,如何在辩证的数字化、平台化进程中定位和认知地缘关系,关乎新型国际关系和新式全球治理能否有效应对此类公共安全威胁,更关乎全球秩序重建的可能。在这个意义上,"人类命运共同体"理念的提出既是深度全球化时代的中国主张,也是应对全球性危机的地方知识和地方经验,是对现代资本主义全球化历史的扬弃,也是基于人类文明的亚洲时代面对另类全球化方案的规范性想象。对国际传播或者其当代版本全球传播而言,"人类命运共同体"超出了基于电子媒体时代互联和互感的技术主义地球村的隐喻,具有规范性和实践性上的系统性启发意义。在这一理念的启发下,新的国际传播理念和国际传播理论需要超越全球传播这一"后冷战"共识,尤其是其中的全球主义精神内核所追求的看似多元实则同质的西式文明观,用真正的文明多样性和实质的交往平等性来超越全球传播所内含的民粹式技术主义大众民主观(尤其是其中的主体多元论),以及潜在的大国或企业的霸权主义倾向,落脚到符合后疫情时代新型国际关系和全球交往格局的新范式上来。

[①] 姬德强.数字平台的地缘政治:中国网络媒体全球传播的新语境与新路径[J].对外传播,2020(11):14.

三、自主知识体系构建——作为国际传播规范理论人类的命运共同体

2012年，习近平总书记在党的十八大报告中首次提出"人类命运共同体"理念，并指明"人类命运共同体"旨在"追求本国利益时兼顾他国合理关切，在谋求本国发展中促进各国共同发展，建立更加平等均衡的新型全球发展伙伴关系"。在很大程度上，"人类命运共同体"是基于中国与世界其他国家一起倡导的和平共处基本原则与和谐发展及和谐世界之道阐发出来的。在随后的2017年，该理念以"共商、共建、共享"的社会主义核心价值观被写入联合国决议，进而成为全球性的公共理念，表明对"人类命运共同体"愿景的认同和采纳获得了普遍的正当性资源。在全球性公共危机中，尽管存在着绑定中国偏见的认知差异乃至歧见，但是"人类命运共同体"正在逐渐成为被广泛认知和普遍认可的规范性理念和实践性方向，其内涵正在持续不断的阐释、对话和实践中被逐渐丰富。

至少在国际传播的话语层面，"'人类命运共同体'理念是一种以包容、容纳所有民族国家的世界本身为中心、为本位，即世界中心/本位主义的世界主义思想，而且是一种以（全球）（内在）关系为本体、（世界）（双向）生成论（建构论）意义上的新世界主义思想"[①]。它包容并且超越了以民族国家为主体的、以竞合关系为主线的现代国际关系格局，致力于以共生、依存、共赢和互惠为前提，挖掘和孵化新式的、超越性政治主体及其关系的可能性。基于这样的规范性理念，国际传播从理论到实践具备了超越以往从发展传播到媒介帝国主义再到全球主义的传播范式的潜力，为构建国际传播新秩序提供了想象性框架。

首先，民族国家的主体性和"主体间性"（交互主体性）同时重新获得认

---

① 李智.新世界主义：人类命运共同体的世界观基础［J］.北京行政学院学报，2018（6）：112.

可，从而"突破和化解普世性（世界整体）、普世主义（世界主义）[1]与特殊性（民族国家）、特殊主义（民族国家主义）之间的两极对立，确立起一种与民族国家主义达成和解的新世界主义思想"[2]。破解一系列认知二元论之后，我们发现"世界既不是一个至大无外而容纳一切的一统化、一体化的'天下'（文明实体），也不是一种主权国家和其他政治单元都处于某种超国家机构的权威之下的僵化的世界政治结构或体系（超国家政治结构即政治共同体），而是一个由共同追求普遍主义规范并予以践行的全球各民族国家人民所构成的人类命运共同体"[3]。在此理念指导下的国际传播理论超越了具有"冷战"基因的以"发展传播"为纲的启蒙主义观念，民族国家间也摆脱了零和博弈的国际游戏的认识前提，国家间不再是非此即彼的存亡关系；同时，民族国家重新成为国际关系的主体，超越了全球传播的同质化、标准化逻辑，给地方性和特殊性充分的发展空间。作为一种文化过程的传播，信息在物理和虚拟空间内的跨边界流动将为民族国家间的文化互动提供助益。

其次，人类命运共同体超越了霸权逻辑，破除了中心主义的传统。在传统的国际关系理论中，以文明等级论、中心—边缘秩序为代表的世界体系均是西方主体哲学中心主义传统的反映，导致实力争霸成为国际政治的主旋律，并为殖民主义历史提供合理化的辩护，为文化霸权主义的建立提供支撑。"'人类命运共同体'理念，或者新世界主义拒绝任何形式的民族国家中心主义，努力打破各种文明中心论的霸权地位——无论是欧洲中心论、华夏中心论还是美国中心论，提供一种中国作为平等一元（而非中心成员）置身其中的无限开放、不断运行和调适的世界秩序——一个无中心的世界性文明星座结构（constellation），各民族国家人民跨文化对话、共同建构普遍主义规范进

---

[1] 需要说明的是，引文中的"世界主义"更似本文多次使用的"全球主义"。
[2] 李智.新世界主义：人类命运共同体的世界观基础[J].北京行政学院学报，2018（6）：109.
[3] 李智.新世界主义：人类命运共同体的世界观基础[J].北京行政学院学报，2018（6）：110.

程中的世界。"① 需要注意的是，去中心论的共同体理念是建立在破除上述中西认知二元论的基础上的。换句话说，在东西和中西之外的其他中心主义也无益于对霸权主义的超越。超越霸权的目的不是让边缘成为中心，而是打破"中心—边缘"的不平等格局，消弭各种新型霸权孵化的可能。因此，在国际传播研究中，传统上对"东—西"和"南—北"的地缘政治关系认知被处理为一种非正义历史过程的结构性后果，是发展传播、帝国主义和全球传播阶段霸权争夺的历史烙印，新的地缘关系认知应当以真正的地方与全球互构、实质的多主体传播和平等交往为突破，凝聚正义共识，超越霸权倾向。

再次，人类命运共同体理念的提出和传播与国际传播的数字化、平台化进程实现了同步。因此，至少从战略或实践层面，国际传播需要充分借助这一媒介化或平台化的力量，寻求在全球范围内实现最广泛的连接，包括象征的、非物质的和物质的、基础设施的，从而解决在国家之间、阶层之间、城乡之间、性别之间、种族之间、代际之间存在的甚至因危机而扩大的数字鸿沟，实现数字化服务的普惠化和均等化。这是国际传播实现范式革新的技术条件或媒介基础。在此基础上，各种数字内容和网络应用也需要体现文化的多样化和服务的均等化，因此，在地缘政治和商业动力之间寻求新的平衡点，尤其需要避免数字技术和数字平台落入政治博弈的游戏，成为跨国资本的积累和增殖工具。这两类趋势已经展现得十分明显，亟须两类传播的民主化来加以应对，分别是各国国内数字化和平台化进程的民主化，避免形成一国的政治经济权力精英格局；全球互联网或平台治理机制的民主化，改变以美国为代表的强权秩序以及赋权这一强权秩序的多利益相关者模式，在保护网络主权、打击跨国垄断的同时，促进平等用网和协商治网，创新开放、多边、包容的全球网络规制机制，推动构建网络空间命运共同体。

最后，至少在政治传播实践层面，人类命运共同体的规范性理念呼应了20世纪"冷战"背景下，在非西方世界语境中提出的另类国际观，尤以中

---

① 李智.新世界主义：人类命运共同体的世界观基础[J].北京行政学院学报，2018（6）：113.

国提出的"第三世界理论"和不结盟国家在联合国教科文组织框架内发起的"世界信息与传播新秩序"（NWICO）运动为代表。如今借助"全球南方"[①]理念在国际传播研究中的兴起，这些来自历史斗争中的知识遗产依然值得被挖掘和传承，而不仅将其视为历史实践而束之高阁，抑或仅将其用以阐释特定国家和地区的另类媒介化传播实践，从而遮蔽了内蕴的推动国际传播秩序民主化的历史意识和政治主张。由是，在实现人类命运共同体所勾画的对民族国家主体性和"主体间性"的认可，以及对霸权主义和各类中心论的超越的进程中，更为丰富的媒介实践和传播斗争依然是自主知识体系创新过程中必须聚焦的关键问题。规范理论解决的是应然的问题，而对更多实然问题的分析和解释则是通向这一应然目标的知识轨迹，也是理论与实践实现有机互动的载体。

简言之，"人类命运共同体"这一规范性理念有着丰富的阐释面向，其中一个是构成国际传播自主知识体系的新路径，它所超越的是奠定旧式国际传播的零和博弈逻辑，致力于国际传播的民主化、包容性和可持续性，并借力数字化和平台化的新型信息基础设施，推动人类交往在质和量上的全面提升，为打造更多共识而不是挖掘更深鸿沟来团结一切可以团结的力量。

[①] 张志华. 传播研究的"全球南方"视角 [J]. 现代传播（中国传媒大学学报）, 2017, 39 (12): 16.

数字公域：数字文化视野中的国际传播新秩序[*]

数字文化日益成为国际传播秩序变革的重要力量。继聊天机器人大模型 ChatGPT 引发全球热议后，OpenAI 发布的文生视频大模型 Sora 再次刷新人类对人工智能技术建构数字现实能力的认知。与生成式人工智能代表的数字技术革命相伴随的，既有技术逻辑下对国际传播秩序变革的新想象，也暗含着政治、市场、意识形态的权力博弈。如何理解文化数字化乃至智能化所引发的国际传播秩序新变局，尤其是其中蕴含的风险与危机以及对抗路径，已成为国际传播研究的前沿话题。

一、面向数字文化的国际传播研究

数字文化发源于以二进制数字（0和1）为基础的数字化技术。以互联网、计算机、智能电子设备为核心的数字化生存方式渗透进当代社会文化生活中，不可避免地催生出一种新的文化，即数字文化。[①] 杨国斌在梳理相关研究后发现，有关数字文化研究的内容覆盖了媒介与传播涉及的生产、流通、互动、消费、使用的各个环节，透过数字化媒介引发的传播行为探寻数

---

[*] 本文原载于《对外传播》2024 年第 4 期，与李喆合作，收入本书时，略有删改。李喆为中国传媒大学媒体融合与传播国家重点实验室博士研究生。

[①] 杨国斌. 转向数字文化研究 [J]. 国际新闻界，2018，（40）2：99-102.

字文化现象与社会问题根源的层层关联。数字文化的概念实则建立于对"新媒体"传播活动的反思之上。一方面,数字文化弥补了新媒体将研究对象限定于"终端媒体",进而忽略数据存储器、计算机软硬件以及各种技术性物质的"非媒体"视角;另一方面,数字文化推动新兴媒体与传统媒体的杂糅式发展,要求正视新媒体研究中所预设的媒介技术线性历史发展的问题,打破其中蕴含的"新=好;旧=有缺陷"的观念。①

国际传播正在经历专业实践向日常实践转变的过程,大数据、人工智能等数字技术的介入改变着原有的全球话语生态,其广泛参与性、视角多元性、语态日常化等特点无不扩展了传统国际传播的实践边界,开辟出虚拟与现实、专业与日常、数字与人文交融的新场域;国际传播面向数字文化的研究转向正是以"数字技术"实现对"媒介技术"的去蔽,撕去如"旧的""非媒体"的固化媒介标签,研究所聚焦的不再局限于具有媒体形态的传播中介,而是延伸至数字技术所涉及的全部互动元素及其之间交错的行动网络,萌生出更为包容和全面的研究视野。在当今复杂的国际舆论环境中,"数字文化"更能够整合物质和非物质的一切内在和外在的日常活动,涵盖数字技术发展下传播活动所映射的文化与政治、经济、社会等各方面互渗共生的关系,深入多元主体的交互构成性逻辑。

二、数字文化塑造国际传播新格局

(一)数字技术创生主体新格局

传统视野下的国际传播核心主体归根结底仍是人这个单一主体,而数字技术创生出一种人机协同参与、共同影响传播进程的新局面,从信息获取和处理,到内容生产、分发、反馈和再生产,再到多元主体间的对话和交往,国际传播的实践全链条正在被数字技术中介和代理,其中尤以日益主体化的

---

① 马丽丁娜,朱丽丽.数字文化10年研究:技术、日常生活与在地实践[J].传媒观察,2023(3):80-81.

人工智能为甚。以自动化为内核的智能化正在引发国际传播主体边界的革命。由此，数字技术将不再仅被视作一种媒介或辅助主体传播的中介，而或将成为与人类具备同等地位的交流主体。①

自第一次工业革命以来，直至人工智能之前的机器始终被视为客体化工具，扮演着人类的辅助者角色，随着数字技术带来软硬件升级以及人类对机器类人化的设计追求，不乏出现关于机器的行动主体性的展望抑或担忧。20世纪中叶，智能技术的发展推动人类将"主体性"观念赋予机器，拜伦·里维斯（Byron Reeves）和克利福德·纳斯（Clifford Nass）率先尝试通过一系列人机互动实验总结出"计算机为社会行动者"范式（Computer are Social Actors Paradigm，CASA），阐释了"计算机等同于人，都是社会行动者"的观点。②然而，由于数字计算能力不足，早期人工智能也只是通过接收的固定指令来执行任务，并不具备真正的学习能力和拟人反应，更多的是充当信息聚合与流转的中介角色，并不符合信息传播的主体性特征。直到"大数据"和"深度学习"被提出并应用于人工智能研究，具有思考与互动能力的人工智能机器才见雏形。

如今，在生成式人工智能的催化下，拥有各类智能终端的数字用户可以通过数据交互参与社会文化生活，反之人工智能也可以通过学习人类的社会行为方式完成镜像化并创生出新的行为特征。数字技术迭代越快，其类人程度越高，意味着技术将获得更多的"文化代理权"，代替人参与文化生活的主体性就越强，比如社交机器人、语音助手等智能技术，无一不扮演着曾经人类专属的主体角色。正如工业时代蒸汽机替代工人完成商品生产的体力劳动一样，如今人工智能也接管了更多行为主体间基于传播实践产生的交流劳动，带来一种日常传播互动模式的变革。

人工智能的传播主体性不同于人类建立在理性基础上的交往主体性，更多基

---

① 常江，罗雅琴. 人工智能时代的国际传播：应用、趋势与反思［J］. 对外传播，2023（4）：27-30.

② REEVES B，NASS C. The media equation: how people treat computers, television, and new media like real people［M］. Cambridge: Cambridge University press, 1996.

于效率和通约原则，强力吸纳全球各个角落的信息资源完成跨域流动聚合，建构起一座弱化国家、民族、种族等显性界限的开源暗箱数据库，为国际传播在内容生产、主体互动等方面提供了基于数字技术的融合化、多元化解决方案。与此同时，它剥夺着以人为核心的各类国际传播主体的间性经验和认知理性。当人工智能以"记者""博学家"等角色直接参与国际传播实践，又或以"朋友""助手"等身份在与人类互动过程中完成潜移默化的传播或说服行为时，人们是否还能在交流劳动和情感劳动自动化的跨国传播实践中维持专属于人类主体互动的共情能力、人文素养、道德标准和价值判断意识？能否透过看似包罗万象、中立客观的传播表象，辩证地挖掘数字技术背后的主体交互过程？又能否在习惯了"文化混融"展现的"和谐"后接纳国际传播现实中暴露的诸多差异？借用法国哲学家埃里克·萨丁（Éric Sadin）的观点，国际传播格局被数字技术介入并重新建构，但作为国际传播核心主体的人却在被数字技术逐步放逐。①

（二）数字平台重构传播新边界

数字平台作为节点性产物和中心化存在，将几乎所有的社会文化生活牢牢地与数据系统和技术生态相绑定，通过人与人之间的直接联系构建起一张无远弗届的关系网络，在此空间内人们获得了与以往不同的交往体验。平台成为延伸、反哺甚至重组当下数字文化逻辑的重要变量。②然而，在此过程中，公共和私人领域、时间和空间、虚拟和真实的界限开始模糊，新的政治疆域、集体身份、文化行动在数字平台构建的虚拟空间内生成，例如跨国、跨种族、跨民族展开的政治和文化议题的讨论，围绕新旧身份争论而引发的网络行动主义，以及掌握先进数字技术的跨国互联网公司的主体话语权带来新的矛盾，

---

① World Siliconization［EB/OL］.（2018-05-30）［2014-03-02］. https://lab.cccb.org/en/world-siliconization/.
② 姬德强. 跨文化传播的平台化转向：一种技术的政治经济学视角［J］. 跨文化传播研究，2021（1）：51-65.

都无疑既解构又重构着国际传播的边界。①

事实上,国际传播领域对数字平台的研究兴趣源自对跨国互联网公司构建的平台话语的批判。塔尔顿·吉莱斯皮(Tarleton Gillespie)曾指出,自跨国互联网公司的数字产品逐渐成为信息流动的空间载体时起,它们便发现自己可能会被要求担负起政治、经济、文化等方面的责任,也会因此面对更多问责和监督。在此背景下,公司发现了平台话语的妙用,以此将自身装扮成"多元、开放和价值无涉"的中立服务商角色,以回避平台背后的商业本质、技术逻辑以及与政治权力之间的微妙关系。② 因此,最成功的互联网公司往往热衷于为用户"仅提供平台"。比如,脸书创始人扎克伯格在面对公众质疑时表示,其公司只是一家科技平台,而非媒体公司。综上所述,既然数字平台将自身置于媒介属性的传统传播链外,那它又是如何嵌入国际传播实践,模糊国际传播的基本关系并重构其边界呢?这就需要透过数字平台的技术逻辑和市场逻辑重新审视国际传播的主要矛盾。

相较于传统媒体,流量扩张、传播破界、服务增能是数字平台最浮于表面的优势技术特征。受技术可供性影响,各类平台通常以"傻瓜操作""零基础入门"等低门槛的入场标准吸引各国各圈层的用户;受商业利益驱动,企业会依托这些平台提供的连接可供性,尽可能跨越传统边界最大限度地建立起个体间的数字连接。在数字平台构建的国际传播新场景下,生产和消费、公共和私人、全球和地方的界限逐渐消弭。比如"黑命贵"(black lives matter)这种发生于一国之内的地方性社会运动,能够借助跨国数字平台流量,在政治力量介入前完成爆炸式扩散,将地方传播事件迅速上升为国际传播事件,基于数字平台的大规模流量型传播便成为国际传播实践中自发的、难以受传统边界限制和预测的结构要素。③ 基于此,数字平台确实在某个层面

---

① 常江,张毓强.从边界重构到理念重建:数字文化视野下的国际传播[J].对外传播,2022(1):54-58.
② GILLESPIE T. The politics of "platforms"[J]. New media & society, 2010, 12(3): 347-364.
③ 史安斌,童桐.平台世界主义视域下跨文化传播理论和实践的升维[J].跨文化传播研究,2021(1):31-50.

弱化了国际传播的传统"国族"边界，以平台逻辑重塑起全新的"技术与流量"边界。

然而，正如何塞·范·迪克（Jóse Van Dijck）等学者所指出的，"平台既非中立，也并非无价值的建构，其自身架构中便携带着特定的规范和价值观"①。数字平台试图利用技术优势主导国际传播资源配置体系，通过世界主义话语建构自身在国际传播话语体系中的独立性和进步性，却很难摆脱以商业利益为核心驱动力的本质，也不能掩盖资本逻辑与政治逻辑在前台与后台时而平行时而交织的微妙关系。②从传播政治经济学的批判视角出发，纵然数字平台正在虚拟空间内拉扯国际传播中以国家权力及其配套制度形成的边界观，国际关系发展尚未进入"后威斯特伐利亚"阶段，民族国家之间的差异也仍然会直接决定所辖区域的平台运行机制的不同，在"生而全球"的数字平台网络上形成一道道边界，③更何况数字平台从诞生到发展的根基原本也并不是源于真正意义上的"全球"，它的崛起原本就夹带着先进入数字空间的民族国家所预设的边界，如此来看，又何提后期是否"形成"新边界呢？

简言之，当涉及意识形态、政治主权、核心利益等方面的场景下，无论处于现实文化场域还是数字文化空间，无论以何种形式、或显或隐，民族国家都仍是国际传播最牢不可破的边界，④而其他看似影响边界的运行逻辑，如技术、市场等，于民族国家而言也无外乎"坚定捆绑"或"因利而聚"的关系。国际传播的边界也并不会从民族国家走向数字平台勾连起的网络社会，而更像是被民族国家夹带着进入网络社会，穿上以数字技术织就的马甲、摇身一变成为新的边界话语。

---

① VAN DIJCK J, POELL T, DE WAAL M. The platform society: public values in a connective world [M]. Oxford: Oxford University press, 2018.
② 姬德强.数字平台的地缘政治：中国网络媒体全球传播的新语境与新路径[J].对外传播，2020（11）：14-16.
③ 姬德强，闫伯维.人工智能的地缘政治：传播政治经济学的视角[J].南昌大学学报（人文社会科学版），2023，54（6）：86-91.
④ 常江，张毓强.从边界重构到理念重建：数字文化视野下的国际传播[J].对外传播，2022（1）：54-58.

(三)数字文化衍生传播新秩序

从数字文化发展的视角来看,国际传播的各种实践行动将不再是媒体从业者或权力所有者的特权,而是越来越日常化地"飞入寻常百姓家"。因此,对数字技术催生的新主体和数字平台塑造的新边界的接纳,可以被视为一种具备特定价值和规则的日常文化渗透的过程。①

如上所述,数字文化是在技术连接过程中生发于各类数字平台的。一方面,技术赋权使数字文化发展趋向大众化和日常化;另一方面,商业化性质也极大程度决定着数字文化生产速率以及文化传播行为导向何处。②原本处于传播伦理与素养规范要求下相对稳定和静态的国际传播秩序演变为一种被数字技术、商业资本裹挟着传播的公共价值所建构的流动化的新秩序,而这种所谓"流动化",也可被称为某种层面的"失序"。③在这种"失序"的"新秩序"下,原本"以人为本"的传播核心逻辑④被动摇了,在数字文化生活暗含的"数据至上"的思潮中,人类被彻底异化为数字节点的风险日益加剧,逐渐被边缘化为"保证数据流量最大化的工具"。⑤换言之,使用者无论是否具有参与传播的主观意识,其在数字空间的互动行为都具备了传播的潜在性。

这种现象对国际传播固有秩序的冲击可能更甚。当一名用户有意识或无意识地在数字前台隐去其身份中包含的国别、种族、民族等信息,如 ChatGPT 这样的生成式人工智能、维基百科这样的开放式平台便理所当然地成为其价值观和思想的传播者分身,而处于世界某个角落某一台数字设备前的另一位用户在获得信息时,却并不知道信息的传播者是谁,来自哪个国家,持何种政治态度,又拥有何种文化背景,而其所拥有的媒介素养又是否能够保证辩证地去看待这条信息的价值取向,维持自身的理性判断和所在社会的

---

① BOLLME G. Theorizing digital cultures [M]. London: SAGE, 2018: 20.
② JIAN L, JEROEN K. Platformization of the unlikely creative class: Kuaishou and Chinese digital cultural production [J]. Social media + society, 2019, 5 (4): 1-12.
③ 张文祥,沈天健,孙熙遥. 从失序到再序: 生成式人工智能下的信息秩序变局与治理 [J]. 新闻界, 2023 (10): 41-46.
④ 喻国明. 传播学的未来学科建设: 核心逻辑与范式再造 [J]. 新闻与写作, 2021 (9): 5-11.
⑤ 李伦,黄关. 数据主义与人本主义数据伦理 [J]. 伦理学研究, 2019 (2): 102-107.

实践规范。反之亦然，用户在数字文化生活中看似日常随意的一些人机互动内容，便可能被杂糅包装后摇身一变成为"数据库"中的资源被地球另一端的某位用户获取。

在这种正在形成的新秩序下，日常国际传播实践的全过程及其背后的权力因素都可能被选择性地置于暗箱中，传播呈现一种独属于平台经济逻辑的网络效应，任何一个站在数字网络节点上的人及其行为，都可能在无知觉的状态下在国际舆论场引发"蝴蝶效应"。因此，这种传播新秩序显露超越国族、空间、时间边界的广泛连接性，超越主体、中介、客体的无限交往性，信息呈现形态的随意性和扁平化，传播要素变得多样化和杂乱化，这些又在数字技术的半遮半掩下隐现意识形态、利益与权力层面的种种博弈，却最终在前台显化为"机器 vs 人类"的恐慌与争论。如此看来，数字伦理规范和"以人为本"的人文观对于国际传播格局的现时稳定和未来的秩序重建无疑是十分重要的。

三、隐患与危机：技术反思与文化对抗

如前所述，国际传播主体由人类扩展至智能机器，传统的国际传播边界中的"国族线"随着数字平台盛行而被模糊或后台化，传播场域由公共场景进入私人范畴，而原本遵循媒体专业实践要求而形成的传播秩序也在数据化、分散化、无序化的日常实践中显得越发无力。由此看来，数字文化已经全方位地渗透国际传播的各个环节，推动着国际舆论场中话语流动模式的革新，由光纤、电缆、数据设施等搭建的地面互联网与基于卫星通信系统、地面基站所布局的卫星互联网所覆盖的范围内建构起纵横联通的数字关系网，引发国际传播格局和生态的嬗变，推动国际传播的媒介文化研究转向更为宽泛的数字文化领域。然而，数字文化带来的国际传播新生态中，既渗透了技术逻辑的效能和机器理性，也包含了市场逻辑中追逐利益的"天性"，更内嵌了权力逻辑对文化生活的各种控制和博弈。

(一) 人文视角下的数字技术反思

当一种数字技术的使用带来传播生态失衡时,引入新技术对抗原技术只能暂时从表层解决问题,长远来看反而会加深文化公共性与技术背后权力要素之间难以分割的关联,①需要从人文主义视角对这些技术问题进行反思。

当今数字传播生态下,以人工智能为代表的数字技术带来的文化危机主要可以用三种互相嵌套的形式展现:信息安全危机、真实性危机和共识危机。个人层面的信息安全问题主要涉及隐私和行为监控,尤其是用户迷恋于社交平台上的自我展示以及在使用数字产品时被迫让渡个人隐私信息获取的选择权,使得隐私信息实则暴露于公共领域中,模糊了公共和私人的界限,技术也为资本和政治等权力提供了渗透社会各个角落的可能性,当代数字文化生活场景宛如一个权力俯瞰的全景监狱,一面是个人隐私的单向度透明化,另一面则是隐私问题的隐形化。②这种技术逻辑形成的信息流动黑箱化降低了个人对信息公私边界判断的敏感度,信息泄露加之人工智能深度伪造技术的滥用使这种真假参半的传播现状造成了真实性危机,也消磨了受众对外来信息的辨别能力与共情能力,逐渐加剧群体无意识的麻木。③去中心化和扁平化的传播结构使得世界各个角落的信息都浮光掠影地呈现于数字空间,形成广泛共识需要的专业引导和理性规则缺失、个性化定制筑起一座座充满偏见和隔阂的信息茧房、信息负荷和流量欲望催生的以极端信息"搏出圈"行为,无一不使得数字文化中包含的"多元化"特征愈加强势而"共识性"渐微。如此看来,大卫·理斯曼将国际传播中的"empathy"一词从"移情"转译为繁花过眼般的"逛橱窗"④恰如其分地对当下数字技术引发的人文问题现象进行

---

① PLANTIN J, PUNATHAMBEKAR A. Digital media infrastructures: pipes, platforms, and politics[J]. Media, culture & society, 2019, 41(2): 163-174.
② 常江,罗雅琴.人工智能如何"生成"信息失序:原理、危机与反思[J].信息技术与管理应用,2023,(2)3: 69.
③ 吴帮乐.人工智能终结了个人隐私吗?——从《咖啡机中的间谍:个人隐私的终结》谈起[J].科学与社会,2021(2): 79-93.
④ 卡茨.逛橱窗:论"国际传播"的国际化[M]//李金铨."国际传播"国际化.李红涛,译.北京:中国传媒大学出版社,2022: 23-33.

了精准描述。

(二) 数字文化抵抗

技术突进带来的数字传播生态波动在当下的文化生活中表现着强烈的入侵性和扰动性，各种技术产品介入搭建社会关系、塑造观念和态度、分配利益、引导行动的各个节点，甚至体现着对人作为主体的支配趋势。在此背景下，一些新的文化抵抗行为出现并参与对数字文化生活的媒介实践重塑中，主要表现为信息回避、数字戒断和慢传媒三种行动模式。①

表面上看，信息回避的文化是随着传播失序、舆论极化、信息流动不透明等造成的媒介疲乏问题产生的，②究其本质，仍要深入回避现象所折射出的人文社会问题，即数字传播生态对数字文化资本的重新分配造成的新的阶层不平等的问题。③《华盛顿邮报》(The Washington Post)调查发现，选择以回避的方式抵抗数字媒介入侵的人通常符合世俗权力体系中"非精英"或"少权者"的特征，④他们在无法从社会层面消除数字文化带来的数字权力倾轧时，便只能通过回避来获得些许在数字文化社会中的自主权，也可以说是在避免数字文化资本体系对传播生态中弱势群体数字媒介经验的殖民，追求更能自主掌握信息的主体身份。

数字戒断是对数字全覆盖、传播内容失真问题的抵抗。一方面，人们自觉与数字环境进行物理隔绝，以减少与数字技术、网络信息等接触；另一方面，人们从心理上戒除对数字媒介化产品的依赖，以反思性的眼光看待数字技术发展带来的"福利"。例如，近年被欧美中产阶级推崇的数字戒断旅游，

---

① 常江. 作为媒介抵抗文化的数字极简主义 [J]. 南京社会科学, 2023 (12): 83-90.
② 田浩. 从情感卷入到信任调适: 新闻回避的日常文化解析 [J]. 中国出版, 2023 (14): 18-24.
③ LINDELL J, BAGE E. Disconnecting from digital news: news avoidance and the ignored role of social class [J]. Journalism, 2023, 24 (9): 1980-1997.
④ Do you avoid the news? you're in growing company [EB/OL]. (2023-08-01) [2024-02-28]. https://readcommonground.com/recommended-reading/do-you-avoid-the-news-youre-in-growing-company/.

主张沉浸于发达国家数字文化中的人群到数字基础设施不发达的国家地区旅游，以此强制性方式实现个人与数字物理的隔绝。细思其中逻辑，所谓数字文化抵抗者如何能够将世界地图默认按照数字化发展的进程做划分？他们前往某些国家是为了避开数字技术带来的"福利"和"先进性"，回归"原始"生存状态以求真，如此倒不禁让人想起前些年出现的"断平台"（de-platform）[①]一词，形容"现代化生活"中的大众戒断数字平台就如同断水、断电一样无法正常生活。这些对数字发展现状的描述也好、抵抗行为也罢，却也无一不是带着居高临下的数字殖民式的优越感展开并融入商品化进程的。

相较于信息回避和数字戒断，慢传媒旨在破除传播的技术神话对人文专业主义的挤压现象，回归以人为中心的传播理念，对数字文化中信息流动的快节奏与技术中心具有拉回作用，对于文化进步和稳定发展具有长远效应。[②] 例如，慢传媒行动的标志机构英国数字媒体"延迟满足"（delayed gratification），其口号为"争做报道爆炸新闻的最后一人"（last to breaking news），每季发行一期且只刊登具有深度阐释性和全面调查的长篇报道，摒弃数字时代的"速度即胜利"的媒介惯式。[③]

由此可见，数字文化抵抗虽为一种带有人文性质和批判性质的修正行动，却并未深入文化演变进程的核心矛盾，也并未从个体或小群体的主体视角扩展至宏观的国际传播主体层次，在某种程度上体现着一种"头痛医头、脚痛医脚"式的抵抗观；而这些行动仍然建立在固有的政治、经济和文化的资本权力体系之上，似乎也并无意于且无力冲击这一权力体系，且这些数字文化抵抗行为大多出现在数字化程度高的国家，总体来看对于捋清数字文化转向中的国际传播话语格局与秩序变局的意义不大。

---

① 左亦鲁. 社交平台公共性及其规制：美国经验及其启示[J]. 清华法学, 2022,（16）4: 96.
② BARRANQUERO A, BARBA A. The slow media activism of the Spanish pensioners' movement: imaginaries, ecologies, and practices[J]. International journal of communication, 2022, 16(25): 1990-2014.
③ Delayed Gratification [EB/OL].（2024-01-31）[2024-02-29]. https://www.slow-journalism.com/slow-journalism.

四、结论：关于国际传播话语与秩序变局的重思

置于全球化的宏观场景中，我们可以发现，世界话语格局和传播秩序的动态博弈已经出现愈加明显和强烈的文化转向，数字化进程加速更催生了向数字文化转向的演变。数字文化转向不只出现于国际传播场域中，其早已在全球治理中出现并催生出"与太空、海洋并列的第三大全球公域"——网络空间，并成为西方国家进行权力争夺的目标，例如美国国防部曾发布评估报告称要将军事力量引入网络空间这一公域。[①]

借此概念重思数字文化对国际传播格局的影响，显然数字文化与传播实践和各种权力要素交融下已然衍生出新的"数字公域传播秩序"。不同于传统意义上的国际传播秩序，数字公域传播秩序所涵盖的并非世界范围内所有地区，而是互联网和数字技术所覆盖的信息富裕国家；民族国家依然是公域传播秩序中最核心的权力主体，但是掌握先进数字技术的跨国公司成为中流砥柱和新的权力方，不乏有美国垄断性跨国平台公司与政府矛盾升级的事例发生；人工智能与人类共存于传播链中，甚至出现主体化发展趋势。

虽然数字公域拥有更多的主体、技术、文化和信息，其中各主体却更难以达成文化层面的共识。并非数字公域比传统国际传播场域包含的文化意蕴更单薄，而是技术的扩散性和主体性越强，数字文化与技术绑定的特征越突出，而掌握技术的权力力量便能够以文化为名、操持技术工具在公域中的不同文化背景的受众之间生产情感共鸣。虽然近年来抵抗意识崛起，但权力结构也更深地隐于数字技术编织的想象网络背后，也将许多数字文化发展引发的问题抛至数字公域以外的角落中，比如数字化的传播话语格局如何考虑互联网和数字技术未覆盖的国家地区的传播角色和权利？伴随技术演进形成的数字文化如何在以民族国家为边界的国际传播场域中界定其边界？诸如此类，都将是面向数字文化的国际传播研究需要细细考量的问题。

---

① 郑英琴.全球公域的内涵、伦理困境与行为逻辑[J].国际展望，2017（3）：100.

"一带一路"与国际传播研究的想象力[*]

进入21世纪第二个十年,全球社会正在经历一场前所未有的政治经济秩序变革,国际传播格局迎来挑战。在这一时代的交汇点上,"一带一路"倡议引领着全球经济、政治和传播的演变。自2013年习近平总书记提出这一构想以来,"一带一路"倡议已经成为国际舞台上备受瞩目的焦点之一,它不仅是中国积极参与全球事务的标志,更是推动全球治理格局变革的重要因素之一。"一带一路"倡议,全称为"丝绸之路经济带"和"21世纪海上丝绸之路",旨在构建与合作伙伴的政策沟通、设施联通、贸易畅通、资金融通、民心相通的命运共同体。这一构想源自中国古代丝绸之路的历史传承,融合了21世纪的新式全球化趋势,旨在加强国际合作与互利共赢。以"一带一路"为基础,中国计划通过基础设施建设、贸易合作、人文交流等多种方式,推动共建国家的发展,促进全球经济的繁荣。目前,"一带一路"倡议已经覆盖亚洲、欧洲、非洲等多个大洲,涵盖了丰富多样的文化、历史和发展水平。从中国内陆的西安,延伸至地中海的比雷埃夫斯港,从中国南方的广州,延伸至东非的蒙巴萨港。

提出"历史终结论"的弗朗西斯·福山(Francis Fukuyama)于2015年在清华大学的演讲时表示,如果"一带一路"倡议最终能够成功,"就是中国

---

[*] 本文原载于《传媒观察》2023年第10期,与闫伯维合作,收入本书时,略有删改。闫伯维为中国传媒大学媒体融合与传播国家重点实验室博士研究生。

模式的国际化成立,就意味着(我的)历史终结论不能成立"①。"一带一路"倡议的提出和实践具有显著的政治经济意义。2008年世界金融危机爆发以来,世界经济陷入停滞不前的状态,增长乏力,长期疲软。"全球经济困境的主要问题是资金过剩、需求不足。"② 在这种情势下,"一带一路"倡议提出并且以"亚投行"为载体,成为带动各国经济发展的希望所在。2023年是共建"一带一路"倡议提出10周年,截至2023年6月,中国已与150多个国家、30多个国际组织签署200余份共建"一带一路"合作文件③,而在2022年前11个月,中国对"一带一路"合作国家承包工程完成营业额719.5亿美元,新签合同额981.9亿美元。④"一带一路"倡议及其10年来在全球范围内的广泛实践,在数据层面的政治经济效益有目共睹,但该倡议的最终目的远不止于此,一方面便是中国作为一个负责任大国,在国际上的形象和话语权应当与其贡献和实力相匹配。另一方面"一带一路"倡议在全球范围内进行了巨量的基础设施建设,实现了广泛的包括信息基础设施在内的互联互通,有助于弥合发展程度不一的各个国家以及各国内部的信息和数字鸿沟。在这一层面上,"一带一路"倡议具有深远的国际传播意义。

  中文传播学界有关"一带一路"的研究呈现一个重要特点,即跨文化传播、国际传播、对外传播、对外文化传播等研究取向纷繁复杂、界限模糊。这暗示的学术惯性是"文化边界潜意识地被等同于民族国家的边界,跨文化的流动网络被固化为单向的对外文化输出"⑤。此外,针对"一带一路"倡议的传播研究大量集中于实证的、量化的传播效果研究,寄希望于识别出传播效

---

① 汪晖,臧小佳.走进"一带一路":跨体系的文明交汇与历史叙述——汪晖教授访谈[J].西北工业大学学报(社会科学版),2018(1):45-53.
② 王生升,李帮喜.是周期性更迭还是历史性超越?——从世界体系变迁透视"一带一路"的历史定位[J].开放时代,2017(2):82-94,6.
③ 图解2023年上半年高质量共建"一带一路"有关情况[EB/OL].(2023-07-19)[2023-08-20].https://www.yidaiyilu.gov.cn/p/0RTTOVM3.html.
④ 数说共建"一带一路"2022[EB/OL].(2022-12-31)[2023-08-19].https://www.yidaiyilu.gov.cn/p/299772.html.
⑤ 苏婧,刘迪一.从独白到对话:对"一带一路"新语境下跨文化传播研究的设想[J].国际新闻界,2022,44(11):142-159.

果不佳的原因并提出对策参考，往往归于简单的二元对立话语权斗争问题并落脚在直白的政治表态，或在不自觉间承袭西方学术话语，试图以区域的西方理论回答全球的问题，以过去的理论回答现在的问题。另外，现有研究对传播问题的思考"尚未充分建立在对共同利益和共赢发展的理解之上"①，仍然执着于在二元对立的框架之下研究"如何讲好中国故事""争夺国际话语权"等议题。在此情况下，识别作为中国国际传播实践的"一带一路"倡议，首先需要回到与西方国际传播的历史对话之中，在扬弃西方理论的基础上进行理论的再想象，在建立中国国际传播自主知识体系的导向下发掘中国国际传播的主体性，将中国千年历史的大一统遗产以及近代独特的发展实践置于全球视野之中，在"以中国为方法"的语境之下开展"一带一路"倡议的相关研究。在这个意义上，"一带一路"作为中国国际传播的理论和现实意义正在凸显，它不是一种发展范式的单向对外输出，而是基于"五通"的合作互利，是基于"中和"的尊重共赢，是团结"全球南方"的发展动能，更在数字时代为多元主体平等参与国际传播秩序构建提供了合法性来源。在这一全球公共思想产品和实践场域的驱动下，国际传播研究将有可能超越任何霸权主义和本质主义的认识论，在将西方地方化、将南方主体化的前提下，为21世纪国际传播新秩序的重建提供从理念规范到基础设施再到实践策略的系统化支撑。

一、国际传播的西方版本

国际传播，一般指涉民族国家间的传播过程、传播关系以及相应的双边和多边、全球和地区的传播秩序，多基于建制化的力量（如政府、政党、媒体、文化机构、互联网公司等），也日益征用流动的主体（如跨国旅行者、网络社群、意见领袖等）的力量，从一开始就是一个主权国家认知逻辑之下和

---

① 赵永华，王睿路. 新闻传播学领域"一带一路"研究的知识图谱[J]. 厦门大学学报（哲学社会科学版），2022，72（2）：88-98.

虚实领土边界之间的"大传播"现象。① 随着以跨国社交网络为代表的数字平台的崛起，国际传播正在经历广泛的平台化转型。信息流动的加速与网络化、虚拟社交和群集的流动性、跨国技术巨头的生态性垄断、数字地缘政治紧张关系的加剧、虚假信息的泛滥和极化政治的崛起，一系列新的现象正在构建国际传播的复杂生态。尽管存在着上述复杂性和矛盾性，以及多元主体的积极参与，国际传播的核心行动主体依然是民族国家，脱离国家则国际传播之"国际"无从谈起，其本应清晰的边界也会变得愈加模糊。

国际传播研究的起源在美国。这一研究领域的诞生与国家利益，特别是与美国的外交政策利益和目标是深度绑定的。可确定的最早的学术性著作是哈罗德·拉斯韦尔（Harold Lasswell）于1927年出版的《世界大战中的宣传技巧》（*Propaganda Technique in World War I*）一书。此书为他的博士论文，在其于芝加哥大学任教期间正式作为学术专著出版。他以第一次世界大战中各参战国的宣传行动为研究对象，分析其具体策略和传播效果。这部著作通过定性的内容分析方法建立了一套相对精准的理论，足以解释各国在国际战争中的宣传何以能够成功实施。尽管他在书中自认为秉承了"价值中立"②的研究取向，然而事实上他的研究无可避免地以美国利益为导向，识别出其战争宣传研究之有利性的美国政府在"二战"开始后陆续征召了大批美国的社会科学家进入"战争咨询局"，继续研究"二战"期间的反纳粹宣传。

1930年至1950年，芝加哥大学和哥伦比亚大学成为两个重要的学术中心，走上了不同的学术道路。芝加哥大学的学者，如帕克、布鲁默、杜威、米德等，将芝加哥视为一个社会实验室，研究媒介对社区整合等问题。而在20世纪50年代，引领学术潮流的焦点转移到了哥伦比亚大学，拉扎斯菲尔德、默顿等"社会心理学家"开始研究媒介如何改变选民意向和消费者行为。

---

① 姜飞，张楠.中国对外传播的三次浪潮（1978—2019）[J].全球传媒学刊，2019，6（2）：39-58.
② 蓝大千.评哈罗德·德怀特·拉斯韦尔著《世界大战中的宣传技巧》[J].近现代国际关系史研究，2018（2）：209-215.

他们的核心观点是媒介难以改变公众的观点，只能加强其固有的立场。①

1960年以后，围绕普尔、勒纳、白鲁恂等人，研究的焦点转向了与"冷战"相关的议题。与哥伦比亚大学的学者持有媒介效果有限的观点相对应的是麻省理工学院的政治学者们，他们在海外宣称媒介能够塑造国际宣传、抵御国际共产主义势力的蔓延，推动第三世界的现代化进程。这种差异主要是因为哥伦比亚学派注重微观层面上的短期媒介效果的研究，而麻省理工学院学派则对媒介在宏观层面上的长期效果抱有巨大信心，"认为长期的信息灌输可以改变人们的心理结构和世界观，最终在第三世界引发全面的社会变革"②。这一时期，麻省理工学院成为国际传播研究的重要基地，以现代化理论为指导，并得到了美国政府的积极支持。这一"现代化"的发展范式认为，发展中国家应当全方位跟随和模仿西方，现代化的传播体系将使第三世界的人民在观念和实践层面同时与"现代社会"接轨，从而获得更广阔的视野和更高的需求。现代化理论虽然直指一种同一性的发展模式，但是作为一种地方性的知识体系显然具有认知和实践上的局限性，它事实上是一种反对多元媒介体系的理论。正如丹尼尔·勒纳（Daniel Lerner）的《传统社会的消逝：中东的现代化》（*The Passing of Traditional Society*: *Modernizing the Middle East*）一书，作为国际发展传播理论的奠基之作，它提出西方经验是普世的，世界的发展轨迹是唯一的。③ 同时，威尔伯·施拉姆（Wilbur Schramm）的《大众媒介与国家发展》（*Mass Media and National Development*）成为第三世界精英们的国家发展指南。总之，在20世纪60年代至70年代，施拉姆、勒纳、普尔、白鲁恂等成为发展传播理论的核心研究联盟。同时，值得关注的是E. M. 罗杰斯（E. M. Rogers）的《创新的扩散》（*Diffussion of innovations*），这一著作成为发展传播的重要著作之一，罗杰斯在其中识别出了大众媒介在国际传播及其发展中的关

---

① 李金铨. 国际传播的国际化：反思以后的新起点[J]. 开放时代，2015（1）：211–223，9.
② 李金铨. 传播纵横：历史脉络与全球视野[M]. 北京：社会科学文献出版社，2019：107.
③ LERNER D. The passing of traditional society: modernizing the Middle East [M]. Glencoe ILL.: The Free Press，1958.

键作用。①

20世纪70年代,"冷战"背景下南北矛盾加剧,"众多穷国控诉美国垄断世界经济、控制信息分配"②。受到不结盟国家在联合国教科文组织框架内倡议的世界信息与传播新秩序(NWICO)辩论的影响,美国于1984年退出教科文组织,导致"第三世界国家只能与聋子对话"③,NWICO辩论最终无果而终。在这个时期,拉美的"依附理论"与美式现代化理论形成了尖锐对抗。依附理论包括法兰克于1969年提出的激进的"不发达的发展",认为拉美乃至整个第三世界的发展停滞是因为长期受到国际资本主义体系的剥削和控制。另一种是时任巴西总统卡多索提出的"依附发展"理论,相对于法兰克将不发达完全归咎于外部剥削与控制,他主张深入分析内部动因,如半边陲国家内部的政治联盟和意识形态等。这些力量将外部因素内在化。对于国家内部权力的分配也变得越发重要。

"冷战"结束后,国际传播理论出现了泛化的现象。全球化理论与现代化理论紧密结合,驱动着新自由主义思潮变得势不可当。这一时期出现了"历史的终结"和"文明冲突论"等理论或思潮。它们关注的重点并非消解冲突,而是担忧冲突会影响美国主导的西方世界的利益。前述依附理论旨在揭示"现代化"话语与西方政府支持者、跨国媒体与传播公司政策之间的关系,而这一理论与"冷战"结束之后的文化帝国主义理论相互呼应。赫伯特·席勒(Herbert Schiller)认为文化帝国主义是"在某个社会步入现代社会系统的过程中,在外部的压力下被迫接受该世界系统中的核心实力的价值,并使社会制度与这个社会系统相适应的过程"④。此处的外部压力指西方发达国家特别是美国的信息和文化产品单方面涌入的状况。这一论点的内在逻辑建基于政治与经济的深层互构,即美国的大型跨国公司如何在商业利益的驱使之下与西方的军事和政治利益结盟,并借此破坏南方国家的文化主体性。在这

---

① ROGERS E M. Diffusion of innovations [M]. 5th ed. New York: The Free Press, 1983.
② 李金铨. 国际传播的国际化:反思以后的新起点 [J]. 开放时代, 2015 (1): 211-223, 9.
③ 李金铨. 传播纵横:历史脉络与全球视野 [M]. 北京:社会科学文献出版社, 2019: 111.
④ 张跣. 文化帝国主义 [J]. 国外理论动态, 2006 (8): 58-59.

一过程中，发展中国家不得不在信息传播与媒介软硬件方面产生了相当程度的依附性。文化帝国主义理论试图对现代化理论和发展传播进行批判，从而成为它们的替代者，它在一定程度上也实现了这一目的——但是"批判理论并不享有免于被批判的特权"①，文化帝国主义理论也在之后受到了一定的质疑。

文化帝国主义理论忽视了许多第三世界国家的地方性文化生产，它们在世界媒体市场中的重要性愈加凸显——也许美国可以在高预算、高投入的国际电影市场中一家独大，但其他领域的文化交往结构是相当复杂的，例如日韩、巴西和中国的动漫及影视剧产业正逐渐成为不可忽视的重要力量。此外，第三世界的"民族文化"事实上也是当地统治集团的文化，一些进口文本有时反而表达着被统治阶级文化所压制的真正的、隐而不见的民族文化。②总之，20世纪六七十年代的现代化理论、发展传播和文化帝国主义理论竞相博弈，但都建立在对第三世界国家及其文化的本质化理解之上，并将后者与西方资本主义国家文化机械地、去历史化地对立了起来。

"冷战"结束以后生成的许多所谓国际传播"新正统理论"共享着一个核心要素，即对国家角色的边缘化。这也是对文化帝国主义过度强调国家角色的一种纠正。在西方学术史的语境下，"国际传播"可被理解为一种"人类发展范式"的传播与博弈。但在中国语境下，"国际传播"一方面展现着作为国家、民族、文明的"信息自我呈现"，另一方面随着国际舆论形势而不断传承和创新舆论战博弈的理念与手段。党的二十大之后，中国式现代化以及人类文明新形态等表述成为国家意识形态领域最重要的话语，兼之国际传播屡次被国家意志所强调，中国语境下的国际传播具备了成为发展传播新范式的意涵，旨在超越西方模式，团结"全球南方"，打造更具自主性和包容性的国际传播新道路。如何突破国际传播的西方叙事是影响国际传播研究未来发展的重要问题，而中国应当在这一突破中扮演至关重要的角色。

---

① 刘擎. 开放的象牙塔：知识市场与学院教育的良性互动[J]. 探索与争鸣，2019（7）：12-15.
② SPARKS C. Media and cultural imperialism reconsidered[J]. Chinese journal of communication，2012，5（3）：281-299.

二、作为另类国际传播的"一带一路"

上述对西方国际传播学术史的梳理，足以揭示其作为一个与美国国家利益深度绑定的学术和实践领域的诞生，又发展为一门"冷战社会科学"的过程。然而，这并不意味着国际传播只能在这条"单行道"上驶入末路。如何有效利用各种媒介，扩大共识、减少隔阂、克服冲突，一直以来都是西方工业型、扩张式、殖民化道路之外，其他国家和文化努力探索的方向。也许可以认为，西方意义上的国际传播执着于通过价值输出和发展范式输出来避免美式资本主义不可避免的衰落，并与对立的意识形态和政治经济集团进行对抗，而在全球范围内广泛存在的、以中国为代表的第三世界国家的国际传播实践，以各异的历史特征和时代实践呈现了国际传播的另一面，使我们进一步探讨国际传播的替代性实践路径成为可能。

（一）作为中国国际传播的"一带一路"

现代国际传播的历史轨迹和理论探索主要展示了资本主义全球化霸权这一核心特征，"形成当今国际传播格局最大的政治也是隐藏最深的政治，是殖民主义的历史和思想遗产"①。然而，这并不意味着在当今国际舞台上出现的贸易保护主义、单边主义和民粹主义等声音使国际传播成为一条单线的、不可逆转的路线。如前所述，国际传播在人类社会不同阶段具有独特的历史表现和时代特征，其本质根植于特定的历史阶段和社会实践，在此之上产生了有同有异的多样认知。这为进一步探讨当代国际传播的另类路径奠定了理论基础。

"一带一路"倡议代表了一种创新的国际传播话语和实践模式。一方面，它植根于古代东西方交流中的丝绸之路历史遗产和经验积累。这种历史基因不仅为反思现代国际传播提供了另一种思想和价值体系，还为其理论本质和

---

① 姜飞. 国际政治的传播与国际传播的政治［N］. 中国社会科学报，2022-03-22（1）.

实际效果奠定了合法基础。另一方面,"一带一路"立足于现代世界多元合作和包容性发展的追求,旨在通过更广泛的合作将亚洲、欧洲和非洲联系起来,构建新型的全球体系。这一新框架包括政策沟通、设施联通、贸易畅通、资金融通、民心相通等"五通"。与西方的国际传播逻辑相比,"一带一路"的理念、路径和逻辑选择"明显规避了不同文化、地区和发展阶段之间不平等的权力关系"①,从而避免了单向性和不平衡的增长。这些因素共同使它成为重塑当代国际传播的另一种探索。

此外,"一带一路"倡议作为中国发起的一项重大国际合作计划,不仅在经济领域产生深远影响,同时在国际传播领域呈现了中国这一全球参与者角色的积极态度与负责任角色。此倡议不但是经济合作的平台,更作为文化交流、政治协商和人民友好往来的媒介,通过国际传播阐释了中国在全球治理议题中的国际影响力。"一带一路"倡议所强调的和平与发展理念,充分体现了中国作为负责任大国的担当,并作为一种中国提供给全球的公共产品,"是实现中国由地区性大国向全球性大国转变的重要路径,对于重构全球经济增长格局具有重要作用"②。在国际传播的层面,中国积极推崇通过合作实现共赢,从而为全球和平与繁荣贡献智慧,"使众多发展中国家在平等条件下获得实质性帮助和利益"③。这一理念不仅使中国赢得了国际社会的认同,还为全球合作范例提供了富有价值的典范。此倡议强调构建人类命运共同体的理念,重视文化层面上的交流,透过多元主体与多维度的国际传播,中国向全球展现了其独特的文化、历史、价值观和传统,是实现民心相通,取得政治互信的重要途径。④ 这种文化互鉴不仅扩大了各国人民的视野,更促进了不同文明之间的相互理解与尊重,有助于构筑更包容和多元的国际社会。

---

① 史冬冬.超越西式全球化:"一带一路"与全球化再造[J].厦门大学学报(哲学社会科学版),2022,72(2):99-108.
② 张茉楠."一带一路"重构全球经济增长格局[J].发展研究,2015(5):14-15.
③ 关雪凌,祝明侠.博弈论视角下的"海上丝绸之路"建设[J].学习与探索,2015(6):89-95,2.
④ 安晓明.我国"一带一路"研究脉络与进展[J].区域经济评论,2016(2):77-88.

最后，在数字时代，"一带一路"倡议成为中国国际传播自主性实践和原创性观念的重要源泉，主要聚焦于国际传播的平台化维度。具体而言，平台化研究聚焦于数字平台如何影响与重构传播主体、传播关系、传播思维和伦理价值等方面。而在当下，以社交媒体为代表的数字平台扩大了参与者的权限，甚至成为现代的"平民起居注"[1]，更多的能动主体参与国际传播。基于这一认知，作为中国国际传播的"一带一路"倡议能够激发调动国内外的多元主体参与国际传播实践，有助于丰富中国对外传播的话语体系。需要警惕的是跨国社交平台的集中化和垄断性。在深度数字化生存的当下，我们与网络的共生共存正在导向我们对跨国社交平台的系统性依赖。大部分"一带一路"共建国家一方面受到源起于西方的社交网络的基础设施性支持，另一方面也在各类国际和地区冲突中逐渐意识到平台自主性乃至自决性的困境。因此，技术、机构、内容、服务等方面的平台横向联合将有可能孵化更具本土化的网络和应用，让未来更多横向网络的搭建成为可能。在这个意义上，"数字一带一路"不仅是一种技术逻辑下互联互通的传播想象，还是一种国际传播数字民主化的另类实践，它能借助主权力量和地方主体，走出一条"去平台化"的国际传播破局之路。就实践层面而言，围绕"一带一路"可以从四个方面形成国际传播的正向"回声室效应"，进而打造更多共识性传播实践：拓展跨国交往的"最大公约数"，来自不同国家和文化的个体拥有了更多可以共享的经验与故事；关注与多元他者共在的体验、互惠式理解的心理，共同推动情感回声上升为跨国交往的主要面向；推动知识共享成为"一带一路"国际传播的新增量，社交网络赋能知识传播走入多元主体共创、共建、共享的新阶段，知识与文化的边界不再同一；聚焦场景传播这一国际传播的新场域，共建"一带一路"国家的社交网络用户可以基于家庭、工作、旅行、娱乐、消费等多维场景，创造更具流动性和贴近性的文化故事。

---

[1] 潘祥辉."无名者"的出场：短视频媒介的历史社会学考察[J].国际新闻界，2020，42（6）：40-54.

(二)"一带一路"国际传播的思想基因

"一带一路"倡议所内蕴的国际传播范式,正通过多元主体共建共享的新型国际合作体系,塑造着更加包容、均衡和可持续的国际传播格局,为当代国际传播另类道路的探索提供了新的理论逻辑和实践路径。

"一带一路"的路径选择是受中国传统哲学思想的影响和历史经验的启发而产生的。作为古老的农业文明,中国古代就提出了"和合"思想,主张万物共生共荣,强调人与自然、人与人之间的和谐关系。这种思想深刻影响了中国的国际传播理念,并体现在"一带一路"的合作理念中。在这一理念中,合作被视为共同发展的关键,而不是一方牺牲另一方的发展。中国古代的"仁爱"思想也在"一带一路"中得以体现,强调了国际社会的共同责任和文明之间的尊重与包容。这种理念突破了西式国际传播中的自我中心、文化优越以及相应的同一性观念,鼓励各国坦诚交流,共同追求普遍价值和共同利益,以期创造出具有活力和创新性的国际传播格局。与此同时,"一带一路"的路径选择还受到中国古代"中和"思想的影响,主张平衡和谐,避免单一方向的过度发展。"中和"作为治国理政的政治伦理规范,几乎涉及中国"政治生活的方方面面"①。在当代国际传播中,这体现为在各种国际合作中寻求均衡,避免一方主导、他方被动。如在基础设施建设方面,中国鼓励多方参与,不追求"一国独大",保障了合作的平等性和可持续性。这种"中和"思想也表现在中国对外投资中,注重短期利益、兼顾长远发展,避免了简单追求经济回报而忽视社会和环境影响的问题。通过综合考量国际局势中的复杂利益关系,中国在国际合作中倡导相互尊重、互利共赢。

识别"一带一路"倡议的思想基因之后,我们可以针对"一带一路"的国际传播与相关国家的国际观念的互动与超越建立一个相对清晰的认知。一方面,西方世界自17世纪以来一直笼罩在一种渐进的"欧美中心论"之下,"种族决定论、制度决定论和文明决定论"②在很长一段时间内占据了国际传

---

① 魏长领.中国传统"中和"思想的伦理内涵及其方法论意义[J].河南社会科学,2021,29(7):92-99.
② "民族国家"的迷思与现代中国的形成[J].人民论坛·学术前沿,2022(2):21-31.

播的主流,"一带一路"倡议的思想记忆事实上超越了这种本质主义的二元对立国际观;另一方面,以中国为代表的南方国家一直秉持着的一种开放、包容的基于"南南合作"的发展路径,与"一带一路"倡议的思想基因形成了共鸣。

综上,"一带一路"作为中国的一种国际传播实践,不仅在理论上体现了中国古代哲学的智慧和思想,借助中华传统文化解答了当下"人类向何处去"之问[1],还在实践中构建了多元主体共建共享的合作平台,推动了国际传播格局的变革。这一模式通过"五通",为国际传播注入了新的价值观和动力,强调了平等、和谐、可持续的合作关系。与西方的国际传播范式相比,"一带一路"的实践展现了一种更加多元、平衡和包容的国际传播未来格局,从而为当代国际传播提供了一种全新的理论范式和实践探索,为国际传播的未来提供了有益的借鉴和启示。

(三)作为全球南方传播的"一带一路"

"一带一路"倡议的国际传播与"全球南方"视角的结合至少会为我们提供三方面的深刻启示。

首先,它能识别出当前世界仍然存在广泛的发展不平等。虽然全球化进程在过去几十年中达到了相对较高的水平,但贫富差距和地区不平衡问题仍然严重存在。在全球化进程中处于"边缘"地带的全球南方国家仍然面临巨大的发展困境。这些国家在西方"现代化"发展范式的牵引之下往往成为西方资本和意识形态输出的终点站,一方面逐渐丧失了其主体性,另一方面也往往落入"债务陷阱""发展陷阱"。"一带一路"倡议恰恰为全球南方国家提供了一种基于平等互利原则的新的发展路径。

其次,全球南方国家及其市场拥有巨大的发展潜力,将成为"一带一路"倡议蓬勃发展的重要推动力。这一倡议为南方国家提供了更多合作机会,有

---

[1] 白云真. 习近平外交思想彰显中华优秀传统文化的时代创新[N]. 中国社会科学报,2022-08-11(3).

助于他们在全球经济中发挥更为重要的作用。这种"南南合作"将为多元世界秩序的建立和推动注入新的动力。这些国家的社会多样性、文化丰富性和独特的发展经验为国际社会提供了更多学习和借鉴的机会，也丰富了全球发展的路径选择。在这种背景下，倡议的传播不仅是一种信息传递，更是一种思想碰撞和文化交流。它强调的是在相互尊重、平等合作的基础上共同推进发展，为全球经济和政治秩序注入新的活力。这样的合作模式不仅有助于解决当前的发展不平衡问题，也有助于促进世界各国之间更为紧密的联系与理解。

最后，在当前的学术背景下，西方国家亦在积极争夺定义"全球南方"概念的话语权，而"一带一路"倡议事实上为"全球南方"注入了全新的内涵。如前所述，西方的国际传播研究形成了一种对"全球南方"的本质化理解，先验地将一些规范性框架加于南方国家的问题之上，并进而以具有强烈资本主义色彩的西方中心主义视角加以审视，最终形成的是一系列以民主与专制、自由与威权为代表的二元对立认知框架，"全球南方"由此成了西方的"他者"。而作为国际传播的"一带一路"倡议赋予了"全球南方"这一概念空前的主体性，"一带一路"倡议的繁荣实践也进一步在实践意义上使这一主体显现。"一带一路"倡议倡导平等互利的合作关系，促进了全球南方国家之间在政治、经济和文化领域的深入交流与合作；在"一带一路"倡议的发展框架之下，全球南方国家逐渐摆脱了单一的发展范式，各国根据实际情况合作探索适合自身的发展路径，全球南方国家便拥有了多样化的选择空间。这有助于丰富全球南方国家在国际传播中的主体表达和主张。另外，"世界范围的国际传播起于战争、终于民用，中国的国际传播起于特定国家，终于'世界'"①，在"一带一路"倡议的国际传播框架之中，"全球南方"概念完全超越了"冷战"时期的西式发展传播学之国家统战逻辑，上升为一种多元主体的统战逻辑，这呼应并传承着源自革命经验和斗争实践的中国特色国际传播规范理念。

---

① 姜飞. 国际话语权认知与实践方向的转型[J]. 人民论坛，2022（13）：51-55.

实现这样的合作的过程中当然也存在着各种挑战和障碍，包括文化差异、发展不平衡、利益分歧等。为了确保这一合作能够稳步推进，各国需要保持开放的心态，促进多边对话和协商，充分尊重各国的主权和意愿，共同探讨解决问题的路径。只有在合作共赢的基础上，才能实现可持续发展的目标和人类命运共同体的构建。"全球南方"视角下的"一带一路"倡议绝不仅是表面上的合作，更是在全球化背景下重新审视发展不平等、激发南方国家的自主动力以及构建更加平等和多元的国际秩序的深刻启示。这将为世界带来新的思考和展望，引导我们走向更加和谐与共同繁荣的未来。

三、结语

"一带一路"倡议的诞生有其深刻的政治经济背景，与其作为一种国际公共产品的国际传播形成了一体两面。"一带一路"倡议在当下的出现是对"现代化"执念和发展传播的告别与否定，是天下体系的传承，是互利共赢而不是发展模式的输出。它将贸易化约为其至为核心的"互利"，虽强调国家在其中的角色，但国家不是为了支配他国而是为了共同发展而进行能动的经济作为。它的自我表达不是自由主义的无为国家，而是强力有为的能动型国家。它的方法不是政治支配，而是基于"协议"双方的互利发展，以至于黄宗智认为这形成了某种惊人的反讽："'一带一路'实际上是对平等互利自由贸易的真正信徒，美国政府反而在2017年从其自身所组织的泛太平洋伙伴关系协议退出。"[1] 它明确地拒绝霸权——单一国家的主宰性领导，而特别强调平等互利的自主合作。它呼应着第三世界国家或全球南方国家自20世纪70年代以来的广泛的国际传播抗争，一方面是基于中国千年历史的观念智慧，另一方面是基于中国现代的革命主义、发展主义实践的建设方案，最终展现了中国对未来全球、全人类发展生存的高瞻远瞩和责任担当。

---

[1] 黄宗智.中国的新综合性视野和远瞻性愿景："一带一路"倡议与亚投行[J].学术月刊，2020，52（7）：93-104.

文化强国的内在理路与传播逻辑[*]

文化强国对内而言是全面建成社会主义现代化强国的重要维度之一,对外而言则是一个开放性而非封闭性、包容性而非竞争性的"文化软实力"概念的核心内涵。党的二十大报告指出,未来五年作为全面建设社会主义现代化国家开局起步的关键时期,主要目标任务之一是实现"人民精神文化生活更加丰富,中华民族凝聚力和中华文化影响力不断增强",这可被视为建设社会主义文化强国的内部阶段性目标。2023 年 3 月,习近平总书记在中国共产党与世界政党高层对话会上提出"全球文明倡议",其中围绕世界文明多样性、全人类共同价值、文明传承和创新以及国际人文交流合作这四组关键词的相关话语则构成了文化强国外部维度的最新核心表述。依循政策和外交话语擘画的理论蓝图,使得在历史语境中梳理分析文化强国的理论渊源并识别厘清其内在理路成为可能。

简言之,识别文化强国的内在理路首先应当置其于世界史语境之中。西方社会中偏时间性的"文明"与偏空间性的"文化"共同构成了理解中国历史方位和现实去向的重要参照。中华文明是其与中华文化长期互构并积淀而成的产物,成为中国与西方现代性相遇时维护自身独特性的一种防御机制。系统梳理文化强国概念,做好对外文化传播,不断增强中华文明传播力影响力,需要具备融合内外部视野的复杂思维:内部而言,需要对中华优秀传统文化、中国特

---

[*] 本文原载于《南方传媒研究》2023 年第 2 期,与闫伯维合作,收入本书时,略有删改。闫伯维为中国传媒大学媒体融合与传播国家重点实验室博士研究生。

色社会主义以及共识化的集体文化自信具备高度认知；外部而言，需要尊重世界文化多样性并批判性认知全球视野中的中国，把握中国对世界文明多样性的贡献。简言之，文化强国的最终目的绝非追求"国强必霸"，更非形成文化霸权，而是基于中华传统天下观的全人类共同价值之实现。

一、理论背景

（一）文化与文明

在世界史的语境中讨论"文化强国"及其核心精神"文化自信"问题，需要首先区分"文化"（culture）与"文明"（civilization）的不同内涵及其相互关系，然后再考虑中国所持有的"文化强国"观念如何糅合了来自东西方历史语境中的不同的文化观与文明观、世界观与国家观，进而从内部——而不是外部——阐释中华民族伟大复兴的时代精神走向和社会心理基础。

首先，对西方社会尤其是欧洲而言，文化与文明的关系充满了对抗式博弈，这是理解西方主导的世界史叙事中文化与文明的区别的主要历史和逻辑起点。文明的概念主要源自英国和法国，其内涵是现代性视野内的线性历史进化论，是工业革命和启蒙运动的产物，标志着人类历史会按照进步主义的脉络不断向前和向上，而英法就被认为代表了当时世界——至少是欧洲社会——的文明高度，这表现在上层社会的举止等多个方面。另外，在线性历史观的框架内，文明也成为一种同质化的标准，即从不同到相同的过程就是从传统到现代、从不文明到文明的进化过程，文明的高度代表了对文明的定义权。然而，以狂飙突进运动为先导，德国社会提出和发展了文化的概念，并以此来对抗英法主导的文明概念，即用多样性来对抗单一性，用社会下层视角对抗社会上层霸权，进而从欧洲社会内部解构了文明概念背后的社会权力结构。①② 在这个意义上，文化代表了多元的格局，文化积聚了下层的力量。

---

① 曹卫东. 文化与文明［M］. 桂林：广西师范大学出版社，2005.
② 姜飞. 传播与文化［M］. 北京：中国传媒大学出版社，2011.

这一文明与文化的博弈随着欧洲主导的世界史进程走向全球，至今仍然影响着国际范围内对这两个概念的不同理解。简言之，至少在西方社会内部，文明是进化的、同质的，而文化是共存的、异质的；文明是偏向时间性的，而文化是偏向空间性的。近代以来，随着中国在内忧外患中被卷入这一西方主导的现代世界体系，这一文明与文化的观念体系也成为中国理解自身历史和世界方位的重要参考。

其次，宽泛意义上的中国或者中华文明自身本就拥有一套更久远的，也在世界现代史中与西方社会以及其他区域文明平行的观念体系。这一套观念体系以华夏为中心，辐射整个东亚儒家文化圈，并基于此搭建起一套被称为"天下体系"的礼乐秩序和礼仪格局，即一个"以世界为政治主体的世界体系，以世界为整体政治单位的共在秩序"[1]的超稳定结构。在这个漫长的东方世界史中，文明与文化大体同义，其中，文化是一种整合性和融合性的力量，既承认多元性也致力于统一，而文明是这一文化形态的时间积累和秩序沉淀，但绝非一种进化论意义上的单向进步主义，而是充满了复线和复调的演化轨迹。换句话说，中华文明的形成过程是在这片土地上或疆域内不断积累和深耕的过程，带有人类学意义上的"内卷性"，这一过程在不同阶段展现了不同文化形态。因此，对文化意义上的中国而言，文明是长期的文化，而文化和文明本身既是多元的——这是历史上不同朝代处理内部族群多样性的基本原则，也是统一的和融合的，是一种内部多样性和统一性的动态结合。这一点是与上述西方现代史中的文明与文化的内部二元对立有着本质不同的。然而，随着中国不断被卷入世界现代史，这一曾经独立并占据主导地位的文明秩序与源自西方的文明观和文化观相遇，并走向了变化、博弈和糅合的新阶段，虽然经历了一个多世纪的变革，但仍未停止。

就文明观和文化观而言，这一历史阶段的特征是：中华文明以其虽然被动接受但是主动自反的特性接纳了西方的进步主义文明观，将自身放置于这一西方主导的世界史轨迹中，谋求现代意义上的独立和自强，在形式

---

[1] 赵汀阳. 天下观与新天下体系[J]. 中央社会主义学院学报，2019（2）：70-76.

上逐渐从一个帝国秩序转型为民族国家格局。中国与世界的关系也从多元和共存转向矛盾与博弈，这无疑是西方文明观持续内化的结果。与此同时，中国内在的文明观和文化观也逐渐与源自西方内部的、抵抗性的文化观实现了在多元共存这一基本原则上的糅合，并以此捍卫了现代国际关系竞争格局中的中国的独立性，换句话说，曾经服务于内部多元一统的悠久的文明和文化观念转型为中国作为民族国家这一政治主体合法存在于现代世界丛林中的外部防御。就漫长的中华文明而言，这也是文化观念现代化和国家化的历史进程。然而，值得指出的是——这也是中华文明与西方现代性相遇的第三个方面——源自西方的文明和文化观念从未完全成为中国找寻和塑造自身世界观的唯一标准。当中国提出"文明交流互鉴"这一愿景时，文明既是一种发展的动力和经验，也是一种悠久的积淀和传承，更倾向于文化的概念；当中国强调"文化自信"的时代精神时，文化既包含差异性的文化传统，既需要传承中华文明的血脉和尊重世界文化多样性，也自然内化了西方文明标准下中国崛起的实力彰显；当中国提出"文化强国"这一战略目标时，上述文明和文化的观念互动共同被纳入一个文明型国家未来发展的政策和话语框架。

（二）"防御性扩张"与文明交流互鉴

在这一糅合的历史进程中，也许唯一不变的，也是与西方现代性相异的，是中华文明或中国文化所蕴含的非扩张性权力逻辑。马克斯·韦伯（Max Weber）的合法性理论认为，成功、稳定的政治统治均建立在传统型、法理型和个人魅力型这三种合法性形态之一或任意几种形态的组合之上。①现代民族国家的合法性来源多数可被归于法理型，即殖民地革命以后效法西方所建立的一系列法律制度和政治组织形式。然而，民族国家是一种萌生于欧洲乃至世界殖民地独立浪潮的、资本主义的"新生事物"，1949年以后中

---

① 郝宇青.论合法性理论之流变［J］.华东师范大学学报（哲学社会科学版），2007，193（5）：67-74，79.

国共产党建立的社会主义现代中国则继承了积淀千年的绝大多数传统中华文明遗产。终结于清末的"传统中国"一方面以传统型合法性立足，皇帝被称作"天子"，主张"受命于天""天人感应"；另一方面甚少对外扩张，追求一种统治政权的内向持续稳定，即使有疆域扩大的情况存在，其也是出于扫除"边患"并维持内部统治稳定的动机，这种非扩张性的权力逻辑追求的是伦理秩序而非统治秩序，是一种非剥夺式的"防御性扩张"，[①]这与西方现代民族国家的竞争性军事征服扩张存在本质上的区别，也正是在此基础上我们得以认识到中国文明观和文化观作为维护中国自身文化独立性之手段的防御性。基于此，我们可以理解"文明交流互鉴"的更深层次意涵——绝非中华文明同化或占领其他文明或文化，"文化自信"和"文化强国"更不是简单的基于地缘竞争逻辑的文化软实力宣称，而是在充分认知和尊重世界发展不平衡性和文化形态多样性的基础上，对新时代的中国如何与世界交往从内部视角给出的阐释和引导，是对中国人民在百年未有之大变局中再造民族文化主体性，夯实文明发展成果，参与推动构建人类命运共同体的号召。在这个意义上，任何基于现代西方资本主义国家崛起的历史逻辑而对具有漫长而复杂文明史的中国提出的"文化自信"观念的解读，都往往有意识或无意识地陷入东方神秘主义、大国沙文主义，乃至针对红色政权的反共"冷战"意识形态。需要警惕的是，这一话语实践在中国内外均可被找到，可被看作一种以西方为中心的跨国话语霸权，需要在相关认知和评价标准的制定过程中进行仔细清理。

二、文化强国的双重视野

基于在世界史范围内对文明和文化观念的系统梳理和批判分析，"文化强国"的内外部维度的复杂性就自然地铺展开来。"文化强国"既不是简单的实

[①] 李怀印. 中国是怎样成为现代国家的？——国家转型的宏观历史解读[J]. 开放时代，2017（2）：11-36，5.

力对比，也不是独特性的宣称，而是整合了悠久文明史的传承自信——并包含了对文化多样性和文化相对性的尊重——和现代文明成果的发展自信，以及充满对话愿景和互鉴精神的立体自信观。为了对其进行系统评价，可以从内部和外部两个相互关联的角度进行梳理和分析。

（一）文化强国的内部视野

"文化强国"的内部视野至少包含三个维度。

第一，对中华优秀传统文化的系统认知，将一个在当今时代逐渐全球化的中国首先立足于五千年内部演化的文明体系之中，充分孕育和激发"文化自觉"意识。中国拥有着悠久灿烂的历史和优秀的文化传统，这些优秀的传统文化是中国人民的文化基因和精神追求的源头。在当今时代，随着全球化的进程不断加速，中国在多元文化的冲击之下要实现"文化强国"的目标，应当深入挖掘和传承中华优秀传统文化，让中国的文化自觉意识得到充分孕育和激发。中华优秀传统文化是中华民族的瑰宝，也是中华民族的灵魂和精神家园，其中包含诗书礼乐等"术"，也包含以儒家思想、传统伦理秩序和"天下"观为代表的"道"。这些文化遗产是可以被不断汲取、不断转化的思想和理论资源。传承、转化和发展中华优秀传统文化，可以使具有包容性和糅合力的中国文化更加独特和鲜明，进一步提升中国在世界文化中的地位和影响力。不同于近代以来面对西方文化冲击而形成的文化自卑心理，文化自觉是一种内在的精神力量，是一个民族在历史和现实中对自身文化传承和发展的认知和自信。理解和认知中华优秀传统文化是激发文化自觉意识的必要前提。只有在文化自觉的基础上，才能更好地推动构建文化强国。

第二，对中国特色社会主义制度的高度认可，即在全面清理历史虚无主义和一系列意识形态窠臼的负面影响的前提下，将马克思主义与中国革命与建设实践的创新结合认知为发展的核心动力，也就是习近平总书记在建党百年大会上所提出的"中国式现代化新道路"和"人类文明新形态"。中国式现代化道路是一条自主创新的现代化新路。"独特的文化传统，独特的历史命运，独特的国情，注定了中国必然走适合自己特点的发展道路。"① 拓宽"文化强国"的总体布局离不开对唯物史观与中国社会现实这一根本性问题的探讨，使理论创新与当今中国的社会现实相联系，深刻分析中国共产党领导、马克思主义中国化与中国式现代化新道路三者之间的本质关联。在坚定中国特色社会主义制度的基础之上，立足于历史性实践，在新的历史方位中把握中国式现代化道路和人类文明新形态中"新"的实质性内涵与阶段性特征，揭示由中国式现代化新道路所开辟的人类文明新形态，以及如何在彰显中国特色、中国风格和中国担当的同时，通过完成现代化任务，并充分超越现代性本身，展现自身的世界历史意义。这一超越应当有两层维度，一是以中国共产党这一现代政党领导下"对民族独立、国家主权和可持续发展的捍卫"作为基础；二是"对欧美殖民主义现代性的批判、反思和超越，并提出更具包容性的新式现代化理念"②。同时，中国式现代化必然建立在对中华优秀传统文化的传承之上，以坚实的文化主体性实现对传统文化的创造性转化并进一步改造英美主导的竞争性不平等文明等级秩序。

此外，对中国特色社会主义的认可须基于对中国历史和中国共产党历史的正确认知。"史"是一个民族、一个国家安身立命的基础，其在意识形态领域的极端重要性决定了其易于成为外部势力进行话语攻击的目标。由此，内部视野中应当旗帜鲜明地反对历史虚无主义，坚定认可中国特色社会主义的实践经验和道路自信，维护自身历史叙事，巩固意识形态领导权和国家政治安全。在马克思主义基本原理与中国具体实际、与中华优秀传统文化相结合的精神基因和现实基础之上，为"文化强国"的理论创新提供积极的思想动力。

第三，文化自信这一社会共识、集体认同，不仅属于某些群体或个人，换句话说，文化自信是一种超越个体和群体边界的集体心理状态和话语实践。因此，衡量和评价"文化自信"需要充分认识到这一共识性和集体性的心理机制。对这种集体性、共识性的文化自信的认知首先需要建构一种全球

---

① 中国必然走适合自己特点的发展道路[EB/OL].（2016-03-12）[2023-04-18]. http://www.gov.cn/xinwen/2016-03/12/content_5052454.htmL.
② 张毓强.中国式现代化语境下的国际传播核心逻辑[J].对外传播，2023（2）：72-76.

化背景下的复线中国文化观。全球范围内,以国界来界定文化边界并非普世的——或许对于幅员集中的单一民族国家,其文化边界就是国家边界,如"日本文化"。但对于中国这样的超大疆域、超多人口、超长历史的文明大国,文化边界就超越了国家边界,甚至超越了语言边界,是一种基于文化共通性的复线心理边界,在这一边界逻辑之下,共识性和集体性的文化自信构建才成为可能。集体意识的作用在于通过集体意识的形式在一定程度上维系着社会的秩序,对社会的稳定、和谐与发展起到积极的作用。"文化认同"是内部视野绕不开的议题。与其他关注传统文化等溯源问题不同,文化认同在本民族文化体系的话语建构上要更为深沉、现实,具有普世性。"文化认同一方面与族群相关,也与国家政治生活相关,又与全球化所形成的新的世界主义相关,文化认同构成族群认同与国家认同的中介形式",① 这种建构上与族群和集体的紧密联系与中华传统文化对"家国一体"的强烈归属感和责任感保持了统一,并肯定了民族文化在个体认知形成过程中占据的重要地位。此外,集体认识的基调风格影响着社会的长远发展,凝聚团结向上的人心力量是社会主义民主政治最重要的优势之一,对文化自信的集体认同正是"心往一处想,劲往一处使"最好的实际体现。

(二)文化强国的外部视野

从中国之中国到世界之中国,百年未有之大变局下,"文化强国"的内涵显然包含着越来越多的外部维度,并基于文化"走出去"、媒体"走出去","一带一路"和推动构建人类命运共同体等具体实践,打造着一个充满内外互动的、基于主体间性的总体性的自信和他信,后者指的是对自我之外的个人或集体之独立性的尊重和存在价值的认可。与内部视野类似,"文化强国"的外部视野也至少包含三个维度。

第一,加强对世界范围内文明共存性和文化多样性的认知与尊重,坚决

---

① 韩震. 论国家认同、民族认同及文化认同:一种基于历史哲学的分析与思考[J]. 北京师范大学学报(社会科学版), 2010 (1): 106–113.

破除极端的民族中心主义认识论。这种认识论的典型代表是20世纪90年代中后期中国国内以《中国可以说不》一书出版为发端的极端民族主义思潮。该书并没有遵循清晰的理论逻辑而更倾向于追求情绪化、修辞化的民族主义表达，这一特点使其所宣扬的基于二分法的东西方差异、社会主义与资本主义对立甚至"受害者"与"加害者"的对立在社会领域形成了普遍认同。这一极端的民族中心主义认同一方面表现为在全球化时代中国与西方的关系"竞争大于合作"，另一方面则表现为对中国取西方而代之的急切追求，并且这种追求大多数情况都归于对中国传统文化作为一种最优价值解决方案的宣扬。诸如"中国可以说不""中国不高兴"此类的极端自我中心主义宣称事实上走向了尊重文化多元共存的反面，视世界范围内文化的多样共存为一种竞争式的博弈。在很大程度上，东方主义和"冷战"思维等特定时代的竞争性内外部意识形态导致了这种现代中国人集体世界观的形成。它所缺乏的全局性和包容力，恰恰是文化强国及其内蕴的文化自信与他信、自觉与他觉所能够填补的。随着世界政治格局的演变，这些意识形态的理论魅力和对现实实践的解释力开始褪色，"隶属第三世界的广大发展中国家和地区在'冷战'期间和'后冷战'格局内围绕国际传播的民主化目标持续进行着边缘抵抗和话语斗争"[①]，事实上在渐进式地削弱广泛存在的对文化的一元化、精英化叙事，对文明共存性和文化多样性的认知与尊重成为可能。

第二，对全球视野中的中国观的系统性和批判性认知，这一"镜中我"的观念融合了他者思维和对他者的想象这两层相互依存的传播关系，需要基于世界文化多样性和发展不平衡性发展出更多对他者认知框架的理解和批判。这一他者认知框架可追溯至以马克斯·韦伯为首的19世纪欧洲学者提出的"理想型"[②]，该理论表面上是为建立起不带有"规范性"色彩而进行比较和建立理论说明的框架，实际上却将以欧洲模式为标准的"理想型"暗指为思考

---

① 姬德强.作为国际传播新规范理论的人类命运共同体：兼论国际传播的自主知识体系建设[J].新闻与写作，2022（12）：12-20.
② 刘成斌，黎姗.由"理想类型"论概念的建构原则[J].社会研究方法评论，2022，1（1）：37-64.

一切问题的预设前提。进一步地，现代社会学和现代法学的一些奠基人和代表人物在笛卡儿所提出的哲学意义上的二分法①之基础上发展了社会学的二分法，提出种种对立区分与进步性转变，如基于"科学"思维和"契约"基础的新社会组织与"传统"组织对立，"有机的"社会组织与"机械的"社会组织对立等。基于二分法提出的基本的社会文化特征和差异是想象多于现实的划分，目的就是要把"我们"与"他们"区分开，并且把某种原初的自我发展归诸某些民族，归根结底就是为了强调欧洲的特殊性与优越性。因此，当"文化强国"理念与全球视野下的中国观碰撞之时，一种审慎而冷静的理论辨析能力是必要的，需要避免将自身置入以"欧洲中心主义"为代表的他者认知框架，仅从"他者"的视角看问题以致反复堕入西方式的认知模式——这样只会使自己成为某种"陌生人"，最终不仅无法构建出具备相当主体性的文化体系，反而拓展了西方话语的发挥空间。

第三，对世界文明体系和文化多样性的中国贡献，可以包括物质性的和非物质性的，核心是新时代的中国如何为世界提供服务于文明交流互鉴——这里的文明概念包含了复杂的东西方的文明和文化观——的公共资源和交往平台，进而赋能其他文化体系实现自身的传承和创新。人类虽有肤色语言之别，文明却无高低优劣之分。就数百年世界文明体系的变迁史而言，独立、安定、尊严等概念是所有传承着不同的语言心智、文化文明个体及群体共同追求的价值。因此，如果说物质性的中国贡献是实现文明交流互鉴的路径，那么悠久的中华文明历史实践将成为最有效的人心凝聚之源泉。"我们要共同倡导尊重世界文明多样性，坚持文明平等、互鉴、对话、包容，以文明交流超越文明隔阂、文明互鉴超越文明冲突、文明包容超越文明优越。"中共中央总书记、国家主席习近平出席中国共产党与世界政党高层对话会时提出的全球文明倡议，正是为推动世界现代化进程、促进人类文明进步提供了中国方案。这就要求"文化强国"的外部视野也要积极响应全球文明倡议号召，以

---

① HART W D. "Dualism", a companion to the philosophy of mind [M]. Oxford: Blackwell, 1996.

"四个共同倡导"为标杆，以"和"为贵，开启文化交流新局面，促使人文往来达到新高峰。

三、结语

文化强国的核心旨归不应被理解为对某种"强度"的追求，文化强国的最终目的绝不是建成一个文化上相对"更优"或"更强"的国家，"国"在其中是一个行为主体，文化强国的建成作为一项阶段性目标是进一步实现最终目标的前提。这一最终目标应当是一种普遍意义上的独立"自强"，是建立在文化自尊自信自觉基础上的文化多样共存及文明交融互鉴。文化帝国主义和"文化输出"等话语针对特定历史时期的一些全球性文化现象有着相当的解释力，但识别文化强国的内在理路恰恰是为了跳出这些既有的理论框架，一方面助力中国的国际交往实践与国际传播的多边化和民主化进程深层互构，另一方面为构建"人类命运共同体"等潜在的文化强国最终目标提供一面基于中国文化之"天下体系"的非扩张性理论棱镜。简言之，"文化强国"之后如何跳出承袭已久的国际地缘竞争博弈逻辑、识别并实现全人类的共同价值，应当成为今后理论和实践探索的面向之一。

第二部分
理论与概念

国际传播的情感结构与干预路径*

在传播研究的情感转向背景下,国际传播的情感问题也日益得到学术界的关注,但往往失之于去语境化的共情分析,缺少对情感的结构性特征的讨论。理解国际传播中的情感问题,需要认识到国家逻辑背后存在着复杂的意识形态情感结构,当下主导的共情传播无法解释动态的情感生成过程,以及深度媒介化环境中情感所受到的媒介逻辑的影响,媒介化的情感已经成为一种形塑的力量。中国的国际传播实践需要激发意识形态中的心理动能与情感成分,警惕单一和单向的共情传播,以及把握国际社交媒体的媒介特性进行情感干预,进而立体化提升国际传播能力。

一、问题意识:国际传播的情感问题

(一)情感转向:从实践走向理论

"情感化"是人类社会传播实践的重要特征。随着以社交网络为代表的数字平台的崛起,"观点、情绪、立场等情感化诉求已经成为网络传播时代的重要传播手段和诉求点,甚至其重要程度已经超过了事实本身"[①]。人们进入以诉诸情感为主要特征的后真相时代,"以兴趣和情感为核心寻求身份认同和共同

---

* 本文原载于《现代传播(中国传媒大学学报)》2023年第10期,《中国社会科学文摘》2024年第3期全文转载,人大复印报刊资料《新闻与传播》2024年第3期全文转载,与邹宇合作,收入本书时,略有删改。邹宇为中国传媒大学传播研究院硕士研究生。
① 马广军,尤可可.网络媒体传播的"情感化"转向[J].青年记者,2020(5):19-20.

体重建，进而形成一种基于特定情感的社会性的人际关系网络"①。伴随着平台社会的到来，在流量经济的驱动下，情绪化的表达更容易吸引平台用户的关注与注意力，加之算法制造的用户画像与内容过滤，形成同质化信息环绕的茧房效应，并推动以情感聚集乃至情感极化为特征的平台舆论环境的生成。

在虚拟与现实共生、人与机器交互的实践背景下，媒体与传播研究开启了情感转向，将情感的讨论从实践上升到理论高度。数字与网络技术的兴起，突显了媒体的情感和情感日常使用，以及数字媒体中情感的动员、利用和资本化对新闻生产、内容和消费的影响。②网络平台将专业新闻与不受抑制、情绪激动的用户评论并列，通过提高内容的情感强度，在暴露不同观点的用户中引发意见的两极分化。这不仅可以通过"回声室"效应发生，还可以发生在情感化的信息促使个人重申自己的先前观点，从而表达更极端的立场这一过程中。③有学者提出"情感表达的实践"这一概念，进一步讨论中国国内公共舆论中的情感，指出情感表达实践与媒介规则、社会文化之间的互构关系。④

就国际舆论场而言，"情感化"的特点在国际媒体以及互联网平台上同样显著。2015年被冲上海滩的叙利亚3岁男孩的照片激起了全世界人民对于难民的同情，甚至影响了欧洲各国对于难民的接受政策。俄乌冲突中，西方舆论场一边倒地对俄罗斯进行批评与指责，掀起了国际互联网平台上种族仇恨的浪潮。社交媒体平台上对于俄罗斯的谩骂与指责，甚至推特上#RussianLivesMatter（俄罗斯人的命也是命）的标签下都充斥着对俄罗斯人的

---

① 吴翠丽．"后真相"时代网络空间中情感的负性转向及其防控策略[J]．学习与实践，2019（10）：120-127．
② MERVI P，KARIN J W．Introduction：the emotional turn in journalism[J]．Journalism，2021，22（5）：1147-1154．
③ DAVID A，ELIAS D．Thinking fast and furious：emotional intensity and opinion polarization in online media[J]．Public opinion quarterly，2019，83（3）：487-509．
④ 袁光锋．迈向"实践"的理论路径：理解公共舆论中的情感表达[J]．国际新闻界，2021，43（6）：55-72．

讽刺、敌视和仇恨言论。① 人们对于事件的情感表达深刻地嵌入国际政治与国际关系中，既连接着全球多元群体的文化心理，又造成不同民族之间的认知区隔。当情感体验成为国际传播的日常实践，情感聚集乃至情感极化成为国际传播的新常态，情感也应作为一个新维度被纳入国际传播研究中。

（二）情感维度：超越理性主义

国际传播是民族国家间的传播过程、传播关系以及相应的双边和多边、全球和地区的传播秩序，多基于建制化的力量（政府、政党、媒体、文化机构、互联网公司等），也日益征用流动的主体（跨国旅行者、网络社群、意见领袖等）。也就是说，抛弃或者遮蔽国家边界和民族认同的国际传播实践并不能被放置在本文所探讨的国际传播框架之内。国际传播的主体有清晰明确的立场选择，国际传播的基本单元并非广义上是去中心化、随意的，而是狭义上与国家立场保持一致互构的行动主体。然而，沿着这条思路进行的国际传播知识生产容易走入一个误区——国际传播的绝对理性化，即国际传播被简化为一种现实主义的传播逻辑，将多样化的传播实践视为单一维护国家利益的理性工具，以能否达到目的和实现效果作为国家行动选择与评估的标准。这与国际关系研究中的"理性人"假设存在共通之处，将国家视为原子般的个体，认为国家拥有人的理性。②

自柏拉图将理性与情感置于对立的位置后，情感一直作为非理性因素被排除在研究之外。"理性与情感的二元对立思想长期影响着社会科学对情感的研究，令它未能获得足够的重视。"③ 然而，理性主义能够为国家的发展与对外传播提供动能，但也极容易造成"主体与客体的分离"，造成"我与他者"的认知二元对立。"如果国际传播完全以工具理性为选择标准……有悖于国际传播实践的初衷……这种情况下的国际传播能力建设是不全面、不协调的，也

---

① 刘军.社交媒体对俄乌冲突的影响分析［J］.人民论坛，2022（13）：108-111.
② 余文全.超越理性假定：情绪、信念与国家决策行为［J］.社会科学文摘，2018（4）：41.
③ 白红义."媒介化情感"的生成与表达：基于杭州保姆纵火事件报道的个案研究［J］.湖南师范大学社会科学学报，2018，47（5）：139.

是不可持续的。"①当下人们对于"理性范式"下的研究进行反思，看到了在国际传播、国际关系领域中非理性的一面，逐步认识到人性、文化结构等非理性因素的影响同样有效，非理性因素与非理性行为并不能画上等号。

从非理性的哲学层面出发，情感是人性论意义层面的非理性因素，"情感的产生是有其独特的心理特征的，情感是一种心理性的感受与体验，是一种自然流露的过程。因此，情感的产生不完全是以人的意志、人的愿望、自觉努力为转移的"②。换言之，情感无法被训练，是一种长期的心理沉淀而形成的习惯倾向与力量。在这样的前提下，国家形象构建与情感之间存在着密切的关系，"人们建构他国形象不只是发自经验知识及媒介报道，内心的情感和信念等非理性因素也参与并影响着这种建构"③。也就是说，高度理性与完全知情的国际传播是一种理想的模式，"一呼百应的'乌合之众'及受情感驱使所产生的'搭车'效应才是网络传播的常态"④。值得注意的是，此处所强调的情感是对"情感—理性"二元对立框架的超越，而不是认为情感与理性无法在国际传播领域内兼容。正如有学者从知识生产的角度研究国家话语时指出，当我们在国际传播领域所谈论主体间性时，我们所关注的不仅是其中的情感因素与共情效应，也需要理性的国家知识来寻求理解和认同。⑤

综上，当我们再度审视国际传播基本问题的时候，跳脱出理性主义范式的禁锢是一种视角和知识创新的选择，尤其是看到理性化所遮蔽的情感维度，打破"情感—理性"的二元对立框架，以更完整地看待情感在国际舆论场上的作用，考察在复杂的国际舆论环境中，国家与国家之间相互联系又彼此刺激之下，是否存在更为复杂的情感结构？

---

① 胡正荣，王天瑞.系统协同：中国国际传播能力建设的基础逻辑［J］.新闻大学，2022（5）：11.
② 胡敏中.论非理性的三层含义［J］.社会科学辑刊，1993（2）：14.
③ 张铁云，张昆.回归理论之维：重新确证国家形象生成中的非理性面向［J］.编辑之友，2021（11）：64.
④ 史安斌.尊重传播规律，开掘"情感市场"［J］.河北教育（德育版），2021，59（3）：2.
⑤ 陈薇.作为知识生产的国家话语：国际传播中的知识理性与主体性认同［J］.南京社会科学，2021（9）：112.

二、理论脉络：国际传播的情感维度

（一）意识形态的情感结构

意识形态是国际传播中最常用的概念之一，是不同国家主流政治制度和政治文化的外化，拥有多元的叙事模式和表达形态。然而，反观当下的国际传播实践，意识形态通常作为一种舆论武器被使用，一些国家将"意识形态的国别差异，拉升到'文明冲突'的高度，对其他国家进行否定和打击，以达到其'独霸世界'的目的"①。这种语境下的意识形态被过度政治化，蜕化为一种认知偏见和对立框架，严重阻碍了国家之间可沟通性的建设。

"一个时代或一个具体的历史—社会群体的意识形态……我们关心的是这个时代或这个群体的总体性思维结构的特征和构成。"②沿着卡尔·曼海姆（Karl Mannheim）对于意识形态与知识社会学的考察，我们认为，意识形态在某种程度上是一种意义结构，是某个时代或某个群体的意义网络，"构建了人类体验的场所和结构，把社会认同与具体的社会体验连接在一起"③。也就是说，当我们在讨论国际传播的意识形态时，要关注的是"源自群体和社会处境的偏向性，而非狭义意识形态的政治性和批判性"④。

雷蒙德·威廉斯（Raymond Williams）提出了"情感结构"（structure of feelings）的概念，形容"个人情感对思想意识的塑造作用……发展到如今常常被用来考察特定社群的意识结构和心理结构"⑤。情感结构处在客观的结构与个体的主观感受之间，处在"溶解状态的生活经验"中，是情感对于思想的动力。将意识形态与情感结构两个概念相勾连，可以分析意识形态的情感结

---

① 荆学民.论新时期国际传播的政治维度[J].新闻大学，2022（5）：34.
② 曼海姆.意识形态与乌托邦[M].姚仁权，译.北京：中国社会科学出版社，2009：115.
③ 张涛甫，赵静.媒体融合的政治逻辑：基于意识形态安全的视角[J].新闻与传播研究，2021，28（11）：71.
④ 王佳鹏.知识的起源、碰撞与综合：曼海姆的知识传播思想及其贡献[J].国际新闻界，2021，43（7）：84.
⑤ 汪民安.文化研究关键词[M].南京：江苏人民出版社，2020：282-284.

构，表明情感在意识形态结构之间的巨大张力，突出理性化的意识形态背后也有强大的情感因素，意识形态的情感结构也处在一个塑造和再塑造的复杂动态中。换句话说，国际传播不仅是国与国之间的信息传递与交流，更是国与国之间意识形态的情感结构的相互碰撞和互相影响。当讨论意识形态的情感结构的动态塑造过程时，我们所要考察的是情感与意识形态概念之间的联系的形成与构成的过程。

首先，情感在所有的意识形态表达形式中存在某种权力机制，换言之，情感在意识形态的话语表达中存在一个可放置的空间。① 回顾历史，国际传播一开始就和情感、认知、态度这类心理学研究绑定，和战争时期的宣传研究以及"冷战"时期的心理战紧紧联系在一起。拉斯韦尔著名的《世界大战中的宣传技巧》明确指出："宣传关注的是通过直接操纵社会暗示，而不是通过改变环境中或有机体中的其他条件，来控制公众舆论和态度"②。本质而言，宣传就是通过社会中的情感渲染与群体暗示来完成的心理操纵术，因为"公众是低智商的，他们对信息刺激的反应是非理性的和情绪化的"③。美利坚大学传播学院教授辛普森（Christopher Simpson）认为，心理战在后来摇身一变成为国际传播，"成为一种帝国管理的工具，而不是解决冲突的工具"④。这样的"胁迫之术"是美国利用大众传媒进行的世界观之战，"意思是刻意将宣传、恐惧和国家压力作为对付敌人的手段，并获得意识形态的胜利"⑤。

其次，情感成为某些社会目的优先于其他社会目的的重要考量，换言之，情感也会在议程设置的过程中赋予各项议题不同的显著性，在相互竞争的欲

---

① MICHAEL F. Emotions, ideology and politics [J]. Journal of political ideologies, 2013, 18(2): 4-5.
② 拉斯韦尔. 世界大战中的宣传技巧 [M]. 张洁, 田青, 译. 北京: 中国人民大学出版社, 2003: 2.
③ 胡翼青. 大众传播学抑或大众心理学：对美国传播学主导范式的再书写 [J]. 国际新闻界, 2019, 41(8): 38-51.
④ 辛普森. 胁迫之术：心理战与美国传播研究的兴起（1945—1960）[M]. 王维佳, 译. 上海: 华东师范大学出版社, 2017: 7.
⑤ 柯泽. 美国传播学研究的心理战争背景：一种新的传播学史观 [J]. 新闻大学, 2016(2): 46

求中进行选择。在华为与高通之间发生的5G竞争中,媒体往往将中国与美国牵扯进其中。民族国家的始终在场使5G标准之争被"纳入国家利益、民族情感以及话语权争夺的框架,企业自身的商业利益在其中被淡化处理,而基于地缘空间和想象共同体的民族主义倾向则被凸显"①。从这个角度而言,正是民族主义的情感干预,让5G技术的标准定义从一个国家与市场发展问题转换为一个国际传播、国际关系问题,赋予了国际话语权议题更高的显著性。随着全球数字地缘博弈的加剧,民族主义在意识形态博弈中的角色日渐鲜明,其所引发的虚拟情感聚集和互动也成为国际传播平台化转向的重要组成部分。

最后,情感会直接受到国家意识形态制约并影响其在特定语境中发生效果的路径。有学者分析了为什么法国和德国可以在战后达成一种深层次的"和解",而这种层次是在中国和日本之间无法达成的,中日之间仅存在一种战略妥协,而不是真正意义上的和解。主要原因就在于意识形态的巨大差异使中日两国无法在情感上感到亲近。②例如,"日本长期的'脱亚入欧'的观念、制度和心态传统,决定了日本的'西方国家'定位"③。其媒体报道态度倾向长期与西方国家保持一致,无视中国对于世界经济、和平等作出的贡献,利用人权等议题,大力散布"中国威胁论"④。这也就造成了两国之间情感结构的巨大分野,更不用说战争记忆所带来的集体性的心理创伤,这些结构性因素持续引发中日之间的政治认知差异乃至分歧,从而影响着两国的沟通效果。

(二)心理与文化的共情传播

在国际传播的复杂情感面向中,"共情"似乎成为一个新兴的学术共识,

---

① 束开荣.互联网基础设施:技术实践与话语建构的双重向度——以媒介物质性为视角的个案研究[J].新闻记者,2021(2):39-50.
② LIN R. Rationality and emotion: comparative studies of the Franco-German and Sino-Japanese reconciliations[J]. Wiesbaden: Springer VS, 2014: 127-137.
③ 朱锋.地缘战略与大国关系:中日关系基本走势的再分析[J].日本学刊,2022(1):1-21,159.
④ 王伟.日本社会变迁及其对中日关系的影响[J].日本学刊,2022(4):96-114,162.

也代表了跨文化传播思维对国际传播的补充。从共情传播的角度，吴飞反思了国际传播的现代性和理性交往维度，提出"共情"（empathy）是一种心理天赋或文化诉求，核心是"一种与他者共在的理念"以及通过沟通达成这一目的的可能。同样，共情可以作为国际传播的一个重要维度[1]，情感的流动也可以发生在工业文明下的民族国家之间，让民族国家之间彼此沟通促进共情，实现"我们"的超越。

"从跨文化传播的视角来看，共情体现的是一种主体间性，是不同文化主体之间形成良好信息互动关系不可或缺的一个要素，有利于消除文化折扣，增强文化交流效果。"[2] 目前，从共情角度切入国际传播，试图解决国际传播困局的研究比较丰富，大多带有较为明显的实用主义色彩，比如将共情、共通、共享视为中国国际传播话语体系范式转变、国际传播能力提升的新进路[3]，或者"诉诸情感共鸣的跨文化共情传播可成为国家形象建设的破局之道"[4]；抑或表明共情是"转文化传播"的重要机制，是打开新时代国际传播的实践路径。[5]

简言之，目前的研究大多强调寻找文化与文化、国家与国家之间的最大公约数，力图达到一种可能且顺畅的沟通状态。然而，完美的共情传播模式并不存在，即便情感是人类的普遍属性，但也不存在一套普世的情感，可以承接所有文化心理以及意识形态。国际传播在历史维度和空间维度上都是语境化的存在，这意味着国际传播中的共情也必然是因为语境差异而有所不同的。从这个角度出发，任何追求单一模式或普遍标准的共情传播理念，实际上都抹杀了国际传播中的多元互动主体及其所代表的利益或意

---

[1] 吴飞.共情传播的理论基础与实践路径探索［J］.新闻与传播研究，2019，26（5）：59-76，127.

[2] 唐润华.用共情传播促进民心相通［J］.新闻与写作，2019（7）：1.

[3] 于运全，朱文博.共情、共通、共享：中国话语国际影响力提升的新进路［J］.现代传播（中国传媒大学学报），2022，44（2）：65.

[4] 钟新，蒋贤成，王雅墨.国家形象的跨文化共情传播：北京冬奥会国际传播策略及效果分析［J］.新闻与写作，2022（5）：27.

[5] 马龙，李虹.论共情在"转文化传播"中的作用机制［J］.现代传播（中国传媒大学学报），2022，44（2）：77.

识形态立场差异。换句话说，共情传播研究在国际传播领域兴起，本就是一种建构主义的导向和努力，是希望以一种超越——或者更准确地说，遮蔽——差异乃至对抗的情感逻辑，实现对传统国际传播路径的超越。在国际传播的文化解码过程中，情感、文化、价值判断、意识形态立场都是我们的心理构成部分，因此，当我们在谈论国际传播的心理与文化共情时，是否可以超越理想式的主体间性，关注到冲突的情感与心理面向？正如威廉斯所分析的情感结构的动态过程，共情是否也在意识形态的情感结构中存在一个动态的流变，共情是否是微观的、具体的，是否是政治的，是否也是与矛盾或冲突共存的？

在特定的社会与政治语境下进行考察时，共情可能会产生一系列不同的意义。有学者在以色列和巴基斯坦进行田野观察，探索两国共情的动力，指出共情具有不可避免的政治性和情境性，共情会与社会结构、政治制度和意识形态相互勾连，进而形成特定的共情与认同，从而维持着特定的政治和社会条件。① 除了维持稳定，共情还可被视为冲突中的干预因素，与信任和对话共同作为变革和转型的潜在工具。② 甚至有学者更激进地打破我们的常规认知："共情并不存在于我们的基因中"，他们认为共情可以通过新颖的体验来增强和改变，也可以通过社会变革来打破，是一个习得的过程。③

因此，共情并不仅存在"互惠式理解"④ 这一层面，其同样应该被视为一个多层次的情感结构，处在塑造与被塑造的动态过程中。换一个视角，共情同样可以被视为一种策略，并不是简单的人的本能。共情也存在多个维度：文化接近性、认知、情感、心理、生活经验等。这样的解读打开了对共情的目的与意图的新理解——共情可以激发特定的互动形式，可以维持特定的政

---

① HEAD N. A Politics of empathy: encounters with empathy in Israel and Palestine [J]. Review of international studies, 2016, 42（1）: 102-105.
② HEAD N. Transforming conflict: trust, empathy, and dialogue [J]. International journal of peace studies, 2012, 17（2）: 49-50.
③ HEYES C. Empathy is not in our genes [J]. Neuroscience and biobehavioral reviews, 2018（95）: 499-507.
④ 肖珺. 互惠性理解的通路 [J]. 跨文化传播研究, 2022（5）: 1.

治社会情境，可以制约国家与国家之间的信任与对话。当我们不再回避共情可能为谁服务以及其传播目的的时候，就扩大了共情对于目前国际传播中的冲突与矛盾、竞争与博弈的解释力。

（三）媒介化的情感传播

从云端交往到元宇宙生存的想象，从传统大众媒体到国际互联网平台的传播实践，人们之间日渐产生"一种基于媒介的精神和情感连接"[1]。伴随着技术与资本驱动的社会信息系统再造，人类社会正在进入一个深度媒介化的时代。"媒介化"已嵌入数字时代的国际传播过程，国际舆论场中的情感生成与媒介逻辑的渗透过程相辅相成，人们的认知与情感生成、表达、实践都强烈地受到媒体的中介化影响。因此，"媒介化"对于理解数字媒体时代情感的建构有重要影响。[2]

"媒介化"研究源于欧洲大陆文化与传播研究的新转向，"媒介化应被视为与城市化和个人化同等的现代化进程，媒体以类似的方式既有助于将社会关系从现有环境中剥离，又将其重新嵌入新的社会环境中"[3]。戴雨辰提出，媒介化研究已然成为欧洲传播与社会研究的一门显学，"信息化社会"和"媒介逻辑"指向"强""弱"两种研究传统。[4]本文更倾向于从社会结构和符号表达受到媒介环境的影响这一视角入手，"在某种程度上，媒介化将其他社会或文化领域细分为媒介的逻辑"[5]。在全球化的进程中，我们对于其他国家的认识很大程度上受到了媒介话语的影响，形成"我们头脑中的世界图像"。我们对

---

[1] 王敏芝，王军峰.从"交往在云端"到"生活在元宇宙"：深度媒介化时代的社会交往生态重构[J].传媒观察，2022（7）：21.

[2] 彭修彬.文化接近性与媒介化共情：新冠疫情中的数字公共外交探索[J].新闻大学，2020（12）：78.

[3] HJARVARD S. The mediatization of society[J]. Nordicom review，2008，29（2）：105-134.

[4] 戴宇辰.走向媒介中心的社会本体论？——对欧洲"媒介化学派"的一个批判性考察[J].新闻与传播研究，2016，23（5）：51.

[5] HJARVARD S.The mediatization of religion: a theory of the media as agents of religious change[J]. Northern lights: film media studies yearbook，2008，6（1）：9-26.

社会的感受，或者对我们所生活的世界的感受，都会受到我们通过媒介体验这个世界的影响。不论是真实还是虚假，媒介话语都会让我们对这些信息产生恐惧、悲伤、焦虑、愤怒、高兴等情感。因此，媒介化应被视为一个改变全球各国文化与社会情感互动模式的长期过程。

一方面，国际社会中的情感传播越来越呈现媒介化的特征。"不同的媒介技术形态会影响人们的情感体验和情感表达方式"[①]。报纸、广播、电视、互联网，不同的媒介技术以不同的方式将人们连接起来，每一种技术形态也塑造着相应的情感规则——严肃的、娱乐的、神圣的、低俗的，这必然影响了人们的跨国情感表达模式，也就进一步形塑了媒体中人们的交往方式。近年来，学者们集中讨论了数字媒介的情感偏向。数字媒介凭借自身强大的中介能力表达了生活中大部分情感元素，甚至数字媒介产品的目的正是唤起情感，而非简单的信息传递。[②] 在数字媒体环境中，符号和情感流连接着全球各地的人们，媒介化的日常交流引发了全球各国的情感交流，也引发了对媒介化事件的集体元评价，导致了话语、情感和意识形态的一致或者冲突。[③] 以短视频平台 TikTok 为例，在俄乌冲突期间，大量的假新闻以短视频的形式配合对于俄乌冲突的情绪化渲染，在平台上广为传播。来自全球网友制作的大量情绪化的视频使俄乌冲突这一严肃的国际争端在一定程度上演变为一场情绪化的闹剧，造成了更大规模的混乱和消极对抗的国际舆论环境。

另一方面，媒介化的情感深度参与国际传播秩序变革，与国际政治和多元文化形成互构关系。例如，有学者通过考察《中国日报》对于四次全国哀悼日媒介化仪式构建，指出对于"新冠肺炎"的哀思构建弱化了苦难维度，强化了国家力量的表达，对灾难的哀思这一情感参与了国家与国家之间的传播语境，"展现的是中国国内秩序井然、中国的对外援助和中国主导的国际合

---

① 袁光锋. 公共舆论中的"情感"政治：一个分析框架［J］. 南京社会科学, 2018 (2): 107.
② 自国天然. 情之所向：数字媒介实践的情感维度［J］. 新闻记者, 2020 (5): 47.
③ DÖVELING K, HARJU A A, SOMMER D. From mediatized emotion to digital affect cultures: new technologies and global flows of emotion［J］. Social media + society, 2018, 4 (1): 1-11.

作"①。也有学者从媒介化愤怒切入，将愤怒这一情感视为媒介社会中的普遍心态，认为在全球范围内建立更大的虚拟共同体才有可能缓解愤怒。② 相比而言，本文所要强调的是类似哀悼、愤怒、痛苦等媒介化情感在国际传播的过程中如何和广泛的政治、经济权力相勾连。媒介化的情感对于国际传播而言，不仅连接着例如粉丝这样的跨国社群，更具有多重意义：第一是象征国家权力的操作，媒介化的情感可以进行社会整合，调节社会秩序；第二是象征意识形态的情感政治，不同的媒介化情感在不同意识形态社会中扮演不同角色，造成了不同的冲突或和谐；第三是商品化的情感经济，情感本身就是一种资本，其在媒介化的过程中流通与再生产，并被裹挟进权力争夺中。从这个视角出发，或许会打开目前对于国际社交平台传播政治经济批判的新情感视角。

三、实践面向：国际传播的情感干预

面对国际传播的复杂情感结构，以及因应媒介化进程而出现的情感传播问题，中国的国际传播实践需要充分考虑情感干预的重要作用，避免理性主义的偏狭，充分发挥心理机制在投射民族立场、有效管控分歧、塑造更多共识以及推动秩序变革方面的重要作用。

（一）激发意识形态表达中的情感成分

情感从意识形态表达形式、社会目的显著性以及受到意识形态制约三个方面发挥作用，因此，相应的实践创新就需要考虑如下三个维度。

第一，通过强调特定概念来为情感安排可用的空间，激发意识形态中的情感动能。"可亲、可爱、可敬中国形象"这一概念正是近两年中国试图提升

---

① 陆佳怡. 哀思与力量：作为媒介化仪式的"全国哀悼日"之国际传播［J］. 现代传播（中国传媒大学学报），2021，43（12）：72.
② 曾持. "媒介化愤怒"的伦理审视：以互联网中的义愤为例［J］. 国际新闻界，2022，44（3）：141-142.

中国国际传播能力的方式之一，使用"可亲、可爱、可敬"诸如此类的概念展现正面的中国国家形象。从云南大象迁徙事件的广泛关注到冬奥会中国式浪漫的全球感动，中国已经多次唤起国际社会的情感共鸣。换言之，这些概念的背后实质上蕴藏着中国自身的情感价值，我们更应"以供给侧结构性改革的思路丰富国家形象传播的情感资源，将情感因素充分融入议题设置和渠道扩展中"①。

第二，通过相对显著性来区分现有的意识形态概念，凸显情感的合法性。作为意识形态概念的"西方"是一个"充满傲慢与偏见的美欧主体性文明叙事"②，扭曲了"中国"等其他文明的历史性和主体性，致使"中国"在认识论上更多依赖西方中心主义话语。解构作为人工建构物的"西方"话语霸权，才能真正让"中国"话语落地。唯有如此，讲好中国故事中的情感因素才能真正完成"推动各国人民情感交流、心灵沟通"的使命，更好地讲述作为"中国"的情感话语。

第三，将不同的意识形态概念进行排列组合，使不同情感在特定语境中发挥作用。意识形态的情感结构是复杂的，存在多个面向，不同国别之间的意识形态存在差异，文化接近性也存在差异。中国与非洲各国之间的情感交流必然与中美之间的传播存在巨大的差异，"国际传播中如何把握不同的社会心理需要和特征，是能否增强传播效果的重要因素"③。这要求我们在推动意识形态叙事时，充分考虑目标国家和地区社会的情感结构，聚焦认知的在地性和正义性。

（二）警惕单向和单一的共情传播

当共情不被看作一种个人与文化本能，而被视为一种策略时，我们关

---

① 张昆，张晶晶. 动之以"情"：国家形象传播的情感回归［J］. 中国编辑，2022（11）：35.
② 吴雷，姜飞. 建构与解构："西方"概念祛魅与中国国际传播话语重塑［J］. 南京社会科学，2022（10）：105.
③ 左路平，吴学琴. 习近平关于意识形态论述的社会心理意涵［J］. 湖北社会科学，2021（11）：22.

注到的便是共情面对复杂关系尤其是冲突的能力。这里所强调的是，我们不一定利用共情将冲突转化为和谐，也可以利用共情构建特定的人和国家身份。

就当下流行的共情认知而言，中国的国际传播需要追求最广泛的跨文化共情，试图与世界各国达成一种互惠式理解。在这个层面上，我们需要厘清的是，共情是一个双向的过程，互惠式的理解必然是双方彼此共情达到的理解模式。然而，长久以来，以西方视野为代表的国际社会存在根深蒂固的二元对立思维模式，中国所追求的"和平对话"很大程度上会演变成一厢情愿的"独白"和自我中心主义的文化想象，难以实现与其他各国及其复杂社群的心理与文化共情。在这个意义上，任何单向的共情传播都可能导致规范意义上国际传播的本质主义陷阱和普遍主义迷局，或者成为依附于他者情感结构的有机参与者，从而消弭了自身情感的自主性和合理性。

与此同时，共情背后存在特定的语境和结构，因此，共情传播必须考虑到国家与国家之间具体的互动模式与传播语境。共情不应该被单一地理解为冲突的结束、国家之间分歧的弥合，国家身份的认同和国际冲突的叙事同样影响着共情。从跨文化传播的角度而言，共情所代表的文化融合并不是跨文化传播的常态，文化冲突往往才是跨文化传播的主旋律。更重要的是，"似乎很难有一种原因必然会导致跨文化冲突，更无法以一种原因去解释全部的跨文化冲突现象"①。这契合国际传播中共情无法解决所有的国际争端和文明冲突的说法。基于这样的认知，我们试图将共情视作一种国际传播的手段，而不是最终的目的。在某种程度上，冲突同样对于国际传播具有意义。对于处在冲突中的国家而言，共情可被视为一种非暴力的手段，凝聚相同意识形态并产生共鸣，从另一个层面维持稳定与和谐。这个意义上，我们要警惕简化而单一的共情传播，不能忽视共情想象所遮蔽的多元结构与特定立场。

---

① 赵立敏.理论、身份、权力：跨文化传播深层冲突中的三个面向——以汉传佛教在华传播为例［J］.国际新闻界，2020，42（9）：25.

（三）国际社交媒体的情感干预

在一个深度媒介化时代，社交媒体代表的数字平台成为国际传播最活跃乃至最重要的场域，也是多元舆论交往和交锋的重要阵地。

一方面，就国际传播的情感问题越来越受到媒介逻辑的影响而言，我们应首先把握国际社交媒体平台的媒介生态特性，充分考虑到"特定媒介的质地、被人们使用的方式，以及因为使用媒介所发展出来的思考或生活习惯、环境配置，甚至世界观……"[①] 换言之，在国际传播场域，我们要厘清情感触发、表达与建构的媒介逻辑，包括但不限于媒介技术的情感偏向如何呈现、媒介中的情感内容如何生产以及媒介制度与全球各国的政治制度彼此碰撞的影响等。[②] 情感呈现越来越媒介化，本质而言就是媒介介入了国际传播的情感实践过程，因此，这要求我们最大限度地理解各国在国际社交媒体上对情感的介入过程。在把握情感介入的过程中，使情感成为关系的联结，而不是仅关注如何进行情感信息的生产与传播。这个层面上的情感干预就是把握情感如何在媒介化的过程中进行不断的连接和再连接，进而扩大国际传播影响力，以使传媒业成为国际"关系的建构者，并基于关系建构创造价值"[③]。

另一方面，因为媒介化的情感与全球社会、政治、文化之间是一种互构关系，所以将媒介化的情感看作国际传播的推动力就是题中应有之义。将媒介化的情感与国际传播实践相结合，从政治、经济、文化等多个维度入手让媒介化的情感成为国际传播中强而有力的一环——国际援助的政治仪式、流量生产的情感经济以及超越国界的文化景观。媒介化的情感可以被视为一种形塑的力量，重建媒体故事的情感叙事，"哪些情感更容易流通，哪些情感被禁止，都包含了权力的影响"[④]。与此同时，注重国际社交传播的情感回应与抚

---

① 唐士哲.重构媒介？"中介"与"媒介化"概念爬梳［J］.新闻学研究，2014（121）：6.
② 胡翼青，张一可.媒介的呈现性与物质性：当下媒介化研究的两元取向［J］.青年记者，2022（19）：26-29.
③ 喻国明，耿晓梦."深度媒介化"：媒介业的生态格局、价值重心与核心资源［J］.新闻与传播研究，2021，28（12）：8.
④ 袁光锋.增值、转化与创造边界：论数字媒介时代的情感流通［J］.南京社会科学，2022（9）：117.

慰，积极将每一次情感流通转化为一个闭环的过程，防止情感的认知和感受处于"断裂"的状态。

四、结语

国际传播研究通常聚焦在一系列理性主义和现实主义的议题上，往往并未观照结构化主体的情感因素。然而，当下国际舆论场中充斥着大量带有极端情感的话语，冲击着国家之间的交流格局，这让我们不得不去思考如何处理其中的情感问题。在社会科学领域情感转向的理论背景下，在全球舆论场情感日益极化的现实语境中，本文试图处理国际传播的情感问题，让中国的国际传播既能表达立场，又能产生沟通的可能性。意识形态情感结构的相互碰撞，不同国家之间的心理与文化共情，媒介化情感的加速演变，对中国未来的国际传播来说既是现实挑战又是历史机遇。我们必然将在动态变化的传播经验的积累中，在和其他理论资源的对话中获得解答，从而真正地讲"好"中国故事。

作为冲突的传播：国际传播的内在理路与前沿问题*

与和谐沟通的想象相悖，传播学自诞生以来就被用于集中处理冲突问题，这与其"冷战"社会科学的历史特征有着密切关联。如今，在媒介技术和参与传播的催化下，无处不在的冲突与复杂多变的媒介环境正重塑着国际传播的结构与机制。在社会学、政治学、媒介研究等多学科整合框架下思考国际传播，冲突路径关涉其结构矛盾、基本要素与认知框架。基于此，首先需要对冲突本身进行跨学科理论溯源，梳理动态的、历史的、关联的和结构化的冲突理论脉络。其次，需要建立国家—阶级—秩序—权力的立体背景框架，在此背景分析中提炼结构主义视角下物质权力—叙事象征—文化消费与后结构主义下的身份政治组合成冲突框架的核心维度。最后，在多维度的交叉与互动关系中，需要关注国际传播冲突场域的媒介化、图像化、情感化和平台化趋势，尝试把握多元、动态与融合的研究路径，使国际传播的冲突理论地图的绘制经历了一个从古典基础、结构机制到前沿经验的学术反思与整合想象。

一、引言：无处不在的冲突

无论是大小荧幕上的新闻资讯，还是社交软件里的热搜趋势，冲突

---

* 本文原载于《新闻界》2022年第11期，与白彦泽合作，收入本书时，略有删改。白彦泽为天津师范大学新闻传播学院讲师。

（conflict）已经成为国际传播的核心图景。譬如纷争不断的地缘矛盾，甚至爆发的局部热战，战事之中还延展着一条从传统"心理战"模式到跨国境的全方位升级"信息媒介战"的数字冲突线索。除了局部武装冲突，非军事领域的新型对抗也屡见不鲜：从欧美贸易战到中美贸易战，再到华为、中兴、TikTok 等在美国的种种抵制遭遇……从线下到线上，全球互联网平台构筑的"数字地缘政治"（digital geopolitics）牵动着国际关系的风起云涌，也制造着纷繁复杂的全球冲突景象。不仅如此，阴谋论、假新闻、议程操纵、舆论战交杂其间，甚至在数字平台的算法技术中，冲突实践还需要面对早已侵占互联网半数流量的社交机器人[①]的入局，从干预欧美政治大选到左右中美贸易谈判舆情，人机交互的社交媒体生态使得国际传播中冲突的意涵更加拓展……而当你终于决定不看国际政治，试图屏蔽全球风云，重返移动终端，躲回闲暇的私人时光时，会陡然发现冲突依旧在日常数字社交中四处伏击：跨国追剧时不免遭遇"辱华"事件而上演"跨圈出征"；讨论性别话题时常陷入争执难解难分；种族和肤色的迥异依然能轻易挑起口水之仗……不难发现，数字网络关系正无孔不入地重组着全球交往结构与国际传播机制。冲突与媒介改写的是全球信息格局的一段不短的国际关系史与数字交往史，而国家间军事冲突作为人类社会冲突的重要形式之一，或者说是最激烈的冲突形式，更与全球传播和国际动态息息相关，传播的学术发展亦与之相伴。

在这里，我们无意垂直勾勒国际传播冲突面向的线性脉络，而是希望可以从横断面式的学术历史切片获得一种路径创新的启发。1926 年，信奉结构功能主义与实证主义的哈罗德·D. 拉斯韦尔（Harold D. Lasswell）的博士论文《世界大战中的宣传技巧》成为北美传播学的奠基之作；1949 年，法兰克福学派的列奥·洛文塔尔（leo Löwenthal）与诺伯特·戈特曼（Norbert Guterman）合著了《欺骗的先知：美国鼓动家技巧研究》，随之开启了洛文塔尔长达七年关于"美国之音"的舆论斗争与控制研究；1978 年，关注

---

① COSSU J V, LABATUT V, DUGUE N . A review of features for the discrimination of twitter users: application to the prediction of offline influence [J] . Social network analysis and mining, 2016, 6（1）: 1-23.

文化与文学批评的爱德华·W. 萨义德（Edward W. Said）出版《东方学》（Orientalism）以对 1975 年黎巴嫩内战的描写为开端，探讨了西方帝国主义的文化、观念、媒介与权力对"东方作为他者"的后殖民制造与再制造；1992 年，批判学派的阿芒·马特拉（Armand Mattelart）在《世界传播与文化霸权》（World Communication and Cultural Hegemony）中把战争、进步、文化作为传播的三个支点，重筑了传播空间的谱系；1999 年，传播政治经济学学者丹·席勒（Dan Schiller）出版著作《数字资本主义》（Digital Capitalism: Networking the Global Market System），表明数字信息技术对全球资本主义的大众传播与民主制度带来严重冲击，因特网作为一种权力控制的政治工具将加剧不平等、剥削和冲突……关于支撑传播与冲突关系的学术讨论数不胜数，他们以不同的理论派别和范式对冲突进行着关涉媒介和国际传播的解读。全球著名出版集团 SAGE 旗下国际同行评审期刊《媒体、战争与冲突》（Media, War & Conflict）描绘了媒介化时代的战争、冲突和恐怖主义领域的变化情况。它从多学科视角探讨了媒体—军事关系、数字新闻生产、广告公关的文化、政治和技术变革，以及它们对公众、国际政策和战争结果的媒介影响。如今，全球范围内数字互联网深度覆盖，当代历史的动荡与喧腾被赋予了赛博特征，资本主义全球化构筑着令人惊奇的动态系统，是"危险与混乱（破坏性）的结合"（dangerous and disruptive intersection）[1]。在复杂的现实政治经济与社会文化背景下，是否可以廓清理解国际传播中冲突的理论框架？是否可以提炼出冲突的主要传播要素或动态特征？以及如何将冲突置于一个多元与融合的研究路径中讨论国际传播？

故本文提出，基于当前危机四伏、矛盾频发的全球交往与数字信息环境，在社会学、国际关系与政治学和媒介学的多学科整合框架下去思考国际传播，冲突路径成为可选择的思维向度，而对冲突本身的进一步溯源与探究，不仅关乎理解国际传播的关键，也折射着国际传播理论的学术历史逻辑，搭建着

---

[1] FOSTER J B. Epochal crisis: converging economic and ecological contradictions [J]. Monthly review, 2013, 65 (5): 1–12.

其多元与动态框架和创新基础。

二、冲突的理论取径与传播特质

首先，本文试图勾连理解冲突的学术传统，基于不同学科视角，在冲突的复杂现实经验中撷取关于传播的特质，梳理一种动态的、历史的、关联的和结构化的冲突理论脉络。冲突是多层次、多面向的，从权力与阶层的结构性冲突、民族国家与意识形态间的国际冲突，到全球数字社会渗入生命细节的信息与认知冲突。从社会、政治到国际关系再到媒介与传播，冲突理论地图的绘制经历了一个从古典基础、结构机制到前沿经验的学术反思与整合想象，需要以多学科下的冲突作为切口与变量，在几个重要学术传统中匹配与构筑国际传播研究的冲突路径。

（一）"冲突"作为战后西方社会学的重要取向

在社会学的发展过程中，冲突曾是极具吸引力的理论范式。20世纪50—60年代，与世界范围涌现的社会运动相呼应的，是日益猛烈的对西方社会特别是美国社会的理论批判，冲突理论应势突起，针对当时主流的粉饰大量冲突与斗争的帕森斯学派，质疑结构功能论，希望获得关于变迁的理论，可以解释结构改变的力量。塔尔科特·帕森斯（Talcott Parsons）强调"价值"为"最终目的"，捍卫基于价值的社会秩序，将政治权力作为公民的价值允诺[①]；冲突理论家们则针锋相对，认为秩序只是暂时的妥协与短暂的休战，价值包裹着意识形态和种种隐藏的不平等，权力则是尽可能维持这种不平等的手段。

其实在理论的形成过程中，冲突理论家的观点较为分散。相比对涂尔干的批判，韦伯成为冲突理论在古典社会学传统中可以汲取的重要学者，一些

---

① PARSONS T. The structure of social action: a study in social theory with special reference to a group of recent European writers [M]. New York: Free Press, 1937.

学者被标上韦伯—马克思主义①（始终相对认同马克思主义的，亦被称为左派韦伯主义）的标签。而使冲突理论突破经验，与马克思主义耦合的契机是部分学者开始从理论层面解释社会不平等的原因。格尔哈特·伦斯基（Gerhard Lenski）在《权力与特权：社会分层理论》中回答了社会分配不均的某种原因构想：不平等的问题始终是统治的问题。冲突理论认为帕森斯的规范结构无法解释分配不均，马克思对资源又过多强调经济资源，冲突理论家尝试分析出各种资源类型以及争夺资源而产生的不平等。人在资源斗争中的统治关系是离不开政治资源的，同样，暴力手段与武器资源也有不同的力量。近年来美国冲突理论的代表学者兰德尔·柯林斯（Randall Collins）也曾提出"性红利"和由此而来的"情绪能量"等非物质资源。在当时的主流社会学环境下，这种与帕森斯对立的观点在多个社会学分支领域引起余波②。在对现代教育制度（特别是美国教育制度）的认识方面，柯林斯的《教育分层的功能理论与冲突理论》③和《文凭社会：教育与分层的历史社会学》都涉及了教育对于阶级冲突和阶层流动有限的影响④；在与传播相关的人口课题上，芝加哥学派关注到了强调职业身份伦理背后的特权意识形态，譬如M.S.拉尔森（M. S. Larson）的《专业主义的兴起：社会学分析》对学术性专业群体的特权分析；在关于越轨行为（deviance）社会学中的象征互动论（symbolic interaction）上，标签理论中对权力支配行为定义的分析也受到冲突理论的启发；在性别主义领域，柯林斯在对美国一夫一妻制小家庭中的性统治进行批判时丰富地运用了冲突理论的不少观点，与女性主义观点有诸多契合⑤。

---

① LOCKWOOD D. Some remarks on "the social system"[J]. The British journal of sociology, 1956, 7（2）: 134–146.
② 克诺伯. 社会理论二十讲[M]. 郑作彧, 译. 上海: 上海人民出版社, 2021.
③ COLLINS R. Functional and conflict theories of educational stratification[J]. American sociological review, 1971: 1002–1019.
④ COLLINS R. The credential society: an historical sociology of education and stratification[M]. New York: Columbia University Press, 2019.
⑤ COLLINS R, CHAFETZ J S, BLUMBERG R L, et al. Toward an integrated theory of gender stratification[J]. Sociological perspectives, 1993, 36（3）: 185–216.

尽管柯林斯在 1975 年出版了《冲突社会学》，但整体上，冲突理论的发展高峰在经历遍地花开的二十年后，渐渐走向和缓，除了理论自身的持续性问题，还有就是社会学关注的重心开始向文化倾斜，文化与权力之间的关系分析需要一个新的整合理论。自 20 世纪 80 年代到 21 世纪，提出"生活世界的殖民化"的时代诊断的哈贝马斯执着于为自己的沟通行动论寻找理论出路，但政治与经济内部的保守、垄断与危机无法回避，全球范围内的数字传播再次让冲突的问题浮出水面，它们甚至借助全球平台媒介演变成在 20 世纪无法预料的信息情境。鲍德里亚对媒介幻象的后结构批判"波斯湾战争不曾发生"犹然在耳，我们是否可以再次审视和运用"冲突"这个范式取向观察和分析国际传播的经验世界？

（二）"冲突"作为国际政治与国际关系的基本要素

在"冲突与合作"（这里更多强调"军事冲突"）作为国际关系（IR）研究的永恒语境下，"冲突"可谓国际关系与政治的常态与焦点。在传统的国际关系三大理论中，不乏关于"冲突"的论述。首先，在曾主导西方国际政治研究三十年的现实主义范式下，无论是汉斯·J. 摩根索（Hans J. Morgenthau）的传统现实主义（认为"冲突"源自人追逐权力的贪婪本性）[1]还是肯尼思·华尔兹（Kenneth Waltz）的新现实主义（认为"冲突"来自国际体系的无政府性）[2]，都坚称"冲突"是国际政治的根本特征，是国际关系的基本要素。华尔兹对古典现实主义的修正，聚焦无政府状态与实力分配，使得国家利益的核心从权力争夺转移到维护本国安全。"冷战"结束后，约翰·J. 米尔斯海默（John J.Mearsheimer）提出"进攻性现实主义"（offensive realism）[3]，认为美中会复制美苏争霸。20 世纪 70 年代，新自由主义"上场"，在全球范围内推行垄断资本主义经济的同时，认为在无政府状态下的国际合作是可行的，冲突是可抑制的。1977 年，罗伯特·基欧汉和约瑟夫·奈的《权力与

---

[1] 摩根索. 国际纵横策论［M］. 卢明华, 译. 上海：上海译文出版社, 1995.
[2] 华尔兹. 国际政治理论［M］. 信强, 译. 上海：上海人民出版社, 2003.
[3] 米尔斯海默. 大国政治的悲剧［M］. 唐小松, 王义桅, 译. 上海：上海人民出版社, 2008.

相互依赖》开始了与现实主义的质疑与斗争①。新自由主义对于制度、规范等非物质社会变量的纳入打破了现实主义对于物质权力的执念。1989年，戈尔兹坦和基欧汉合著的《观念与对外关系》中，更是将观念与物质性力量并举，以解释国际冲突与合作，它作为过渡性著作，为社会建构主义的出现做了铺垫。1992年到1999年，近乎20世纪的最后十年，从亚历山大·温特（Alexander Wendt）的《无政府状态是国家造就的：权力政治的社会建构》成为社会建构主义国际政治理论的宣言②，到其《国际政治的社会理论》标志着社会建构主义理论的成熟③，在激烈的多方论战中，社会建构主义否定新现实主义关于无政府的核心观点，认为无政府是观念与文化的后果，不是不可撼动、无法改变的本质，国际合作不仅完全可能，而且国家间本就可以创造出一种从根本上就趋于合作的国际政治文化。国际政治理论的主导文化流转在霍布斯、洛克和康德之间，建构主义呈现乐观的、进化论式的理论惯性，抗衡着新现实主义与新自由主义维度对"安全困境"的解读。

战后国际关系理论的发展不仅汲取着社会学的理论营养（如行动主义），更是为了解决美国战后的国际实务的问题，其西方中心（或美国中心）主义浓厚，且有着挥之不去的"冷战"意识形态色彩，与传播学的建制过程有着相似的时代烙印，并随着世纪的跨越和数字时代的变革，不断加强着人文精神和对非物质变量的关注。

（三）"冲突"作为政治传播中的框架与干预

"框架"（framing）作为一种认知结构的概念于1974年由欧文·戈夫曼（Erving Goffman）引入社会科学领域。冲突影响着传播学的学科建制。脱胎于"二战"的北美传播学，其问题意识与研究方法均包裹着浓重的国家政治与意识形态。随着传播内容和效果研究的发展，框架分析被应用到新闻媒介

---

① 基欧汉, 奈. 权力与相互依赖[M]. 门洪华, 译. 北京: 北京大学出版社, 2002.
② WENDT A. Anarchy is what states make of it: the social construction of power politics [J]. International organization, 1992, 46（2）: 391-425.
③ 温特. 国际政治的社会理论[M]. 秦亚青, 译. 上海: 上海人民出版社, 2008.

的文本分析中。美国学者托德·吉特林（Todd Gitlin）在其博士论文《新左派运动的媒介镜像》中阐释了媒介与事件本身构成了支配性意识形态的霸权与公共文化的冲突①。在人际冲突（interpersonal conflict）范畴内，学者们区分了基于事实的（对现实的不同评价）、基于利益的（不相容的偏好）和基于价值的冲突（基于其他道德基础的对与错的不同观点）②；在政治传播领域中，国际政治话语的"个人化"（personalization）趋势下，也有文献将政治传播的冲突框架梳理为四重维度：风格（style）、目标（target）与是否涉及上层或深层冲突（deep/superficial conflict）和是否涉及事实性问题的争端（factual issue）③。延展到当代新闻领域，包括观点分歧、紧张态势甚至是公开对峙的冲突框架则用以强调个人、组织机构甚至主权国家间的冲突，以此吸引受众注意力。由于被视作民主进程的重要组成部分，冲突成为西方政治传播中最常用的经典框架，跨越着不同的国家、媒体系统和新闻内容。换言之，框架的产生即来自社会和媒介中的不同行动者间因对立目标、价值观而有的冲突。

　　基于西方资本主义国家的普选制度和政党政治特点，在"新闻干预"（journalistic intervention）和"媒体自由裁量权"（media's discretionary power）意识的催化下，冲突现状的暴露可以快速引导着选民的议程设置。不仅如此，国外已有实证研究表明，除了报道已发生的冲突事件，机构媒体和记者也会积极地放大冲突后果④，将政治话语塑造为冲突框架。这种普遍化的新闻干预基于个人职业需求、嵌入行业的惯例（甚至潜规则）与外部政治经济环境。与后两者关系紧密的是注意力市场中的资源、权力与利润导向的商业

---

① GITLIN T. The whole world is watching: mass media in the making and unmaking of the new left [M]. New York: University of California Press, 1980.
② DRAKE L E, DONOHUE W A. Communicative framing theory in conflict resolution [J]. Communication research, 1996, 23(3): 297-322.
③ VAN DER GOOT E, KRUIKEMEIR S, DE RIDDER J, et al. Online and offline battles: usage of different political conflict frames [J]. The international journal of press/politics, 2024, 29(1): 26-46.
④ BAETHOMOLE G, LECHELER S, DE VREESE C. Manufacturing conflict? how journalists intervene in the conflict frame building process [J]. The international journal of press/politics, 2015, 20(4): 438-457.

属性，譬如想借机提高名声的政客和想添加戏剧性冲突的新闻商品（news commodity）。同时，近年来西方主要国家的政党对立日趋明显，意识形态光谱更加分散，观点矛盾与媒体焦点相辅相成。甚至一些民粹政党泛起，他们被掩盖在数字社交的平民底色下，用极化的政治叙事和冲突话语吸引和煽动着大量底层保守受众，网罗情感选票，攫取政治资本。

综上，我们可以发现，从社会学、政治学到国际关系、政治传播与新闻业，理论视角不是并置与分裂的，而是互补和交叉的。冲突作为国际传播的主要矛盾和关键变量，如影随形，几个学术传统彼此共享和丰富着关于冲突的传播特质与理论解释，在观察和认知国际传播与社会的研究中，冲突亦是一个连接历史与当下的关键词。在思考社会化的媒介如何生成冲突的社会结构的过程中，贯通着理论与经验，观照着个体与国家、世界的苦痛、欲望与生存希冀。

三、国际传播冲突框架的核心维度

冲突在不断刺激和重构着国际传播秩序形态，呈现着复杂化与多样化，并映射着快速变化的全球权力关系。探索一种国际传播研究的冲突路径需要思考动态地缘政治经济和传播的文化社会间的"波荡联系"。对冲突的概念化不应该是单维度的，特别是当其被容纳在国际传播的进程中时，需要超越西方中心主义和东西方对立的二元论，在这一部分，我们建立国家—阶级—秩序—权力的立体背景框架，在此框架的综合分析中提炼结构主义视角下物质—象征—消费与后结构主义下的身份组合成核心内涵维度，并在多维度的交叉与互动关系中尝试把握多元、动态与融合的研究路径。

（一）权力冲突：物质基础、信息与技术资源和国际秩序变化

国际传播冲突的物质根源终究是主权国家间权力的争夺，是全球政治经济竞争的核心焦点，冲突被镶嵌在无法避免的大国权力竞争的现实主义困境之中。权力冲突与物质基础的争夺是互构的。权力竞争源自国际秩序与大国

格局的持续变动，新秩序的生成过程不是温良的，也没有在复制传统模式，而是一种不断被新型物质基础挑战所制衡的全球互动过程。

包括5G互联网、人工智能和大数据云计算等数字经济的一系列新一代信息基础设施正在进行全球技术竞争，讨论权力冲突意味着对数字世界物质权力基础进行深度挖掘。马特拉认为美国向全世界输出的信息传播技术不是引领自由与民主的康庄大道，而是剥削积累的同谋①。信息技术发展始终是政治的，技术资源与信息传播形式的再开发与革新蕴藏着新的权力结构的更迭，也在撬动着不断松动、出现裂纹的现行国际秩序。

所谓现行的国际秩序是建立在一系列西方主导的历史演进环节之中的：19世纪的英美国家金本位、航贸自由，"一战"后的"十四点计划"、"二战"中的《大西洋宪章》，以及战后一系列繁复，甚至有时相互冲突的国际经济制度［如关贸总协定、世界贸易组织（WTO）、世界银行、国际货币基金组织（IMF）和七国集团（G7）等］建立。按照西方观点，所谓"自由国际秩序"②在"冷战"后拓展为全球秩序，而被西方主导的国际传播与信息秩序自然是国际秩序派生的。大众媒介时代，国际传播的信息话语权多年被诸如美联社、法新社、路透社等西方大型通讯社所垄断，而俄通社（塔斯社）、新华社则成为国际传播话语霸权中抵抗性的挑战者。

Web2.0时代，中国在数字基础设施建设上的发展被西方描述成技术民族主义的成功，在话语权力不对等的国际传播语境下可以被看作一种源自市场竞争或对比关系的他者化隐喻。华为、TikTok与所谓民主国家安全之间的关联控诉折射着西方对这一崛起的东方商业帝国进一步扩张的焦虑。在丹·席勒看来，东西方的冲突并非只是民族国家间的对垒，而是反映着美国对于全球互联网控制权的捍卫过程，更是信息资本主义体系全球化扩张的内在矛盾

---

① DORFMAN A, MATTELART A. How to read Donald Duck［M］. New York：International General, 1975.

② IKENBERRY G J. Liberal leviathan：The origins, crisis, and transformation of the American world order［M］//IKENBERRY G J.Liberal leviathan. Princeton：Princeton University Press, 2011：15-22.

体现，信息资本主义的跨国性与中国国家发展目标的矛盾难以避免。在这个意义上，"技术民族主义"本身就是一个对抗性概念，甚至成为指责新帝国主义的话语构件之一①。

这种紧张不仅是地缘政治矛盾关系在数字空间内的延伸，更是信息秩序出现更迭预兆时美国的应激症候。2022年2月在华盛顿举行的关于确保关键矿产供应链安全的线上会议宣布对经营着美国唯一的稀土元素加工和分离设施的MP Materials拨款3500万美元，以加强关键矿产供应链。3月，美国总统拜登援引《国防安全法》，试图由上而下推动锂、钴、镍、石墨、锰等关键矿物的生产。这一系列国家层面的干预背后是第四次工业革命（the fourth industrial revolution）的启动，一场确保"关键矿产"（critical mineral resources）——高科技产业、可再生能源和国防应用的重要矿产——不断供的新国际竞赛随之开启②。国际关系的历史经验证明：技术革命的胜败决定着国际秩序的排位重组。地缘竞争与关键矿产的获取纠缠在一起，关键矿产作为引领5G和人工智能竞赛的全球数字经济转型的核心资源，其地理分布高度集中，又脆弱易被破坏。在武装冲突、国际禁运、贸易争端以及流感等原因的影响下，全球贸易供应链中断愈加频繁，系统漏洞接连暴露，攸关安全与经济命脉，美国与中国（甚至是其盟国）的科技较量焦虑不断升级。

但是，信息秩序之间的冲突与矛盾隐含着一层对现行主导知识和权力范式的后殖民批判。全球权力变迁在世界资本主义内部是分裂的，而非无差异的，酝酿着一种跨国阶级批判的地区性集团隐喻③，"在新自由主义政策和帝国权力的间隙中，'南方国家'间的联盟有了契机"④。然而，这种转瞬即逝的机

---

① 姬德强，白彦泽. 作为数字平台和基础设施的短视频：一个传播政治经济学的视角[J]. 广西师范大学学报（哲学社会科学版），2022，58（3）：71-82.

② KALANTZAKOS S. The race for critical minerals in an era of geopolitical realignments[J]. The international spectator，2020，55（3）：1-16.

③ ZHAO Y. Communication, crisis, & global power shifts: an introduction[J]. International journal of communication，2014（8）：275-300.

④ PRASHAD V. The poorer nations: a possible history of the Global South[M]. London: Verso, 2012.

会在统摄性的信息权力秩序中微乎其微，这也是为什么南方国家的地区性经济体或政治联盟日趋式微，存在被割裂、拆散，甚至冲突激化的可能。

（二）叙事冲突："地缘政治他者"（geopolitical othering）的建构

在结构主义的思路里，物质的冲突之后，我们想要讨论象征的冲突，即有关叙事的冲突。近年来，随着"叙事转向"（narrative turn）①的出现，世界范围的国际关系研究越发重视"战略叙事"（strategic narratives），冲突研究和国际传播之间的连接更加密切。叙事在形塑着人类认识周围世界的方式，话语、思想、规范和叙事在世界政治系统层面上发挥的作用备受关注。"引人注目的故事情节与对现实令人信服的解释"成为意识形态与战略叙事结合在一起的关键。有国外学者区分了三种类型的战略叙事："系统叙事"（在国际体系中实现）、"身份叙事"（关于政治行动者的价值观和目标）和"问题叙事"（解释为什么需要特定政策）②。其中，冲突的故事拨弄着舆论，"战略叙事"聚焦着受众理解国际政治叙事中的趋同与分歧，塑造着公众对安全问题的认知、理解与信念。如提供危机与冲突的故事情节的"人道主义"（humanitarian）叙事始终是战略性的、具有政治目的的。战略叙事可以说服他者并达成多种政治目标，如影响大国、维持联盟和动员国内对军事干预的支持。冲突之中的框架竞争是在"更广泛的战略叙事轮廓"内对事件意义的斗争。例如，20世纪80年代的智利"民主化"进程、21世纪初连锁多国的"阿拉伯之春"，叙事冲突在社会运动中建构着民众不满的情绪与渴望改变的目标，在文化的嵌入之下与意识形态共享着对控制的解释权。

叙事冲突成为连接国际关系的历史、现状与未来的桥梁，它赋予这些阶段以共同意义，并成为一种施加影响的手段和策略。通过叙事，他国（政府）和他国人民被描绘成各种形象，随着国际关系的风起云涌，这些形象历经波

---

① MISKIMMON A, O'LOUGHLIN B, ROSELLE L. Forging the world: strategic narratives and international relations [M]. Ann Arbor: University of Michigan Press, 2017.

② MISKIMMON A, O'LOUGHLIN B, ROSELLE L. Forging the world: strategic narratives and international relations [M]. Ann Arbor: University of Michigan Press, 2017.

动甚至是被颠覆改写。"地缘政治他者"这一概念的提出勾连了政治、传播和文化，成为理解国际叙事冲突的有力切入点。"地缘政治他者"被嵌入朝鲜半岛、亚太、俄罗斯与欧洲乃至全球南北间的战略关系叙事中。最初，学者托马斯·迪亚兹（Thomas Diez）以"地缘政治他者"的概念解释欧盟（EU）身份建构中日益增加的地缘政治焦点，认为地缘政治的强调增加了身份建构的排他性①。地缘政治他者化的特点是将自我表征建立在与地缘要素的一致性上，身份、政治和文明属性都与之相关，是一种地缘政治逻辑（geopolitical reasoning）。戏剧化的发展、主题概念、历史际遇和现实困境填充着政治叙事者制造的话语世界。"地缘政治他者"发挥着重要作用：理解国际冲突，建构叙事来解释冲突，制定将这些冲突作为应对政治挑战的战略，并将这些冲突的"解决方案"概念化。然而，由于地缘政治话语和政治行动者的自我意识和身份认同叙事紧密联系，其在冲突中的应用可能加剧现有地缘政治的紧张局势，使叙事趋向复杂化②。在当今国际传播格局中，持续的二元对立的叙事冲突屡见不鲜，在国际关系和全球政治经济秩序的互动中，异国的"他者化"建构反复发作，这种他者化在民族国家文明内部制造了排他性和对抗性。

在国际传播中，政治行动者需要根据旧框架建构对手的敌人形象，叙事往往是"镜像的"（mirrored），即使用有限的话语构成和投射叙事。有学者归类了地缘政治他者形成的影响因素：归因偏见（the attributional bias）和污名化（stigmatization）。"归因偏见"意味着两个行为体之间的互动越来越受到对方意图制造的负面形象所驱动③。随着冲突的出现，彼此的负面形象互相强化，并导致己方将负面意图归因于对方的恶行。在国际关系中，不符合所谓国际社会规范理想的国家任何时候都可能（或者已经）被污名化。继而有

---

① DIEZ T. Europe's others and the return of geopolitics [J]. Cambridge review of international affairs, 2004, 17 (2): 319–335.
② FAIZULLAEV A, CORNUT J. Narrative practice in international politics and diplomacy: the case of the Crimean crisis [J]. Journal of international relations and development, 2017, 20 (3): 578–604.
③ CASIER T. From logic of competition to conflict: understanding the dynamics of EU–Russia relations [J]. Contemporary politics, 2016, 22 (3): 376–394.

学者提出了三种应对污名化的可能策略：（1）污名识别（stigma recognition）；（2）耻辱排斥（stigma rejection）；（3）反污名化（counter-stigmatization）①。前两种策略意味着对他国施予的耻辱加以承认，而在地缘政治他者的影响下，选择第三种策略，需要接受导致污名化的事件或属性，将其定义为符合本国价值观的，并将其转化为骄傲的象征。这意味着"污名化者"提出的"正常社会"类别被拒绝，取而代之的是对这个社会应该是什么的替代解释，从根本上对污名化的施加予以反对，抵消某种他者耻辱。

（三）文化消费冲突：大众文化消费与"冲突精神"的缠绕

20世纪90年代，萨缪尔·菲利普斯·亨廷顿（Samuel Phillips Huntington）提出文明的冲突概念，使得"文明"一度成为国际政治理论中讨论冲突的新单位，但近年来这个理论在西方左翼阵营的政治不正确和本就在东方意识形态上的天然反感中，有过气之嫌。但是，文化这个相对中性的复杂概念依然可以解释国际传播冲突的内涵。

国际传播本就处在一个跨文化过程之中。旷日持久的国际冲突往往与国族（国家—民族）相关，也与文化相关。在数字交互环境下，文化不仅是传统的，更是现代的、大众的（流行的、通俗的）。文化中的价值观念承载着独特的动员力量，融合在海量的全球化消费中，传播着信息，生产和形塑着情感，制造着冲突。历史上，无法忽视大众文化（popular culture）在国际冲突中的作用，在美苏"冷战"对峙时期②、战后德日被占领的"再教育"时期（re-education）③均发挥着极大力量，成为一种政治实践与意识形态对抗行动。对大众文化长期的、深层次的、结构性力量的有意识理解可以帮助我们管窥

---

① ADLER-NISSEN R. Stigma management in international relations: transgressive identities, norms, and order in international society [J]. International organization, 2014, 68 (1): 143-176.

② SHAW A, DENISE Y. Cinematic cold war: the American and Soviet struggle for hearts and minds [M]. Lawrence: University Press of Kansas, 2010.

③ KITAMURA H. Screening enlightenment: Hollywood and the cultural reconstruction of defeated Japan [M]. New York: Cornell university press, 2010.

其中的冲突机制与效果。大众文化与冲突的连接很大程度上来自大量的、分散的个人生产与消费过程，在这个私人与公共彼此融合的空间里，生活矛盾、结构现实与大众文化缠绕在一起。冲突本身成为一个国族身份和自我叙述的关键因素。2022 年，流媒体平台网飞（Netflix）的王牌剧集《怪奇物语（第四季）》（*Stranger Things Season 4*）分上下两段上线，观看总时长突破 10 亿小时，可谓火爆。网飞流媒体服务的国际拓展市场几乎覆盖全球，拥有超过 2 亿的订阅用户。持有不同国族身份与主流意识形态的跨国用户在共享着这一段精彩的美国 20 世纪 80 年代复古风格的青少年奇幻冒险故事之外，也沉浸在烙印着美苏"冷战"对立记忆的时代梦魇与历史阉割之中，在被美国式神话洗礼的同时再次确证了意识形态间的敌我关系，即所谓"自由"与"专制"间的冲突献祭与对抗的历史正当。

大众文化生产着主流意识形态接受的国族形象认同，维持着在国际冲突中的定位，帮助创造和自然化了某种特定的情绪氛围，广泛扩散的文化产品的叙事与视觉文本表征着过去与现在，自己与敌人的种种能指，促动着人们对自身文化身份的爱，或对"另一方"的厌恨。迈克尔·比利格（Michael Billig）关于"平庸民族主义"的论述表明大众文化是民族主义的复制者（reproducer）[1]。社会心理学家丹尼尔·巴塔尔（Daniel Bar-Tal）将这种"持续消费和接触大众文化产品中嵌入的思想，产生并巩固了（有意或无意的）对冲突现实（自身和'敌人'）的理解过程称作'精神冲突'（ethos of conflict）"[2]。精神冲突汇集着包括我方的正义性与敌方的非合法性等一系列社会信念（societal beliefs）。这些信念支撑着日常消费中的各类视听叙事等大众文化产品，这个动态的过程反过来巩固了国家间的冲突合理化。从大众文化到跨国社交，在全球化的数字交往体系中，代表着国族的大众文化通过社交媒体界面而呈现制度化（institutionalized）和中介化（mediatized）。进而，面对异质性用户时文化身份的表达（甚至是政治表达）就更可能遭遇冲

---

[1] BILLIG M. Banal nationalism [M]. London: Sage, 1995.
[2] BAR-TAL D. Intractable conflicts: socio-psychological foundations and dynamics [M]. Cambridge: Cambridge University Press.2013.

突与分裂，趋向复杂化，跨国社交中用户的政治表达基于自身的文化依赖（culturally dependent）和政治化了的全球共享的信息技术约束。

（四）身份政治冲突：群体裂痕、反抗联盟与区域—全球关系（regional-global nexus）

在后结构主义甚至后现代主义的思路里，我们使用身份政治（identity politics）这个概念维度来理解国际传播中的冲突。过去几年的西方世界，随着特朗普、英国脱欧（brexit）和新民粹主义右派（the new populist right）的出现，身份政治概念再度流行。其强烈而简单的身份主张和公开的团结背后掩盖着激烈的对抗与变化，成为分析国际传播冲突的杠杆，并将在很长的一段时期内成为某种反抗策略，民族身份和本土主义的身份诉求制造着繁多的群体裂痕，将不断冲刷着全球连接文化的稳定。

诸多迹象表明，西方国家的国际政治行为越来越多地被身份政治所驱使。这种驱使不仅取决于政治身份，也取决于如性别、种族、性取向、职业和亚文化社会成员类别的其他身份。在这一语境下，政治行为的力量可以被理解成界定和捍卫"我是谁""我们是谁""你是谁""希望成为谁""希望被视为谁"这一系列身份想象的群体动员。身份政治的意涵是跨国的，它捕捉了从国际到个体层面的群体归属与自我定义，勾连着价值、关系与象征性共鸣。身份与意识形态在共享着现代国家对地区和个人的观念嵌入，利用"微观团结"（micro-solidarities）的"离心式意识形态化"（centrifugal ideologization）是现代化的决定性特征之一[①]。美国政治学家弗朗西斯·福山（Francis Fukuyama）在《身份：对尊严的需求和仇恨的政治》中将身份政治作为撕裂保守主义的社会有机体的民粹策略，或者说身份政治经验是对于传统政治经验的颠倒[②]。以美国为例，身份政治的凸显流露着传统美国社会性格（social

---

① MALESEVIC S. Identity as ideology: understanding ethnicity and nationalism [M]. London: Palgrave Macmillan, 2006.

② FUKUYAMA F. Identity: the demand for dignity and the politics of resentment [M]. New York: Farrar, Straus and Giroux, 2018.

character)的分裂。在数字全球化和网络媒介的挤压之下,身份政治施加着更显著的文化与社会建构性,不断挑战着区域—全球关系,引发的本土与国际社会震荡也势必更加激烈。

四、国际传播冲突场域的前沿趋势

国际传播冲突的研究路径是一个动态的、多维的理论构想。在分析冲突与国际传播系统如何嵌入全球政治、经济和文化结构,并与数字化的信息与技术权力秩序如何产生互动并相互影响时,还需面对不断处于变化中的前沿趋势。外显的趋势是在经验世界里与冲突交汇的理论假设。这些假设决定着我们在面对概念化冲突时最直接的反应是媒介技术革新引发的新现象,解释这些新现象,是对冲突核心维度的再确认,并在国际传播的实践空间里展示它的动态特征与理论阐释力。

(一)冲突的媒介化(mediatization of conflict)

媒介化(mediatization)是关于变化的。媒介化描述的是一个与全球化相关却又有别于全球化的历史的、持续且动态的元过程(meta-process)。西蒙·卡托(Simon Cottle)提出"媒介化冲突"(mediatized conflict)概念,以强调"当媒体传播有关冲突的观点与内容时,往往以复杂的方式被卷入其中",他认为媒介冲突关系(media-conflict relation)超越了反映(reflection)与表征(representation),而是侧重于媒介行为(media doing)与媒介表演(media performativity)[①]。我们正身处"媒介化多重定义的十字路口"(a crossroads with different definitions of mediatization),尽管媒介化冲突的概念抽象而模糊,但明确的是,媒介化冲突过程中凸显着民族特殊性,包括文化和历史的特殊性。随着社交媒体技术的发展,一个多极的全球媒介环境(heteropolar global media environment)正在生成,媒介逻辑改变着国际冲突

---

① COTTLE S. Mediatized conflict[M]. Maidenhead: Open University Press, 2006.

关系。冲突日益依赖媒介，媒介在权力的转移过程中不断渗透着冲突的过程，冲突也不断遵循着媒介逻辑，从而被"媒介化"。有学者试图总结媒介化发展的三个阶段，认为每个阶段不同媒介都有不同的进入冲突的运作与理解方式①，通过他的归纳，我们可以认为媒介与冲突的关系历经了"大众媒介时期的相对可控""世纪初互联网时期的混乱与扩大化"以及现如今的"策略化的捕获冲突"。

在冲突与危机频发的信息生态中，社交媒体形塑与影响用户意见的作用日益增强，有学者甚至以一种"危机信息学"（crisis informatics）为框架研究社交媒体在冲突环境中的各种表现。在军事冲突的语境下，对数字媒介的重视更是空前，有研究分析英国军队的媒体管理战略（media management strategies），认为基于媒介逻辑（media logic），整合媒体通过与不同行动者的互动而日益"媒介化"②。

社交媒体正在成为全球的政治、文化与社会的重要参与者，中国也不例外，尽管中国大陆通过微博建立自己的社交媒体"微观（缩影）宇宙"（microcosm），作为一种技术与文化的集合平台，微博冲锋陷阵在各色国际新闻冲突事件与意识形态争论中，与各种行动者纠缠在一起。同时，数字化正在改变着国际新闻实践。在所谓新闻生态系统（news ecosystem）的理论层面（不包括经验层面的特殊情况），全球用户生产的内容都是可即时共享的（不乏专业的大数据工具在新闻生产环节实时机器识别全网关键词）。随着新闻周期（news cycle）的日益增快，机构媒体的不断竞争，冲突成为社交网络竞争中的热点与工具。受行动者网络理论（actor-network theory）的启发，有学者归纳了社交媒体时代的冲突中四种人类与非人类参与者，分别是社交媒体平台、主流机构媒体、在线用户和社交媒体内容（文本话语）。包含不同参与者、利益与关系的社交媒体平台体现了一个技术与人的复杂网络，在各种

---

① HOSKINS A, BEN O. Arrested war: the third phase of mediatization [J]. Information, communication & society, 2015, 18 (11): 1320-1338.

② MALTBY S. The mediatization of the military [J]. Media, war & conflict, 2012, 5 (3): 255-268.

国际冲突语境中,机构媒体与在线用户都在利用社交媒体平台功能进行着设置与反设置(counter-set)、拓展着公共议程[①]。在社交媒体平台中,主流机构媒体利用冲突来设置议程、引导舆论,用户在这种引导与设置中充满集中化(甚至是极化)、情感化与广泛化,而平台的评论文化会加强特定问题的公众表达,用户会因而展开挑衅、对抗,甚至使用种族主义话语。

(二)冲突的图像化

社交媒体的无限共享使得数字图像(digital images)不仅改变了国际传播中的冲突形式,甚至使得冲突自身也在发生变化。社交媒体平台中,包含着暴力、歧视、误解的"未经过滤"(unfiltered)的冲突图像(极具主观性的)快速而广泛的传播,在眼花缭乱的指控中形成了相互竞争的视觉叙事和反叙事。网络技术下数字图像的传播,使得冲突全球互联,即使图像跨越区域、文化和语言边界,在不同的社会、文化和地缘政治经济语境中以不同程度的冲突方式被接收,从而制造出不同的解读、意义和行动。在数字图像全球化流动的同时,普通公民和各方的冲突参与者依靠社交媒体提供的"可见"不断上传和转发着他们的亲身经历,进行着动员、生成舆论,甚至质疑当局,这使得不同立场的人都可以在数字平台中争夺大多数人的同理心,数字图像也对可见性政治产生了深远影响。随着 TikTok 等短视频平台的全球蔓延,数字图像的视觉王国不断拓展疆域,虽然这些趋势存在进一步推动数字民主与和平合作的可能,但无法避免的仍是平台经济中商品化、算法结构等一系列权力等级制度带来的监视与控制。

(三)冲突的情感化

西方社会学、媒介与传播领域的"情感转向"(affective turn)方兴未艾,在所谓"后真相"(post truth)的国际政治时代中,情感更是超过理性的政治

---

① ZHANG S I. Mediatization of conflict in the social media era: a case study of Sino-Indian border crisis in 2017 [J]. Journalism, 2021, 22 (10): 2618-2636.

决策与民众观点的影响因素。最早的"情感社会学"产生于20世纪70年代,柯林斯在综合戈夫曼、涂尔干的理论和当代情感社会学的过程中,强调互动仪式产生情感能量。人们被仪式吸引,并在这些互动中获得能量。柯林斯将仪式定义为"一种相互聚焦的情感和注意力机制,产生瞬间共享的现实,从而获得团结和群体成员的象征",认为其特别适合于示威等社会冲突①,群体性抗议创造了涂尔干所说的"集体沸腾"(collective effervescence)。但是,所谓"情感转向"话语中隐含的"统一性"遮蔽了整个社会科学中情感研究的多种方法,除了心理学层面的认知与神经科学的生物取向。在文化层面,作为"社会与文化实践"的"情感"更可以用于分析媒介传播与国际政治。对媒介、传播、情感和战争的交叉点感兴趣的学者已经注意到"情感媒体"(emotive media)在冲突中的重要性②。比如有研究表明以"情感化和图像化报道"(emotive and graphic coverage)为特征的冲突信息对决策者的影响更大③。除了机构媒体对情感的表达和利用,在社交媒体时代,用户如何表达情感,特别是在面向异质性受众的国际传播中显得尤为重要。比如,关于情感和政治是精英领导的"自上而下"的过程,还是个体的"自下而上"的过程的反复辩论④。之所以关注这一点,是因为情感的冲突往往可以引起集体反馈,激发集体行为。情感的本质是关系性的,因为情感是在社会关系中产生、实现其意义并被体验的。Web2.0促进着各种公民参与和公共表达,甚至催生了公民新闻(citizen journalism)。特别是在社会冲突加剧的时期,社交媒体作为信息与公众情感的替代来源的地位就更加显著。

除了广义上日常的受众情感,互联网上,国家、民族、种族等文化身份

---

① COLLINS R.Interaction ritual chains [M]. Princeton: Princeton University Press, 2004.
② MALTBY S, KEEBLE R. Communicating war: memory, military and media [M]. London: Arima publishing, 2007.
③ ROBINSON P. The CNN effect: the myth of news, foreign policy and intervention [M]. London: Routledge, 2002.
④ SCHLAG, G. Moving images and the politics of pity: a multilevel approach to the interpretation of images and emotions [M] //CLÉMENT M, SANGAR E.Researching emotions in international relations: methodological perspectives on the emotional turn.London: Palgrave Macmillan, 2018.

（甚至包括性别）也拨动着全球社交媒体用户的情感神经，不断制造着崩坏与震荡。2017 年的 #MeToo 和 2020 年的 "Black Lives Matter" 运动引起全球的震惊与关注。在跨国的冲突浪潮中，种族与性别激起高情感强度的连锁抗议。在冲突的传播中，情感作为一种抽象的、未成形的 "强度"，进行着动员与召唤。持有相同情感表达和评价原则的人在媒介的连接下成为 "情感共同体"（emotional communities）①，共同体之间犹如一个个或相交或相切的圆，冲突碰撞，在不同价值的精神纽带牵引下制造着历史与现实。

（四）冲突的平台化（platformization）

以社交媒体为代表的数字平台正在重构着全球网络信息生态，社交媒体用户的话语表达是私人化的、情感化的，与意识形态相连。因为共享的象征性资源和社会信念，这种表达可以被纳入 "集体政治表达"（collective political expression）的框架里，而纷杂平台中的各色用户间的冲突背后，是平台技术与市场冲突下信息权力秩序之间的宰制与抗衡。全球垄断性互联网公司主导的平台化国际传播环境也塑造了冲突的平台化形态。

虽然中国数字平台的本土性和与国家权力相依的特质使得其在国际传播中处于意识形态上的困境，但所谓西方意义上的 "自由国际秩序" 实际上是 "自由霸权秩序"（liberal hegemonic order）②，并不断表现着向封闭、对抗与强权政治发展的趋势，俄乌冲突加剧了这种阵营化。中国与西方的数字平台关系，或者说中国与美国可能的数字平台信息新秩序，都镶嵌在国际秩序变化的大背景中。当前美国等发达国家期望通过加强民族国家的作用来缓解超级全球化带来的国内经济社会矛盾，以中美为例，民族国家之间的科技产业与技术创新竞争已越发激烈。这种可能或已经到来的数字技术平台之争是前文所提到的权力冲突的理论外显与现实回声，更确证了国际传播中冲突核心维度的动态特征。

---

① ROSENWEIN B H. Emotional communities in the early middle ages [M]. New York: Cornell University Press, 2006.
② IKENBERRY J, LEVIATHAN L. The origins, crisis, and transformation of the American world order [M]. Princeton: Princeton University Press, 2011.

五、结语：冲突之后

冲突并非意味着国际传播的崩溃与失效或是不作为。冲突关涉国际传播的结构矛盾、基本要素与认知框架。国际传播研究的冲突路径有着丰富的历史和学术脉络、多学科的逻辑基础，它又是共时的、动态的，与国际秩序和全球数字权力关系的变化息息相关。在对冲突的理论溯源与学科整合之下，我们分析提炼了国际传播冲突路径下的权力、叙事、消费与身份四个核心维度，以及媒介化、图像化、情感化与平台化的前沿趋势。

本文强调使用多元与融合的方法意识研究问题，冲突是一个在历史与学理空间下的多维框架，随着信息资本主义的发展与扩散，全球权力变迁依然在影响着国际传播秩序，并持续流露着数字结构特质。面对当前国际传播令人炫目、持久的冲突底色，我们无须将政治、经济与文化社会的冲突层次置于一个单向度的、静止固化和以美国为中心的殖民主义研究套路里，而是可以层层推进分析冲突所观照的民族国家、阶级结构与文化身份等，从而找到冲突路径的历史性、政治性、关联性与动态性特征。

2013年汪晖在帕西奥利奖（Luca Pacioli Prize）颁奖仪式上的演讲结语是"这是'世界历史'瓦解的时刻，这是重新思考世界历史的时刻"①，十年过去，世界历史与国际传播风云惊变，这句话依然闪烁着理论启示的光辉。在本文末尾，我们不妨将其套用为：这是"国际传播"瓦解的时刻，这是重新思考国际传播的时刻。未来的研究中，在我们整合冲突研究路径的对话、互动与融合之下，在面对全球结构性问题的同时，要挖掘跨文化的生命个体的传播价值，获得一种可触的有机理论。虽然媒介与冲突是互构的，但冲突之中的国际传播并非全部浸淫在跨国政治经济角力与对立意识形态的斗争中。在大小屏幕后面，一定有着无数鲜活的普通人，他们怀着希望、绝望、信任与厌倦。

---

① 公理、时势与越界的知识——在帕西奥利奖颁奖仪式上的演讲［EB/OL］.（2013-10-23）［2022-02-13］.https://epaper.gmw.cn/zhdsb/html/2013-10/23/nw.D110000zhdsb_20131023_1-13.htm.

数字新闻业的政治经济学：一个基于比较体制与数字经济的视角*

一、引言：数字时代的传播政治经济学

至少在中文语境中，"数字新闻业"是一个充满阐释力的概念，它整合了技术、文化、新闻、产业、事业等多重内涵，延续了新闻业因应技术革命而发生变迁的基于行业话语的技术化约论，也蕴含了社会及其信息系统的数字化转型给新闻业带来的冲击反应效应。常江从文化研究和媒介生态相结合的角度提出，这一"数字性"包含技术文化、媒介逻辑和行为方式三个维度，进而发展了一种"数字时代的新闻学"，或被称为"数字新闻学"的全新理论范式①。这一提法的重要性在于识别出数字技术本身是一种修辞意义上的沉浸式存在，也是政治经济学意义上的基础设施②，或曰社会系统的基础架构，乃至社会的操作系统③，并由此生发出新的新闻生产模式、商业模式、公共属性和参与文化。

---

* 本文原载于《新闻界》2022 年第 4 期，收入本书时，略有删改。
① 常江. 数字性与新闻学的未来 [J]. 新闻记者，2021（10）: 38.
② PLANTIN J-C, PUNATHAMBEKAR A. Digital media infrastructures: pipes, platforms, and politics [J]. Media, culture & society, 2019, 41（2）: 163-174.
③ 廖祥忠. 媒介与社会同构时代国际传播人才培养必须着力解决的三大问题 [J]. 现代传播（中国传媒大学学报），2021（1）: 2.

这一认识论或知识论转变的核心是对"数字"及其过程"数字化"的理解。相比媒介融合、互联网、大数据、云计算等具象化乃至工具化的技术词汇,"数字"这一概念本身蕴含了丰富的想象力。从"数字化生存"[1]的日常生活迷思到"数字化崇拜"[2]的赛博历史终结论再到"数字化衰退"[3]的资本主义批判,"数字"的概念早已摆脱单一技术形态,进入广泛的社会理论空间,成为桥接各个知识领域的环境性和中介性概念。在非学术领域,"数字"也日益成为一种统摄性概念,比如以"数字中国"为代表的政策话语,以"数字经济"为代表的发展话语,以"数字工作"为代表的分工话语,以"数字文化"为代表的消费话语,以及以"数字地缘政治"为代表的国际关系话语等。简言之,以"数字"修饰乃至定义一种时代性变迁已经发展为一种跨行业、跨领域的共识性话语。

对传播政治经济学而言,"数字资本主义"(digital capitalism)处于批判研究的中心,尽管有着信息资本主义、传播资本主义和平台资本主义的变体性概念,但它们都共享了对数字技术如何被资本逻辑征用,从而巩固传播资源的分配不均衡格局,进而在数字时代维护资本主导的宰制性传播关系这一核心理论关切。除此之外,传播政治经济学努力拓展了至少三种围绕数字化的分析路径:其一是对数字化抵抗方式(比如数字反连接、数字罢工[4]或数字断连)的探索,以此传承和创新劳工研究;其二是对公共政策的审视,以此分析政府干预对数字时代中国家、市场与社会关系的调整倾向;其三是对数字经济运行模式及其对传播产业的影响的分析,以此延续和丰富对"整

---

[1] 庞蒂.数字化生存[M].胡泳,范海燕,译.海口:海南出版社,1997.

[2] 莫斯可.数字化崇拜:迷思、权力与赛博空间[M].黄典林,译.北京:北京大学出版社,2010.

[3] 席勒.数字化衰退:信息技术与经济危机[M].吴畅畅,译.北京:中国传媒大学出版社,2017.

[4] 李子仪,姬德强.数字劳工的"罢工"?——作为加速社会"减速策略"的数字反连接研究[J].新闻界,2021(11):43.

个社会一般的商品化过程"①的研究。在近年来兴起的"数字平台"（digital platform）研究中，传播政治经济学从技术的社会性、政治的保守性、经济的多边性和劳动的灵活性等多个角度提供了分析进路，进而展现了一幅数字批判研究的欣欣向荣的景象。当然，学术史上一以贯之的问题仍然存在，即如何将大多源自域外资本主义社会的内源性批判理论与中国社会另类且复杂的数字化进程——比如更强力的国家动员和更强大的政府干预——相结合，或者发掘更具有本土性——尤其是针对附带较强地方化色彩的新闻业——的解释性框架，以及如何超越媒体中心主义的认知窠臼，探索媒介化社会或社会媒介化所展现的生态性后果。

　　共享上述文化逻辑和生态思维，传播政治经济学可以为解读数字新闻业的兴起提供内外部相结合的视角，同时以结构性批判和主体性再造为诉求，贡献于数字新闻学的知识增量。简言之，数字时代的传播政治经济学集中关注数字化带来了传播资源的过度集中和传播关系的不平等，以及对相应的数字神话的解构。数字新闻业依托于整个数字经济和媒介生态，呈现与数字资本主义历史进程的复杂互动。基于这一考虑，我们需要首先采用国家、市场与社会的三方互动框架，分析欧美社会语境中新闻业数字化转型的差异化逻辑，以及它们所形构的虽然一体化但充满矛盾性的新闻体制。针对中国的特殊语境，需要基于统摄性国家概念来进行内部新闻体制调整和重组的数字化分析视野。以数字经济这一新闻业的生态基础和传播政治经济学的核心关切为切入口，本文从生产要素的多元配置、生产关系的灵活调整，尤其是数字劳动的压缩、替代与竞争等角度，分析了数字新闻业的经济动能。最后，从数字平台和数字劳工两个角度得出结论，传播政治经济学可以为数字新闻学研究作出贡献。

---

① 莫斯可.传播政治经济学[M].胡春阳，黄红宁，姚建华，译.上海：上海译文出版社，2013：14.

二、国家、市场与社会关系中的新闻业数字化转型

在现代西方社会语境中，新闻业的公共性源自国家、市场与社会的三方互动结构，尤其在面临国家权力干预和市场权力渗透的风险时，须以社会之名义和公众之利益，维护真相观和客观性的持续性再生产，进而奠定民主讨论的舆论基石。这是现代西方新闻业的合法性所在，也是数字新闻业的历史基因。在这个结构中，三方相对独立，但也相互制约。新闻业在不同的历史阶段，在坚守新闻这一公共信息或公共知识的基本属性的前提下，呈现与三方的亲近或疏离关系，从而写下了政党新闻业、市场新闻业、公民新闻业的不同实践叙事。

与此同时，因为文化传统、政治生态、社会结构和市场环境的差异，即便在西方社会内部以及受其影响的后殖民国家，新闻业的存在形态也呈现较大差异。以新闻业为核心的传媒的规范理论曾给出比较清晰的图绘，比如丹尼尔·C.哈林（Daniel C. Hallin）和保罗·曼奇尼（Paolo Mancini）基于经验研究所总结的传媒与政治关系的三种模式，就深入归纳和比较了欧美国家内部由于政治组织形态和市场规模差异所呈现的新闻业运行方式的不同倾向。尽管学界从内部解构了一个简单的"西方"概念，但包括政治平行性和专业主义在内的四种评价维度仍然没有跳出上述三方框架。在两位学者后来编著的，以非西方国家为主的学者所撰写的超越西方视野的规范理论中，这一差异性或类型性在全球范围内得到了进一步彰显。卡拉·诺顿斯登（Kaarle Nordenstreng）等后来以更具包容性的全球视野归纳和提炼了包含社团主义、自由主义、社会责任论和公民参与论等更多元的规范理论，总结了相应的媒体角色[①]。以规范理论为代表的新闻业的公共性讨论也因此变得更加复杂和多维。

然而，回到中国的制度语境，这一三方框架的阐释力往往遭遇边界模糊的挑战，或者更准确地说，一个超越三方、内涵三方、协调三方的统摄性国

---

① 诺顿斯登，陈世华.媒介规范理论的反思和超越[J].东南学术，2017（4）：175–185.

家理论，也是一个能动的国家理论，成为理解新闻业的前设性和总体性框架。于是，新闻业的角色不再是游离于三方之间的，而是附属于政治、经济与社会的互动关系中的，从而同时表现着政治宣传、市场逐利和公共服务的三位一体功能。需要说明的是，这里的公共服务概念，与欧美尤其是欧洲的公共服务媒体传统有着本质差异。如果说后者提供的是以新闻业为支撑的相对独立的政治讨论空间，那么前者提供的是针对最广大公众的普遍性信息服务，也就是说前者遵循政治组织和新闻实践的"群众路线"原则。在这个意义上，新闻业的任何变革都是与整个统摄性国家理论的调整保持同构关系的。2014年以来，由上而下的媒体融合政策及其所驱动的传统或主流新闻业的数字化转型恰恰证明了这一点，但需要说明的是，这一国家行为的环境或生态动因，恰恰来源于上述数字新闻学所强调的数字技术所培育的文化属性——尤其体现在新闻的消费文化和参与行为上——和数字媒介作为社会信息系统的基础性功能。

因此，结合上述对西方和中国新闻业与其各自社会环境关系的讨论，新闻业的数字化转型就展现了非常复杂的面向，不是简单的技术替代、组织重构和流程再造进而形成等同的数字新闻业，而是与其社会环境的整体数字化转向保持紧密互动的转型过程。换句话说，是整体社会的数字化进程孕育了新闻业的数字化转型，因为前者为后者提供了更具基础性的技术文化、市场模式、消费方式和公民素养。在这个意义上，讨论新闻业的数字化转型的核心又不得不回到"数字性"这个概念原点。

在国家、市场与社会关系相对分立的欧美社会，有两种数字化进程可以被描绘出来。一种位于欧洲，针对数字化未来表现得更加具有内部的制衡性和外部的防御性。就内部而言，数字化因为赋能经济，以时空压缩的方式解决生产效率提升问题，所以得到大多数市场的追捧，并进而影响了政府政策，慢慢推动了数字化产业政策和公共政策的出台，以及一个数字化社会的出现。与此同时，由于数字化结合市场化展现着极强的扩张性，不断挑战着传统公共服务体系的边界，例如对公共服务媒体垄断性的蚕食和对数字消费主义的快速推动，数字性本身所具有的创造性破坏效应日益凸显，从而引发了社会的反向运动①，进而使公共政策的保守性特征变得合理化。就外部而言，欧洲的数字化对北美和中国的数字化展现了一种防御姿态。一方面，防御源自北美的数字资本帝国，即市场力量依托国家支持对数字化进程的过度垦殖；另一方面，防御源自中国的所谓"数字威权主义"，即国家力量对数字化进程的系统性干预，以及积极的外向型发展路径。

如上所述，另一种数字化进程发生在北美，尤其是在沿着"从公司到国家"②这一历史轨迹而形成的美国。在并无太多内外部分野的前提下，数字化的市场潜能得到公司国家体制下的技术资本、权力精英、公共政策和消费文化的强力支持，培育出兼具本土统治力和全球拓殖力的数字产业巨头，也承载着数字资本主义这一崭新的全球生产、流通和消费帝国体系，以及其蕴含的结构性矛盾和不平等关系。这种矛盾和关系恰恰需要通过空间扩张的方式来解决，从而导致了其与欧洲公共服务体系的深度碰撞，以及与国家主导的、发展型的和民族性的中国数字革命的系统性博弈。简言之，如果从新闻业的公共性这一本质属性而言，欧洲的数字化进程表现了更强的保守性和游离感，也成为在西方社会中探索数字新闻业多维面向的重要切入口。于是，相比以美国为代表的公司型国家和以中国为代表的发展型国家在数字化转型中的拥抱态势，欧洲社会对数字化的接纳是有更多"附加"条件的，因而也在一种进化论的单线叙事中显得更加"落后"，并突出地表现在其对公共性的捍卫上。

关于这一保守性，皮埃尔·布尔迪厄（Pierre Bourdieu）在1996年针对电视商业化的借力打力式批评中已经将其展现得淋漓尽致。在一个新自由主义政策影响下快速市场化和商业化的电视新闻业中，布尔迪厄以其场域理论，细致入微地揭示了市场力量如何系统性地侵蚀了作为公共领域承载着的新闻场，进而威胁了民主的根基，而这一侵蚀的前提是新闻业，尤其是电视新闻业所蕴含的商业化潜能，亦即对最广大公众的触达力，而后者的政治性正在被商业性所取代。如其所说："新闻场具有特殊的一点，那就是比其他的文化

---

① 波兰尼.大转型：我们时代的政治与经济起源［M］.刘阳，冯钢，译.杭州：浙江人民出版社，2007.
② 范勇鹏.从公司到国家：美国制度困局的历史解释［M］.上海：上海人民出版社，2021.

生产场,如数学场、文学场、法律场、科学场等,更受外部力量的钳制。它直接受需求的支配,也许比政治场更加受市场、受公众的控制。"① 这里的需求在当时的语境下指的是基于收视率的数据化观众。"新闻界是一个场,但是它是一个被经济场通过收视率加以控制的场。"② 然而,值得不断回味的是,布尔迪厄的批评并未止于电视,而是将注意力投向社会的其他相对独立的场域。通过新闻场这一大众传播或大众消费机制,经济场间接影响了其他场的独立运行,从而将其统一到商业化的逻辑轨道上来。在这个意义上,布尔迪厄进一步指出了新闻场对整个社会的中介性作用。换句话说,新闻场成为商业逻辑实现放大效果的重要中介机制,进而侵入了其他场域,总而言之就是三方关系中的国家与社会。这一观察和判断与传播政治经济学的学术立场和分析路径不谋而合,一方面表现着对商业逻辑殖民媒体导致公共舆论去政治化的批判;另一方面与传播政治经济学一直以来所强调的"去媒体中心主义"分析路径殊途同归。后者可以落脚于文森特·莫斯可(Vincent Mosco)所提炼的对两种商品化的判断,即内在的商品化和外在的商品化③,或曰传播的商品化和社会的商品化,而对社会的一般商品化的推动是这个过程的核心。相比20世纪90年代的电视新闻业,如今的数字新闻业无疑因为数字经济的普遍性架构而更具有这一中介化或平台化的发展倾向,而且比传统新闻机构的影响更加广泛和深入,甚至出现了直接融入一个商业力量支撑的数字基础设施的可能,从而给公共性的讨论带来更多不确定性。除此之外,值得提起的是,布尔迪厄的"关于电视"的学术公共讲演与莫斯可的《传播政治经济学》第一版同时出现于1996年,在新闻业遭遇新自由主义浪潮的背景下,这一跨越大西洋的思想共振给新闻业的批判研究学术史写下了重要的一笔。

最后,中国新闻业的数字化转型同样首先因为与全球数字资本主义的接轨,造就了技术与市场的联盟,以及其驱动的用户思维和参与文化转向,由

---

① 布尔迪厄. 关于电视[M]. 许钧, 译. 大连: 辽宁教育出版社, 2000: 61.
② 布尔迪厄. 关于电视[M]. 许钧, 译. 大连: 辽宁教育出版社, 2000: 62.
③ 莫斯可. 传播政治经济学[M]. 胡春阳, 黄红宁, 姚建华, 译. 上海: 上海译文出版社, 2013: 162–201.

上而下、由外而内将传统新闻业拖入一个网络化、无边界、流动性、沉浸式乃至智能化的信息消费时代。在这个需求驱动、渠道霸权的新格局中，传统新闻业因为逐渐与公众——至少是部分媒介富裕阶层——断联，从而面临着政治、经济和公共服务功能的失灵，因此不得不反向召唤在20世纪末适度"退场"后，于21世纪第二个十年再度"出场"的国家力量，以媒体融合的政治指令和举国体制的政策动员，力图重新树立起国家媒体制度在数字时代的主导力和主流性。在这个"出场"过程中，并不存在分立的市场与政治、市场与社会的博弈，是更具统摄性的国家力量在不同历史阶段和媒介环境中对三种力量进行了调整和配置。如果说改革开放前二十年是国家通过引入市场化机制赋能新闻媒体的商业化，那么如今的媒体融合则是国家在商业化迈入数字化阶段后，面对新闻业边界的持续被突破，以及新闻业可能被数字经济所重构的风险所作出的战略性存量调整，此调整尝试着将数字化带来的改革增量纳入可管可控的新闻舆论工作体系。在这个意义上，也许国家的再度"出场"看似是一种传统新闻业在数字环境中的延续或者调适，与上文提及的数字新闻业的革命性特征有着本质差异，实则不然，因为恰恰是国家治理体系面对数字经济和数字社会的重构性力量而做出的能动的系统性变革，或一个数字治理体系——包含观念、政策、制度和资源——的孕育和成长，为媒体融合这一顶层设计的出台奠定了基础。这也是由中共中央政治局多次集体学习决定——而非相关行业主管部门——这一顶层行为所展示的国家意志。因此，理解中国的数字新闻业也许需要将其放置在理解数字中国这个全局性概念的前提之下，以及与数字化治理体系等概念的关系之中。

三、数字经济：新闻业的生态基础

数字新闻业的政治经济学是传播政治经济学针对新闻业的批判传统在数字时代的延伸和拓展。在传播政治经济学的视野中，数字时代的新闻业在本质上首先是一个数字经济模式，它并不基于一个简单的、去历史性的经济化约论，而是基于数字化转型首先是由商业力量和市场机制所驱动，并日益由垄断性的数字平台所主导这一历史进程事实的。值得注意的是，这一进程呈现突破本土化向全球市场扩张的趋势，这与传统新闻业更多表现着的在地性商业化有着较大差别。在这个前提下，基于数字经济的新闻业存在打破制度和文化差异、实现全球新闻业横向融合的可能。紧随其后的关注点是有关网络化、平台化、生态化的数字经济如何干预乃至再造新闻业在数字时代的公共性和权威性等问题。这一再造过程可能发生在单一制度内，也可能超越制度边界，奠定地区乃至全球新闻业的新公共性根基。在这个意义上，传播政治经济学所聚焦的不是还原性的经济决定论，而是经济先导论，以及由这一先导力量所引发的政治、经济与社会领域的复杂互动。因此，理解数字新闻业需要首先理解其经济动能，而不是在唯理智论的认知框架里不断再生产象征意义上的合法性。

在宏观视野和历史语境中，数字化是资本主义"时空压缩"（time-space compression）[①]的新阶段和新手段，目的是尽可能克服时空障碍，加速资本流动，提升交往和交易效率，促进财富的积累和权力的集中。那么，数字经济如何在新闻业乃至整个传播业中展现这一压缩性和加速性？这也许需要我们回到一些根本性的问题上来，比如，数字经济——这一新闻业在数字时代的生态基础——究竟拥有怎样的生产要素，以及负载着怎样的生产关系，并如何快速提升了生产力水平？

首先，相比传统新闻业，数字新闻业容纳了更为多元的生产要素，尤其是庞大的资本投入、复杂的技术使用、广泛的数字劳动，以及无限的虚拟空间。与传统新闻业的劳动密集型或劳动与资本相结合的产业基础相比，数字新闻业更倾向于资本密集型，并以此支持了庞大而持续的技术投入，因此任何机构乃至国家都无法以一己之力搭建这一数字生态系统，不能做到它们在传统新闻业中做得到的。资本支持的复杂技术系统也需要硬软件设备基于不间断技术升级的全天候支持，以及超越传统新闻劳工技能边界的高技术劳工

---

① Time-space compression［EB/OL］.（2022-01-01）［2022-01-31］. https：//onlinelibrary.wiley.com/doi/abs/10.1002/9780470670590.wbeog557.

（比如程序员和数据分析师）群体的支援，这需要整个新闻工作的技术化、科学化和理性化。除了这一扩展的技术劳工范畴，数字新闻业在网络化发展的过程中通过将生产场域敞开，不断将曾经的外部受众转换为内部劳工，通过参与式内容生产和反馈式数据生产，为整个生态的扩容和治理提供了广泛的数字劳工要素。最后，数字时代的新闻业早已超越报刊的版面限制和广电的频谱稀缺，拥有无限的虚拟空间资源，并通过日益定制化和自动化的生产方式，以用户及其消费行为为中心，快速、实时地重组着虚拟空间及其负载的内容和关系呈现，从而高效匹配物理世界中有限的注意力资源和信息与交往需求。因此，数字时代的新闻业得以利用多元的生产要素及其灵活的匹配关系，快速而高效地提升自身的网络化生产力。

其次，数字新闻业的生产关系呈现集中化与网络化、结构化与灵活性的辩证统一。基于上述生产要素的高资本和高技术，集中化指的是这样一种现实，即只有资本密集型的组织，包括大型商业传媒集团、跨国互联网平台公司，以及政府支持的公共媒体部门（比如中国的某些中央级媒体）才拥有搭建和运营这一平台架构和生态系统的能力，因此，其所有权结构是愈加集中化的。然而，这一集中化结构的生产过程，又充满着多边性和网络化的特征。多边性指的是数字新闻业一方面逐渐与多元的新闻获取和信息消费渠道相匹配；另一方面不断探索与其他社会部门和舆论场域的依存关系，比如与广义上的文化产业之间的互构关系。在这个生产关系中，获取网络化的传播效果并提升货币化的经济效能是核心目标。数字新闻业生产关系中的结构化主要体现在由于资本和技术的高投入所凝结的组织机构或数字平台的垄断地位，借助经济方式和技术手段，所有的产消者都被置于平台这一权力黑箱所主导的生产关系中。灵活性则是后福特主义生产方式和生产关系的表征，诞生于20世纪80年代新自由主义的背景下，也在一个日益数字化的历史进程中不断被加强和被加速。灵活性又名灵活积累，是数字经济为实现快速增长而发展的多边性和流动性生产关系，以及基于大数据和自动化技术而实现的精准生产模式。这一生产关系不再局限于传统的工业化供需匹配模式，而是不断随着用户需求的变化而实现资源的灵活配置，当然也会导致劳工群体就业方式的不稳定化。于是，数字新闻业一方面表现着愈加稳定的资本和技术投入，另一方面也不断通过不稳定的雇佣关系将劳工问题推至前台。

这一劳工问题主要涉及三个维度，其一是时空压缩下的劳动叠加，曾经分割的劳工空间因为数字化进程而逐渐融合在一起，记者与技工的区别变得不再清晰，单位空间内的劳动时间被不断延长，包括零工经济在内的劳动形式被不断叠加，在数字化和融合化的合法性叙事下，这一结构化体制对灵活雇佣关系的剥夺变得愈加不可见和去政治化；其二是技术替代人力，更多基于信息计算的自动化技术在资本的强力投入下不断走近生产关系的中心，并将人力下放至附属性的地位，当然，更重要的是它将曾经拥有非理性因素并基于此发展了复杂情感关系网络的人力劳工逻辑逐渐替换为技术的理性化逻辑，从而进一步消解了数字劳工本身的主体性和团结性；其三是人力资源的跨行业竞争，如上所述，数字新闻业中的劳动形式远离了工业时代的单线程产业链分工，而是按照流动的以及可计算的用户需求，借助平台的中介化机制，不断调配着任何可能供给内容和服务的数字劳工，其中既有以记者、编辑为代表的传统的内容生产者，也有必需的信息技术工人、市场营销人员群体，以及更加庞大的产消者也就是用户群体。在数字新闻业，或未来的平台新闻业中，基于自动化内容产制和计算化供需匹配能力的提升，记者、编辑这些工业化时代的劳动分工形态，也许会逐渐消失在数字劳动的全民化和泛在化的历史进程中，也会进一步驱动着一个告别传统专业性真相产制的"深度后真相"[①]时代的到来。

当然，这并不代表着新闻业走向末路。在传播政治经济学的视野中，基于数字经济的数字新闻业，一方面全面受制于不断资本化和集中化的经济体制，尤其是垄断性的数字平台，成为市场化力量在数字技术加持下不断侵蚀社会公共领域的牺牲品之一；另一方面也展现着两种抵抗性的潜能，包括面对新闻业的去专业化所带来的真相生产机制崩塌而不断兴起的新闻复归——这一卡尔·波兰尼意义上的保护运动，并给予传统新闻业主动转身融入数字

---

① 姬德强. 深度造假：人工智能时代的视觉政治［J］. 新闻大学，2020（7）：1.

新闻场的历史性契机。数字化对多元、跨界劳工群体的赋能,为挑战传统新闻业的精英主义霸权、创造数字时代的新新闻业提供了历史性——至少是一种想象的可能性——契机。在这个意义上,传播政治经济学实现了与文化研究和媒介生态视野下的"技术—文化共生论"①的同盟。也许这一想象性的未来可以被称为数字新闻学的群众时代,因为数字经济本身就是一种全民经济。

四、小结:数字新闻学的政治经济学研究路径

如果说数字新闻业是一种基于数字经济的新兴信息产业,那么数字新闻学应该是一种面向这一产业的新认识论、新知识论、新价值论和新方法论,它为多种研究路径的进入和融合提供了契机。在具有潜在理论贡献的研究路径中,传播政治经济学以其对经济问题的核心关切,对政治问题的关联性视野,对数字资本主义集中化和垄断化的坚定批判,以及对另类数字化道路的想象和实践等,独树一帜,可以为数字新闻学理论体系的建构提供结合结构性和能动性的总体性研究路径。就当下而言,传播政治经济学在数字平台研究和数字劳工研究两个领域的拓展可以为数字新闻学供给批判性的理论资源。

首先,数字平台研究集中关注社会平台化进程中,垄断性的平台公司如何借助自身的可编程性不断匹配整个社会的信息化需求,从而达成多边供需基础上的财富积累和权力集中。在这个过程中,以新闻业为代表的传统媒体被转化为单一的内容供给者,在渠道和用户群体被平台掌控的前提下,成为一种附属性的存在。与此同时,数字平台因为自身的超级垄断,引发了其内部和外部的治理危机,从而导致了国家和全球层面的公共政策的持续干预。平台治理也成为重要的博弈场所和研究领域。当然,源自社会领域的数字反连接运动也为想象和实践另类的数字化道路提供了群众基础,这也是传播政治经济学既关注压制性结构,又强调主体能动性的辩证性所在。

其次,数字劳工研究如今蔚为大观,活跃于传播政治经济学和文化研究

---

① 常江. 数字性与新闻学的未来[J]. 新闻记者, 2021 (10): 40.

等多个领域。姚建华提出："不管是信息产业的体力劳动者，还是媒介产业的脑力劳动者，他们都是数字时代新的劳动形式的具体体现。"① 传播政治经济学者一方面将物质劳动与非物质劳动相结合，探讨数字劳工的整体性问题；另一方面努力探索对新的尤其是隐性剥削形式的揭露和批判，从而持续关注资本和劳动在数字资本主义体系内不断加剧的不平等关系，以及如上文针对主体性讨论而提出的"非异化劳动"② 的实现可能，而这种复杂而辩证的数字劳工问题正突出地表现在崛起中的数字新闻业里。

至少基于数字平台和数字劳工这两个方面，传播政治经济学在知识生产上有进一步与数字新闻学互动和互构的可能。

---

① 姚建华.数字劳动：理论前沿与在地经验［M］.南京：江苏人民出版社，2021：6.
② 姚建华.数字劳动：理论前沿与在地经验［M］.南京：江苏人民出版社，2021：42.

国际新闻的情感逻辑：价值、平台与实践*

在数字平台构建的深度后真相语境中，国际传播的平台化转向正在导致信息网络与认知结构的剧烈变化。国际新闻的生产与传播也呈现情感转向的丰富面向，甚至是"后情感"①转向，从认知和情感层面将全球民众深度卷入移动且流动的新闻报道与社交互动中，营造了直观新闻现场的"代入感"与"在场感"②，也引发了如何通过新闻获取"想知道、需要知道，以及应该知道的消息"③的问题。在构建全媒体传播体系和提升国际传播效能的政策导向下，如何充分理解国际新闻生产和传播中的情感逻辑，合理运用情感互动创新新闻报道实践，探索情感融入新闻生产与消费的实践路径，是有效提升我国国际新闻舆论的传播力、引导力、影响力和公信力的重要途径。

一、新闻研究中的情感认知

（一）国际新闻业中的情感问题

1963年，时任美国总统肯尼迪遇刺身亡的电视新闻报道中，主播沃尔

---

* 本文原载于《中国出版》2023年第12期，与李喆合作，收入本书时，略有删改。李喆为中国传媒大学媒体融合与传播国家重点实验室博士研究生。

① MESTROVIC S. Postemotional society [M]. London: Sage Publications, 1997: 40.
② 疫情后真相、后权威和后情感 [EB/OL].（2020-04-24）[2023-10-20]. https://opinion.huanqiu.com/article/3xxbigEoaAS.
③ 塔奇曼. 做新闻 [M]. 麻争旗, 刘笑盈, 徐扬, 译. 北京：华夏出版社, 2008: 30.

特·克朗凯特（Walter Cronkite）面对镜头流下眼泪，这滴眼泪对于克朗凯特——一个具有自我控制能力的"新闻客观性守护神"而言，破坏了他作为美国最受信赖的新闻主播所具有的"专业精神"，它代表了一种情感上的"失误"。半个多世纪后，著名国际新闻记者、编辑林赛·伊尔桑（Lindsey Hilsum）在2014年以色列袭击加沙的新闻报道背景下发表讲话时，哀叹情感对当下新闻报道的干扰，批评记者通过引用新闻事件主角、受害者或幸存者的话语或图像来进行新闻叙事，以避免受众直接感受记者本人的情感，认为这种技巧实则为客观性范式下的"情感外包"①。这两个例子触及的正是国际新闻业内的一个讨论核心——新闻报道的客观性规范与情感实践②，并生动地表现了国际新闻从业者如何努力维持客观性范式，以及这些理性努力在面对情感冲击时所表现的偶然性与脆弱性。

现代新闻业的认知框架筑基于客观与主观、事实与情感、理性与非理性对立的二元论。在这一二元论的影响下，新闻界逐渐形成了以"理性、客观、无偏见"的事实报道为评判"出色的"新闻实践的标准和共识；反之某些实践在更高的新闻标准中被完全剔除，新闻报道中的情感往往被置于娱乐新闻、小报新闻的语境下，在业界的认知中涉及情感的新闻往往等同于"糟糕的"新闻。③ 基于这一认知，早期的新闻学研究者都将情感因素刻意摒除在外，避开情感在新闻全过程中的价值与作用，认为报道中的情感倾向会危害新闻的客观、理性与公正。一个世界新闻史中的经典案例就展现了情感传播浸入新闻报道所引发的极端效应。1938年，美国哥伦比亚广播公司（CBS）电台播出改编自小说《世界大战》的广播剧，由于其前三分之二的内容以新闻公告形式播出，众多广播听众中途进入频道，误以为火星人入侵，引发了广泛的社会恐慌。该事件对于西方新闻规范的后续调

---

① WAHL-JORGENSEN K. The strategic ritual of emotionality: a case study of Pulitzer Prize-winning articles [J]. Journalism, 2013, 14 (1): 129–145.
② MARAS S. Objectivity in journalism [M]. Cambridge: Polity Press, 2013: 5.
③ 袁光锋. 情感何以亲近新闻业：情感与新闻客观性关系新论 [J]. 现代传播（中国传媒大学学报），2017, 39 (10): 57–63, 69.

整具有重要影响，也引发了新闻媒体所激发的情感与理性之间关系的深刻思考。①

从表面上看，这套规范价值已然根深蒂固地被赋予"专业性"的标志，甚至在今天仍然具有着新闻品质"护身符"一般的强大影响力。但究其内在，新闻实践从未能真正把"情感"拒之门外，不同国家的新闻生产与传播都在不同程度上将情感考虑在内，并以此来吸引公众并增强传播力、感染力和动员力。例如，芬兰广播记者虽然对情感新闻呈批评的姿态，但又普遍肯定情感表达对于促进新闻受众理解方面的重要作用②；而荣获普利策奖的新闻调查文本中，也有情感因素。国际新闻业逐渐承认情感在新闻生态系统中的存在与影响力，但业界对情感概念的了解仅仅停留于捕捉"非物质"和"转瞬即逝"的事物，鲜少创造性地对新闻情感进行深入挖掘。直到2008年全球银行业危机（global banking crises）等系列国际性新闻事件的爆发，新闻业才真正目睹并意识到情感因素在数字媒体环境下对新闻报道与广泛传播的深刻影响。③

（二）中国新闻学中的情感维度

与国际新闻界大多呈现的认知二元论，也就是理性主义传统不同，我国新闻学研究对新闻的理解更为立体，尤其强调新闻嵌入国家建设和人民生活的系统观念。就学术议程而言，我国新闻学研究对新闻中情感因素的特别关注起步于20世纪90年代。人文社科研究中"情感转向"的兴起为解释复杂社会现象提供了一个新的思考维度，在这个背景下，新闻研究中情感议题的热度呈持续上升的整体态势。以此观照实践，我国的新闻媒体报道也经常运用情感因素来实现与人民群众的信息和心理连接，例如在灾难新闻中使用带有"泪水"等字眼的新闻文本；在报纸头版使用大面积灰白色调以表哀悼；

---

① ORR J. Panic diaries: a genealogy of panic disorder [M]. Durham: Duke University Press, 2006.

② PANTTI M. The value of emotion: an examination of television journalists' notions on emotionality [J]. European journal of communication, 2010, 25 (2): 168-181.

③ SAMPSON T D. Virality: contagion theory in the age of networks [M]. Minnesota: University of Minnesota Press, 2012: 163.

在春节报道中聚焦外卖小哥、消防员等平凡人物,以生活细节与共性情感作为叙事核心,进而引发广泛社会共鸣等,都是新闻情感性的直观表现。有学者对1993—2018年中国新闻奖一等奖作品进行分析后发现,146篇获奖新闻中共出现975处情感叙述,且为记者直接表露自己而非转述新闻对象的情感。① 近年来,在媒体深度融合与新闻数字化的背景下,曾经专业且封闭的精英式新闻生产方式被打破,情感在超链接环境下成为人与新闻业态相连的核心要素之一,也成为数字新闻业的重要生产要素。情感流动在数字化传播网络中变得更为迅捷而复杂,甚至可以说新闻信息的传播过程是建立在生产者、传播者与接收者之间的情感网络上的,② 而数字媒体带来的传受身份边界模糊、受众情感重要性提升、情感与事实博弈的后真相时代到来等议题,都推动着新闻情感在新媒介环境中受到广泛关注与讨论。

(三)中外新闻研究中的情感逻辑对接

我国的新闻学研究在坚持自身历史传统和实践方向的同时,在一定程度上与域外理论主动结合,不过后者设定的学术议程乃至学术迷思,往往遮蔽了本土因素和本土视角的重要性。因此,对"情感"这类概念的理解和应用还需要作更为语境化的解读,从而为反哺这一新闻研究的前沿议题提供自主知识,换句话说,还须对融入中外不同文化传统与实践环境对本土新闻情感赋予的不同意涵加以辩证思考,在坚持自主性的基础上明晰中外理念概念之异同,从而探索与国际新闻业情感研究的有效对接途径。

在国际范围内对新闻情感的理论研究中,对于"emotion"与"affection"的概念区别是近年的热点,亦是海外新闻业出现急剧"情感转向"后最基础且关键的理念更新,学者希望给出对于新闻中所涉"情感"更精确的定义。加拿大政治哲学家、社会理论家布莱恩·马苏米(Brian Massumi)在

---

① 蒋俏蕾,陈宗海,陈欣杰.延续与变化:我国新闻学情感研究现状分析[J].中国出版,2021(10):18.
② 王亚莘,单琪,庞瑞灿."新闻回应"的情感转向:基于数字新闻学的审视[J].传媒,2022(8):87.

其情感理论中提出，这两个概念虽都有"情感"之意，但其显著区别在于，"affection"代表的情感是个体的身体感觉，是一种生理上应对外界刺激的反应，并没有意识性或方向感；"emotion"则代表一种主观性的，用以衡量个体体验的社会基准，① 可以说，"emotion"是对"affection"在社会关系中的具体作用与形态的政治化解释。因此，"affection"在新闻媒体话语中也能被译为"emotion"。英国学者克里斯汀·戈顿（Kristyn Gorton）在一项受众研究中进一步指出，"emotion"是情感的社会学层面表达，其触发需要一个主题；而"affection"不需要外界触发。② 因此，虽然在一些新闻学研究中，"affection"一词更为常见，但从其理论源头与含义而言，使用"emotion"这一表述与新闻学中的"情感转向"研究更为吻合。

在围绕"情感"概念范畴的讨论中，受中英语言翻译习惯影响，我国的新闻学研究者通常将"emotion"译为"情绪"，将"affection"译为"情感"，忽略了两个词汇在原语境下对情感含义的深层解释。相较而言，在中文语境中，"情绪"与"情感"在新闻传播中具有不同于英文词汇的明显差异。"情绪"与"情感"的差异在于，"情绪"侧重表达主体对事物反应的外在表现，是基于心理反馈机制下的表象；"情感"则强调内在的感受以及事物之间的深层联结感。③ 在一些新闻传播研究中，"情绪化"更被视为在传播过程中将"情感"所蕴含的多元内涵与深层复杂机制遮蔽的贬义词汇。如此，在基于本土的研究时，一旦涉及借鉴和对比国外的情感理论，学界便极易陷入概念误解、误用或混用的迷思。笔者在有关新闻情感与情感传播的多篇文章中并未发现统一的用词标准规范，因此，基于对中英语境与研究理念下的词汇概念进行的对比与梳理，本文将其翻译为"情感"（emotion）与"感情"（affection），

---

① MASSUMI B. Parables for the virtual: movement, affect, sensation [M].Durham: Duke University Press, 2002: 28.
② GORTON K. Media audiences: television, meaning and emotion [M]. Edinburgh: Edinburgh University Press, 2009.
③ 郭小安，李晗. 情绪劳动与情感劳动：概念的误用、辨析及交叉性解释 [J]. 新闻界，2021（12）: 56.

如此更能符合中英双语的意指规范。再进一步，若从中国传统文化中理解"情感"，这一概念实则既包含人的本体价值，延展出具有超越性的生命向度，又折射出共同体内部的道德秩序、礼仪规范与社会关系，突破了国际新闻业中情感与理性二元对立的认知框架，也超越了尤尔根·哈贝马斯（Jürgen Habermas）提出的以交往理性为基础而形成的公共领域，创新性地强调了情感对于群体互动与凝聚的重要作用。①

正如上文所述，我国新闻实践中从不吝于使用情感因素，这并不代表我国新闻对客观性理念的背离，也并非对西方理念的套用，而是源于本土文化传统和实践内涵的体认。中国的国际新闻情感研究要充分尊重本土情感内涵和情感实践，也应正确认知与国际新闻研究中情感转向的对话和对接可能，如此才能展现情感传播在国际新闻中的丰富面向。

二、国际新闻中的情感逻辑

（一）国际新闻生产中的情感与情感劳动

情感在国际新闻生产的全过程中发挥着重要作用，它作为一项核心要素塑造着国际新闻的创作与呈现策略，也决定着新闻工作者如何在国际新闻生产中投入情感劳动。

国际新闻需要在跨越国家、文化、种族等各种因素的差别下建立新闻事件相关人物、报道者、国际受众之间的关联感，创造以"我们"为心理框架的情感共性和亲近感。国际新闻生产的核心目标便更倾向于创造一种参与式的体验，这就决定了情感因素无法真正被摒除于国际新闻生产研究之外，传统新闻业关于客观性与情感二元对立的观念也无法突出国际新闻的情感性特征。国际新闻的生产初衷并非由于报道对象具有完全确定性与客观性，而在于新闻能够在多大程度上使国际舆论场中的不同受众群体接近彼此甚至向其

---

① 董文畅.群体传播时代的情感传播研究：范式与路径［J］.现代传播（中国传媒大学学报），2022，44（7）：51-52.

还原新闻事件和人物本身,[①]因此,呈现并解释相关情感同样是国际新闻揭示现实的一部分。这种新闻带来的真实感不仅包括客观性的真实,也包括主观性的真实,[②]这便与新闻工作者在国际新闻生产时的情感劳动有着紧密联系。

新闻工作者对于情感因素的认识决定了他们生产与呈现新闻的方式。专业的新闻记者虽长期被视为置身新闻事件外的理性观察者,但实际上他们都将新闻实践中付出的情感劳动看作其工作的核心部分。[③]较之传统本土新闻,国际新闻的信源与受众也更具多样性和复杂性,因此,与新闻信源和受众共情的能力也更加成为当今时代记者在国际新闻生产时需要具备的关键技能。[④]在国际新闻的生产过程中纳入情感因素,能够更好地平衡各对象间的关系,从而生产出更具人文关怀的国际新闻报道。

新闻生产中的情感劳动不只包括新闻从业者依据主体性在新闻生产过程中完成情感资源分配与再生产,还包括其在实践中获得满足感并进一步增强群体身份归属感的过程,[⑤]也就是记者眼中对于新闻作为公共服务所赋予的崇高"使命"感。世界局势的风云多变导致了各国家和地区之间摩擦不断,这也导致国际新闻的生产素材往往源自具有冲突性的国际性事件,国际新闻从业者在其劳动中面临着更加复杂的自我感知与体悟。一项采访海外报道创伤性新闻(关于战争、疾病、恐怖主义、交通事故等事件)的记者的研究总结道,新闻记者处于报道现场的陌生而紧张环境中时,需要尽可能动用自身情感以保持其作为职业人员所具有的理性、客观性等专业素养,同时保持共情力并与当地受访对象沟通、进行深入人心的新闻报道。由此可见,国际新闻生产过程中的情感与理性、客观性这些传统"专业话语"之间存在着广泛而本质的矛盾与关联,情感已从各个维度融入国际新闻生产的全过程。

---

① 李振."情感新闻"理念的提出、发展及意义[J].青年记者,2007(22):83.
② 张子铎.拥抱情感:新闻真实与公信力的再反思[J].青年记者,2020(11):26-27.
③ HOCHSCHILD A R. The managed heart [M]. Berkeley: University of California Press, 1983.
④ STEINKE A J, BELAIR-GAGNON V.I know it when I see it: constructing emotion and emotional labor in social justice news [J]. Mass communication and society, 2020, 23(5): 608-627.
⑤ 郭小安,李晗.情绪劳动与情感劳动:概念的误用、辨析及交叉性解释[J].新闻界,2021,(12):56-66.

（二）国际新闻报道中的情感价值

新闻报道的本质就是讲述故事①，媒体在国际新闻报道中主要承担两项责任，一是传递信息，帮助受众了解国界以外的新闻事件、反映国际政治关系、总结国际经验，从而为受众构筑世界图景与认知；二是塑造并表达关系与共通性，强调情感共振以形成价值认同与共鸣。从这个维度来理解国际新闻报道过程，我们会发现基于事实的报道只是基本的报道层次，更高层次的报道是价值观报道。②人类的情感本身就是一种可传播、可解读、可共享、具有感染性的信息，且较之理性信息符号，其作为价值观的载体传播更为生动而多元。因此，蕴含情感的新闻报道可被称为国际视角下的深度报道，是建立在理性信息基础之上的一种对外价值观导向。

情感尽管原则上存在于不同国家社会中，但其表现形式是由政治环境和文化语境决定的，在新闻报道的叙事方式中可见其差异性端倪。例如，对比中国与西式新闻报道中的叙事策略可以发现，中国的新闻叙事往往更关注宏观与整体的情感状态，而西式报道往往聚焦于普通民众个体化且碎片化的情感。不同的情感叙事策略反映了不同的新闻价值观，这点对于我国媒体开展国际新闻报道工作也具有重要意义。比如，西方的国际新闻记者的叙事与报道模式的形成仍然受到西式新闻客观性原则的影响，在认可情感与认知在新闻报道中不可分离的逻辑后，便通过精巧设计情感的呈现方式，在达成坚守"客观新闻"原则的同时将情感纳入新闻叙事与报道。凯伦·沃尔－乔根森（Karin Wahl-Jorgensen）将其定义为新闻的"情感仪式策略"（strategic ritual of emotionality），即记者通过机制化、系统化的实践方式为其新闻注入情感，意指"情感性原则与客观性原则并驾齐驱，将轶事、个人叙事以及引人入胜

---

① 朱晓东.论情感传播在主流媒体舆论引导中的重要作用[J].新闻论坛，2022，36（3）：104.

② 谢琳，刘笑盈.发出更强的中国声音：2021年新华社国际新闻报道综述[J].新闻战线，2022（3）：45.

的故事引介至新闻叙事之中"①，从更易采取情感性策略的角度出发，它也可以在某种程度上解释西方记者为何更倾向于关注普通民众个体。

（三）国际视角下受众在消费与互动中的情感

在市场逻辑与技术逻辑的双重影响下，受众及其情感在新闻价值标准中的地位大有改变。数字化新闻与传播媒介为受众赋权，受众得以突破物理空间的限制，主动选择和参与各种国际新闻实践，具有了影响新闻选择甚至国际舆论复杂走向的力量。与此同时，面对纷繁复杂的全球网络信息挤压与数字鸿沟现象，如何应对目标受众人数下降、提升受众对本国新闻媒体的信任度，成为国际新闻业必须考虑的现实问题。海外受众的消费需求成为当代国际新闻生产与传播的关键考量，其中新闻消费的一大特征就是受众基于情感性新闻或新闻情感的社交性共享。②

情感传播始终伴随着人类的社会性交往而存在，全球化与数字化发展趋势极大地弱化了各国受众交往的边界，受众共享某些国际性新闻或海外故事通常并非仅为了传递新闻中的客观信息，而是因为新闻所包含的情感能够在互动中更好地唤起其他个体或集体的类似情感。因此，国际新闻报道中体现的情感与目标受众的直观情感或内在需求越符合，便越能缩短受众与国际新闻事件或对象之间的距离，更有可能使受众在更短的时间内接近事件原貌。专业新闻记者深知情感叙事有助于促进受众对新闻内涵的理解，但初期实践受限于国际新闻业的传统思维，视精英群体、少数群体为新闻对象，加上对专业训练的依赖，往往无法满足现实中不同国家、文化乃至群体内受众的真正需求。一方面，受众被赋权后会对新闻机构公正性与可信度产生质疑，从而转向国际舆论场寻求其他更富情感色彩的新闻内容，甚至彻底转向海外新闻媒体；另一方面，从市场角度看，国际新闻内容在某种程度上会围绕国际

---

① 沃尔－乔根森，田浩.数字新闻学的情感转向：迈向新的研究议程［J］.新闻界，2021（7）：28.

② Al-RAWI A. Networked emotional news on social media［J］. Journalism practice, 2020, 14（9）：1126.

冲突性事件，报道基调一度充满了激烈情感的引导倾向，以期吸引受众。

国际新闻的"受众转向"实际上反映了业界对受众情感的愈加重视，但究其根本，媒体数字化进程极大地挑战了传统意义上的"新闻受众"这一概念，网络移动设备的普及与数字技术的发展使得原本的国际新闻生产、报道的偏线性流程愈加转向去中心化的多国多主体协作形式，社交网络中基于情感的新闻共享、互动以及二次创作成为数字国际新闻时代的重要传播生态。[①] 兹兹·帕帕克瑞斯（Zizi Papacharissi）曾对数字媒体时代的"情感性新闻"定义进行了修改，补充了海外群众在其社交网络中对情感性国际新闻的跨国分享行为，强调了讲述国际新闻故事的受众通过情感关联，认为受众通过参与大的新闻发展并在其中找到自己的故事，进而最终影响主流新闻媒体。[②] 这是基于社交网络化的情感属性而展开的受众与国际新闻的全新互动。

三、国际新闻情感化与平台化的互构

（一）从媒介化到平台化的思维转向

从纸媒的图文报道和评论，到广播电视新闻中的视听内容，再到社交媒体和移动应用平台上的交互式新闻参与，越来越多的国际新闻研究已经认识到数字化技术所具有的情感潜力及其放大情感的能力，这使得新闻中各种感官的深刻扩展成为可能。媒介化发展推进了国际主流新闻媒体的内容转型，形塑了各国专业新闻记者的实践行为，模糊了传受边界进而增强了跨国多元主体互动，进而促使国际新闻及其跨国性实践以更为情感化的方式存在。以社交媒体为代表的数字平台的介入正在加速国际新闻情感化与平台化的互构进程，新闻情感化建设需要超越媒介思维，在国际传播视域下融入以数据和

---

① 蔡雯，周思宇. 主流媒体新闻传播的情感转向与风险防范［J］. 中国编辑，2022（10）：5.
② PAPACHARISSI Z. Toward new journalism（s）affective news, hybridity, and liminal spaces［J］. Journalism studies, 2015, 16（1）：27–40.

算法为技术支撑、资本和市场为运行机制的平台化思维。①

与媒体思维强调公共性、以自我为中心的专业性、组织性和等级性有所不同，国际层面的平台思维主要以平台经济的国际市场环境与运行逻辑为基础，并关联性地伴以技术创新与应用逻辑的植入。②这种平台化转型可以被描述为国际新闻实践各环节在技术、经济、治理和基础设施层面被国际化数字平台渗透的过程，它最终被锁定于超级互联网平台上，与其各层力量交织并围绕网络效应的目标而重组新闻的情感逻辑与传播生态。算法在大数据的持续加持和养育下，成为新闻把关人、关系网络编织者，并就具体平台搭建起具有不同机制的新闻情感茧房。例如，视频类新闻平台更关注通过放大感官来唤醒情感和产生共鸣，社交类新闻平台则更注重关系网络的培养和情感纽带的建立。

（二）平台生态下的国际新闻情感逻辑转变

传统的国际新闻实践底层逻辑受到平台化逻辑的冲击，新闻记者的情感劳动要依据国际化或全球性数字平台的技术特征与传播规律进行主动调适，传统情感策略与职业"使命感"面临着转型。一方面，国际新闻文本与叙事中的情感因素不再是增进受众理解、增加人文关怀而锦上添花的补充元素，而更像奠定新闻整体基调的指导性框架，记者在其中择取具体的事件内容、叙事方式，以强烈而鲜明的外露情感包装新闻，从而在信息过剩的平台上获得目标受众有限的注意力资源，国际新闻生产中情感的重要程度或许已经远远超过事件本身。③另一方面，国际社交平台因其技术性与互动性的特征，成为记者第一时间获取远距离国际新闻事件信息的重要线索来源，公众往往只是扮演了碰巧出现在突发新闻事件现场的临时记者的角色，由其传播的当地事件信息受到其自身价值观与即时情绪的重塑后进入平台并扩散，最终成为

---

① 姬德强，张毓强.从媒介到平台：中国国际传播的认识论转向[J].对外传播，2022（12）：72.
② 姬德强.平台化突围：我国国际媒体提升传播效能的路径选择[J].中国出版，2021（16）：8-11.
③ 马广军，尤可可.网络媒体传播的"情感化"转向[J].青年记者，2020（5）：20.

国际新闻的事件信息来源。记者面对真假事件与各色情感混杂的平台信息时，对原始新闻进行的"情感解构"成为把关国际新闻的初始步骤，远距离、跨文化、语言差异等现实情况更为情感解构过程增添了难度。记者获取国际新闻线索虽不排除随机因素，却也多来自与其平台账户建立联系的其他国内外账户，如何甄别国际新闻中的情感因素？它表现的是记者与新闻事件的情感纽带，抑或是记者投入其中的情感劳动？现实中的国际性情感的解构难度与复杂度通常更甚。

国际新闻受平台化影响更加呈现情感化趋势的同时，总是以"网络化"的模式在全球范围内传播，因此，社交平台鼓励用户使用代表情感的按钮或表情符号参与新闻互动，如点赞、喜欢、流泪等符号。平台将获得情感符号反馈的新闻通过用户的情感关联网络推送给其他用户，同时通过用户的选择对新闻故事标以某种情感类型标签，并借助大数据技术，以情感标签为噱头吸引其他拥有相似喜好倾向的用户进入新闻内容。由此可见，平台化颠倒了国际新闻传播与社会互动的情感逻辑，它不再是传统上基于新闻内容与内在情感的互动，而是以情感激发和情感互动导引新闻传播、博取关注，其背后大多是更精准、更可控的注意力经济模式，以及永不停歇的平台流量动能。

四、平台语境下的国际新闻情感性实践

（一）正确认识平台化新闻的情感应用与实践问题

在平台化进程与后真相语境下，情感在技术与市场逻辑下被放大，而受众往往在第一时间更加倾向于情感宣泄与表达心理安抚，而非按照专业标准而生产理性和客观的事实。当诉诸情感凌驾于获取事实之上，为迎合受众感官和心理需求而过度生产的情感化报道可能导致情感极化、事实坍塌、新闻媒体失信、社会失序等负面效应。因此，开展国际新闻情感实践，首先要以平台化的思维正确认识国际新闻情感实践中存在的问题和隐患。

其一，国际新闻的平台化发展进一步扩大和深化了新闻消费的注意力经济模式。被模糊了边界的传受主体一同涌入以多边连接为特征的数字平台内

容和服务生态。在数据化和智能化的人人和人机互动中,更易被表达和激发的情感性因素在流量经济的加速模式下喧宾夺主,被赋予了参与生产乃至建构新闻报道框架的权力,平台化的公众舆论常常被迅速集聚的情感表达与互动引向偏离事件全貌的方向,而国际新闻信源中的事件真实信息仍受物理性距离因素限制,而只限于少数人的"现场报道",但值得我们深思的一点在于,真正的事件受害者、参与者、亲历者,这些人中又有多少能够直接且广泛地参与国际新闻事件信息的平台供给与推广?从近年来多起结局反转的新闻事件中,我们都可以发现情感集聚驱动新闻生产的鲜明特点。平台化时代"人人都是记者"的口号"乱花渐欲迷人眼"式地遮蔽了"临时记者"(受众)与传统新闻记者之间最本质的专业性差别。在自媒体信息泥沙俱下、新闻受众媒介素养参差不齐的网络空间中,新闻媒体与记者更需要正确把握新闻中的情感使用,在注意力经济与新闻专业性原则中找寻动态平衡的生产与把关模式,让正向而优质的新闻情感先于谣言引导网络舆论良性发展,担负起社会责任与使命感,树立良好的新闻媒介公信力。

其二,随着新闻事件本身与网络化个体心理情绪的变化,国际新闻情感在实际应用中也存在着偶然性、随机性和不稳定性等特点。数字平台的数据化渗透逐渐消除了传统大众舆论环境中的主流化效应,在智能算法与个性化推荐机制的助推下形成了无数"情感回声室",受众高度同质化的情感互动不断巩固着群体内的相似价值观,容易以情感极化、情绪爆发与冲突等形式参与新闻的情感互动,破坏公共讨论的结构性与秩序性。国际新闻报道中的情感因素不但可能产生背离生产初衷的情感效应,更可能在不同"回声室"中产生截然不同的情感阐释。记者报道一则灾难性新闻时,若以事件悲剧性为基调报道如悲伤、痛苦、绝望等悲观情绪,会被评为模式化煽情主义;若借受难者采访时表达的情感来规避报道者自身情感引导时,会被认为忽视受难者尊严、缺乏人文关怀;若做"去消极化"情感信息处理并使报道以积极情感的形态出现(如报道人们灾后重建、乐观面对等),也会被批为逃避问题、缺乏深度、逃避媒体责任。因此,在新闻生产阶段预测受众的情感走向固然重要,在新闻报道中后期跟进情感互动与反馈在控制实际新闻舆论发酵中更为关键。这也驱使着新闻媒体不断提升自身针对复杂动态舆论的环境监测能力和信息治理能力。记者在社交平台进行国际新闻报道时,应当在不同的"回声室"中努力打开不同的"窗",通过这扇"窗"去跟进情感发酵情况与国际舆论走向。①

(二)充分利用数字叙事特征提升国际新闻的情感交互性

国际新闻的数字叙事内容和模式在表征形式上主要呈现两个显著特征,即叙事文本符号的视觉转向和话语的情感转向。打通国际新闻"最后一公里"的关键在于受众是否愿意听、能否听得懂。我国开展面向国际社会的新闻实践活动时,需要有效利用数字化技术并使之与新闻情感相结合,思考如何让具有不同政治、社会、文化和思想背景的受众发现自己与国际新闻中情感的连接点,基于相连的情感去理解其中所包含的不同价值观。②

如前所述,国际新闻叙事成功的关键在于其故事性而非宣传性。在数据可视化技术和新闻情感转向的直接驱动下,一种新的国际新闻形态——数字交互式情感故事逐渐走上前台。国际新闻文本越来越多地依赖于图像、视频等视觉性的文本信息展示形式,以交互式技术为代表的各类数字视觉技术的嵌入进一步放大了受众的情感敏感度,直观而强烈地释放新闻文本中的情感力量,更易激发受众的情感响应从而获得更多的情感反馈。③视觉转向虽已成为数字时代国际新闻情感叙事的大势所趋,但需要警惕偷换重点观念误区形成重技术而轻逻辑的叙事思路。

视觉技术增强了新闻中情感表达的强度和渗入能力,但良好的新闻传播效果更在于另一个重要元素——情感互动。我国外宣新闻媒体在国际化社交平台上的定位仍囿于媒体的思维桎梏中,忽略了社交平台之于新闻传播的一个重要情感性优势——社交性。在媒体与平台之间模糊不清的定位也必定会

---

① 史安斌,朱泓宇.平台化时代传统媒体机构如何"做新闻":挑战与对策[J].青年记者,2022(9):90.
② 李喆,姬德强.红色文化口述史的国际传播路径[J].国际传播,2022(2):37-39.
③ 刘涛,刘倩欣.新文本新语言新生态"讲好中国故事"的数字叙事体系构建[J].新闻与写作,2022(10):55-57.

使国际新闻在平台上的情感传播效果大打折扣，[①]这样的国际新闻媒体将陷入论传统新闻媒体的情感说服力和情感贴合度不及本土媒体、论平台的新闻情感互动性无法比肩新闻自媒体的尴尬境地。因此，需要处理好市场逻辑和政治逻辑的关系，也要适度融入数字技术逻辑，以产生事半功倍的效果。一方面，要大力支持主流外宣媒体、符合资质的新闻自媒体和新闻平台企业进一步建立健全面向海外的市场化运作机制，充分发挥经济对国际新闻市场的核心支撑作用；另一方面，要学会借助交互技术等视觉呈现技术，利用社交平台基于情感网络的互动模式，以富含情感的新闻叙事表达方式，充分释放面向多元主体的情感交互空间。

（三）基于数据思维打造新闻情感个性化定制与推荐系统

平台化时代，国际新闻的价值要素体系新加入了"可分享性"，这意味着国际新闻被视为能够通过各种形式的国际社交平台产生分享与互动效果的故事。我国国际新闻的情感性实践需要外宣媒体与全球平台在情感内容分享与服务上提供有效对接，可称之为平台的新闻情感性调适，其目标是适应平台技术逻辑和市场逻辑。作为国际社交平台的一项核心竞争力，基于大数据的算法推荐机制能够刻画平台新闻受众的复杂情感特征，从而引流并实现情感的精准关联和新闻情感资源的最优分配。平台用户通过各类推荐系统进行交互，但通常没有意识到其行为和选择被大数据捕捉和分析的事实，于是其行为和选择在系统精心设计的算法机制中被无形改变了。以往的新闻价值研究较少提出情感因素在新闻分类中的重要作用，本文建议突破算法技术通过内容关键词、停留时长、社交关联、热点价值等传统识别用户特征并引流的逻辑，将新闻的情感标签化分类和互动功能纳入考虑范畴，构建以情感关联为基础的新闻情感个性化定制与推荐系统。

这一系统可以初步提炼新闻内容中包含的情感关键词，并对其进行标签化分类，然后将其随机大规模推送至用户以测试并优化新闻的标签分类算法，

---

① CORRY F. Why does a platform die? diagnosing platform death at Friendster's end [J]. Internet histories, 2022, 6 (1-2): 40.

同时获取用户对于新闻情感的喜好倾向数据，搭建成熟的推荐系统和数据库。平台受众访问系统并接收系统根据其情感喜好推送的新闻后，可通过点击文章底部的情感反馈按钮来分享阅读新闻时的情绪反应，一方面平台可以再次比较不同用户的情感反馈分布态势信息，从而进一步优化新闻情感标签设置的算法，提升匹配的精准性；另一方面用户可以通过情感标签与其他拥有相似情感倾向的用户建立关联，获得充分的社交互动满足感。① 由于情感和情绪在人类做出抉择，特别是即兴抉择时起关键作用，因此它们符合平台化环境下阅读碎片化、快节奏特点。将情感元素融入平台新闻的分类与个性化推荐，就能以情感为纽带突破国界和不同文化的屏障，增强我国国际新闻传播的共享性，具有重要价值。

这一设计与当下我国各类舆情和传播分析与治理系统中的情感分析标记有所区别。目前在用系统通常从新闻内容关键词、作者、互动用户等维度提取预设信息并进行分析研判，从而得出正面、负面、中立等情感态度的算法机制，本文提出的情感个性化定制与推荐系统的创新性在于，其情感分类与标签化行为不仅提供了新闻评估的标准，更促进了新闻相关者与用户借助系统进行的深入互动。通过已有新闻和关联用户信息进行关键词预设并提炼形成系统的基础数据库，这个系统运行的重点在于人工智能技术，其能通过用户对默认推送新闻的情感反馈进行不断修正，形成更符合实际传播效果的情感标签，一则可以为用户定制匹配其情感倾向的专属新闻空间，满足用户的新闻情感需求，进而增加用户对新闻平台的黏性；二则可以突破冰冷的机器筛选与模式化分类，让国际新闻受众定义符合自己认知的阅读情感，更贴近平台化时代多元受众的情感参与需求；三则能够外露式地赋予国际新闻以情感标签，在平台用户的社交情感网络中将形成更广泛的正向传播。

---

① MIZGAJSKI J, MORZY M. Affective recommender systems in online news industry: how emotions influence reading choices [J]. User modeling and user-adapted interaction, 2019, 29 (2): 346.

五、结语

数字化技术、平台化逻辑推动着传统外宣媒体的思维与实践转型。[①] 深刻认识市场逻辑与技术逻辑崛起引发的新闻情感转向趋势,构建平台时代以情感为纽带的国际新闻实践机制,进一步向世界讲好中国故事、传播好中国声音,在国际新闻舆论环境的瞬息万变中牢牢把握传播话语权[②] 是我国媒体提升国际传播能力的战略方向。有别于西方新闻传统中情感与理性对立的二元论,我国的国际新闻工作需要扎根本土文化传统与认知结构,在面对西方新闻情感研究中关于理念和应用之经验与教训时,更要以历史的、结构的与变化的眼光理解中外新闻中情感与情感实践内涵的流变和异同,警惕西方套用、挪用理念导致的概念混淆乃至社会实践偏差。一个自主的国际新闻情感研究应全面认知新闻生产、报道、消费和互动全过程中的底层情感逻辑与运作模式,顺应数字平台化与新闻情感化的互构趋势,充分利用数字平台的数据和算法技术、资本和市场运行机制,打造国际新闻广泛而有效传播的情感网络。与此同时,应重视情感在新闻实践中的"双刃剑"效应,正确认识数字平台时代与注意力经济消费背景下的情感极化、事实坍塌、新闻媒体失信、情感回声室现象加剧等现实问题,加强对新闻情感性实践的专业而权威的把关机制和管理规范的制定,在做好新闻情感的理论与实践性研究的基础上,进一步开拓针对国际社会的情感化叙事体系改革、探索具有共享性的新闻情感个性化定制与推荐系统以对接海外平台,以情感共通性为桥梁联接中外受众,有效推动和提升我国新闻舆论的国际传播效果。

---

① 廖祥忠.答好国际传播的时代之题[N].光明日报,2022-11-28(15).
② 廖祥忠.媒介与社会同构时代国际传播人才培养必须着力解决的三大问题[J].现代传播(中国传媒大学学报),2021,43(1):1-6.

国家话语视野内的数字新闻：基于国际传播场域的分析*

数字新闻学不仅需要关注技术革命、业态转型和文化变迁，而且需要讨论日益丰富的国际传播维度及其对国家话语创新的推动作用。数字新闻的国际维度包括价值链和社会性两个方面，共同指向以国家为分析对象的盲点领域。

一、数字新闻学的国际维度

作为传播生态数字化转型过程中形成的一种融合式新闻研究路径，数字新闻学已经成为理解新闻、技术、文化、社会及其相互构建关系的重要知识类型。正如维布克·卢森（Wiebke Loosen）等在考察了166个有关新闻学的新命名之后所提出的，"X新闻学"[①]是一个观察新闻嵌入变化的信息与社会环境过程的重要理论工具。"数字新闻学"（digital journalism）以数字命名，呈现了新闻观念和新闻实践系统被嵌入一个数字社会或数字化社会的历史过程，由此也生发了一系列超越传统新闻学的概念范畴、理论范式和研究路径。其中不仅包含对信息传播技术的驱动力的高度认可，还有对新闻的产品、组织、工作、意识形态、文化等属性的重新思考与再概念化。多学科或

---

* 本文原载于《新闻界》2023年第8期，收入本书时，略有删改。
① LOOSEN W, AHVA L, REIMER J, et al. 'X Journalism'. exploring journalism's diverse meanings through the names we give it [J]. Journalism, 2022, 23（1）: 39–58.

者跨学科①的努力变得十分必要。当然，正如常江、田浩所谈及的"'数字新闻理念'和'传统新闻理念'在话语上的历史延续性"②，数字新闻学的兴起和被广泛认知也绝非一种历史的断代，这主要源于新闻不同于其他信息的特殊性，比如对真实、客观、平衡、公正、权威的强调，也取决于新闻从业者和新闻机构所承继的社会价值和身份认知，③后两者植根的不是技术实践，而是历史、社会和文化语境以及相应的规范性理论基因。④技术对这些属性起到了调整和修正的作用，比如，在数字新闻业的语境下："真实逐渐从本质主义概念演变为操作性概念，客观的话语消融于新兴的情感话语，而民主的理念则得到进一步的强化。"⑤在中国的语境中，对于新闻业因技术而发展、因失序而需要再造权威——典型的案例就是打造兼具数字传播力、服务整合度和话语权威性的新型主流媒体——的强调，也成为数字新闻研究的一个本土理论立足点，为推动全球数字新闻比较研究提供了一个重要的支撑。⑥简言之，数字新闻学这一命名方式所回应的不仅是作为增量的新新闻实践，也是更广范围内的技术环境变化所引发的新闻生产、流通、消费以及相应的新闻文化的变革，还是作为存量的新闻观念、媒介体制特征、机构和从业者身份的稳定延续。

---

① 白红义，张恬，李拓.中国数字新闻研究的议题、理论与方法［J］.新闻与写作，2021（1）：46-53.
② 常江，田浩.数字新闻学的理念再造与范式革新：基于在三个国家展开的研究［J］.东岳论丛，2021，42（6）：171-180，192.
③ 正如本文作者在北京某区级融媒体中心调研时所发现的，由于企业化改革先行先试的经验和成绩，该区融媒体中心以区属国有企业及其员工的机构和从业者身份，承担着区级新闻单位的职能。尽管拥有先进的技术设备、灵活的体制机制、丰富的互联网工作经验，但不具备传统新闻单位的事业单位属性，其员工也不能注册成为新闻记者，这困扰着其自我认同和外部认同，使得其呈现着虽然有改革活力但无法保持机构和人员稳定的特征。由此可见，至少在中国的媒介体制中，不管技术如何革命、市场如何转型，新闻单位和新闻从业者的稳定的身份认同，依然是一切创新工作的合法性的起点。
④ 常江.数字新闻学：一种理论体系的想象与建构［J］.新闻记者，2020（2）：12-20，31.
⑤ 常江，田浩.数字新闻学的理念再造与范式革新：基于在三个国家展开的研究［J］.东岳论丛，2021，42（6）：171-180，192.
⑥ 姬德强.数字新闻业的政治经济学：基于比较体制与数字经济的视角［J］.新闻界，2022（4）：4-10.

然而，在新闻学者热烈的学术讨论之中，除了对上述全球新闻比较研究，对其中的国家、市场与社会关系的不同建构的研究较少，数字新闻学的国际维度也并未被集中开垦，即便讨论到全球与本土问题，也大多聚焦于理论的全球普遍性（暗含着一种经典的发展先后观念）和经验的本土特殊性之间的匹配关系。至少在当下，数字新闻学努力将自身呈现一种脱域的知识生产状态，并以此站立于学术探索的前沿。然而，数字新闻学绝不仅仅是本土经验的理论提纯过程，而是要不断回应在全球与本土的二元关系之外的、不断涌现的国际新闻或国际传播现象，比如依托各类跨国网络和社交平台，基于计算与交互技术而形成的多模态新闻正在成为影响国际舆论的重要变量。一则源自战场的短视频在算法推荐机制的影响下就会形成各国公众针对冲突的不同理解，其中还包括各种中介变量和多级传播者——比如各类"桥接博主"（bridging blogger）——的拼贴与撒播。因此，新闻业的数字化本身就是超越传统地理和制度边界进而实现国际触达和全球影响的过程，其在虚拟空间中再造了一个国际新闻舆论场。更加多元的传受主体、更为流动的认知边界、更具全球感的内容生态，以及对跨国数字平台的系统化成为这一新舆论场的主要特征。借助各种数字技术和数字平台，数字新闻成为国际新闻的新形态，国际新闻因为数字新闻而不断拓展理论和实践边界。从这个意义来说，数字新闻学也是一种国际新闻学或者国际传播学。

划分数字新闻的国际维度可以从价值链和社会性两个角度入手，这也是国际新闻进入数字时代的主要表征。就价值链而言：首先，新闻生产的数字化容纳了更多的技术因素，包括数据、算法、界面设计等，并以此大量征用用户自制内容，目标是提供更丰富的内容生态和更精准的内容服务；其次，新闻分发的数字化更多遵从平台经济逻辑，目标是推动形成传播的网络效应，并以此绑定最大多数的用户，在全球范围内积累和挖掘用户数据；最后，新闻消费的数字化更多匹配了移动端的各类软件应用，使得用户在数据化自我的同时，与各类新闻产品和新闻服务形成使用黏性。上述三个方面的价值要素均突出地表现在各类跨国数字平台所承载的数字新闻实践之中，并引发了有关数据客观性、媒介多样性、媒介伦理观念革新的系列讨论和争论。其中，客观性面临技术霸权与文化差异的双重考验，多样性面临媒介融合的集中化挑战，媒介伦理则面临着前数字时代和数字时代之间的激进式变迁。① 此外，国际新闻的数字化恰恰也是新闻业与跨国数字平台在技术和服务上不断耦合的过程。新闻业对数字平台和数字平台之间的竞争以及其所嵌入的地缘政治矛盾产生了系统性依赖，这种依赖会持续影响数字新闻业的融合与分化。就社会性而言，数字新闻的发生和发展与社会发展水平、文化差异、地缘关系乃至国家主体性等问题密切相关。虽然通过聚焦音视频内容生产和社交化平台建设，数字新闻业极大地拓展了国际传播与接受的最大公约数，但新闻本身跨境流动的轨迹仍然与包括"驯化"（domestication）在内的国际新闻传播效应密切相关。换句话说，把国际新闻置于数字新闻学的讨论中心，就是要在观照技术力量及其影响的同时，回归一些基本的社会维度，尤其是要关注新闻与政治、新闻与文化、新闻与族群、新闻与不平等等维度之间的关系。除此之外，随着全球平台系统的进一步垄断化和以算力为代表的技术能力的北方化，数字新闻在很大程度上会加剧业已存在的全球数字鸿沟，进而影响各国在网络舆论场中的话语权分配和话语博弈，极化的政治舆论光谱正在影响数字新闻的生产与分发。这一将数字新闻学在全球范围内再度语境化的努力，是当下这一领域实现知识增殖的一个重要面向。

狭义上来说，国际新闻是一种以国家力量及其附属媒体机构为核心行动主体的新闻实践。这里的"附属"媒体与国家之间不是简单的从属关系，而是与国家意志和国家立场保持一致和互构关系的各类媒体，此过程也被称为媒体的建制化，媒体的专业性更多表现在操作层面。从全球来看，这种建制化程度高的媒体既包括具有直接隶属关系的国有媒体，也包含和国家政治制度保持间接同构关系的公共媒体与商业媒体。这里需要破除一个长久以来漂浮在国际新闻和国际传播研究中的一个迷思，那就是媒体的独立性和多元化意味着与国家政治权力体系的隔离乃至对抗。将国家与媒体或者政治与媒体

---

① WARD S J A. Radical media ethics: ethics for a global digital world [J]. Digital journalism, 2014, 2 (4): 455-471.

视为对立的两极是自由主义媒体理论所构建的价值规范，我们不仅在历史经验中很难找到足够的证据来回应它，它也无法直接落地到其他政治文化和政治制度之中。与此迷思相反，我们需要更多考察的不是政党或媒体的多寡，而是两套体系之间的"政治平行性"（political parallelism）。一党制的国家和多党制的国家可以同时呈现高度的政治平行性。除此之外，随着跨国数字平台的中心性和垄断性不断增强，新闻业的平台化不断加剧，[①] 国家在推进本土和国际互联网治理中的影响日益突出，更不用说日益加剧的平台地缘政治对于国际新闻生产的复杂影响。因此，考察国家力量在国际新闻中扮演的角色一直以来都是国际新闻学研究的重心，数字新闻学也不应例外。由国家力量回应和驱动的新闻业数字化变革表现在国际新闻的方方面面。然而，当下的数字新闻研究往往有意或无意地忽视国家这一结构性力量在新闻业转型发展中的核心角色，而将注意力更多地放置在由技术革命和市场变革所引发的业态、职业、劳动、文化等方面的变化上。正如拉蒙·萨拉韦里亚（Ramon Salaverria）所总结的，25年以来的数字新闻研究已经成为一个稳定的知识生产场域，但其聚焦点主要在概念、历史、模式、平台、语言、经济、受众、技术环境等方面，[②] 除了对更广泛的政治参与效应的讨论，并无其他有关政治的讨论，也缺少对有关数字新闻的国际维度的关注。尽管也有学者注意到了国家权力在政策和经济等方面推动数字新闻实践的成功案例，但依然对国家干预的稳定性及其对新闻文化的影响抱有质疑。[③] 基于此，本文提出，挖掘数字新闻的国际维度，或者从国际传播的视角推进数字新闻学研究边界的拓展和研究内涵的丰富，是一个重要的时代命题，但也需要以作为重要行动者的国家为分析的切入点。换句话说，以国家话语为主导的国际传播可以成为数字新闻学知识生产的突破点。

---

① SEIPP T J, HELBERGER N, DE VREESE C, et al. Dealing with opinion power in the platform world: why we really have to rethink media concentration law [J]. Digital journalism, 2022 (1): 1-26.

② SALAVERRIA R. Digital journalism: 25 years of research [J]. El profesional de la información, 2019, 28 (1): 1699-2407.

③ FANG K, REPNIKOVA M. The state-preneurship model of digital journalism innovation: cases from China [J]. The international journal of press/politics, 2022, 27 (2): 497-517.

二、作为国家话语的国际传播

理解国际传播场域中数字新闻与国家话语的关系,需要首先对国家话语的时空逻辑进行简要梳理。与漫长文明史语境下模糊的国家概念及其内外部传播行动不同,现代意义上的国际传播在本质上是国家话语的传播和互动过程,核心是民族国家或主权国家在凝结对内共识、提升对外影响,进而维护政治合法性过程中所形成的一系列象征资源,当然也包括支撑这一软实力的硬基础,如包含媒体、交通、能源等的各类基础设施。

就全球而言,至少自第二次世界大战至今,作为国家话语的国际传播经历了学界反复讨论的如下几个方面:首先是源自美国的发展主义及其变体参与式发展主义,以及"冷战"结束后的全球主义,核心是美国国家话语的全球传播和普遍主义迷思的建构;其次是以苏联和中国为代表的社会主义阵营在"冷战"期间推行的革命范式和国际主义,特别是中国提出的"第三世界国际主义",[①] 对于西方主导的帝国主义国际体系进行持续冲击;最后是不结盟国家以主权和平等为诉求的国际信息与传播新秩序运动(NWICO),凸显了一种推动国际传播民主化和多元化的努力,尽管并未收获预期中的成功。这一系列结构性和对抗性的国家话语并没有因为"冷战"结束而销声匿迹,而是被"后冷战"、数字化、地球村的连接性迷思所遮蔽,在21世纪的当下再次因为大国博弈和地缘关系而浮现出来。经历了三十余年扩张的全球互联网也回归到一种显而易见的"世界拼图"状态,拼图之间是日益清晰的国家边界。在这个意义上,20世纪至今的国际传播,一直以来都是在国家话语的统摄之中的,其成为一种以"冷战"和"后冷战"为背景的知识生产与规范构建以及目标性实践,并往往展现着普遍性与特殊性、现代性与传统性、中心性与边缘性等认知二元论。

就中国而言,国家话语对国际传播的定义也是在上述历史背景下展开的,

---

① 汪晖. 20世纪中国的第三世界国际主义实践[M]//殷之光. 新世界:亚非团结的中国实践与渊源. 北京:当代世界出版社,2022:序.

任何脱离了世界历史语境谈论国际传播的尝试都是在不断复刻一种文化民族主义[①]或自我中心主义的狭隘认识论。从革命理论输出到第三世界划分，从更广泛的软实力建设到如今结合了国家能力、文明韧性、天下胸怀的统合性话语，共同展现着一种动态的、辩证的、复线的国家话语逻辑。换句话说，处于不同的历史时期、针对不同的言说对象、基于不同的世界想象，这套国家话语可以生成不同的叙事和意义。比如，针对广大发展中国家，曾经的话语逻辑是世界革命和反帝反殖理论，如今更多成为与乌尔里希·贝克（Ulrich Beck）所提及的"反身现代性"（reflexive modernity）[②]存在逻辑共鸣的基于自身国情的自主现代化逻辑。针对宽泛意义上的西方国家，对外宣传中的国家话语经历了从敌对斗争到学习追赶再到反思超越的变迁。在这条历时性的主轴旁边，是三种话语模式根据不同传播目标而形成的相互配合的支线。举例而言，针对主要西方大国的压制，敌对斗争依然是有效的对外应对式和对内动员式话语；针对历史长周期内的西方文明，学习与追赶，或者说交流与互鉴依然是国家话语的底色之一；针对新时代中国对世界的物质和思想贡献，反思西方国家的认知偏狭和能力瓶颈，超越一系列被动或主动引入的规范与模式成为国家话语体系创新的突破点——至少是在宏大叙事层面。

值得注意的是，在动态构成的这套国家话语中，一以贯之的是一种由自主、革命和发展三个要素构成的元话语体系。自主是20世纪以来民族独立和世界革命过程中形成的民族主义和国家主义的结合；革命是马克思主义政党理论及其执政观念在民族独立和国家建设中的贯彻；发展源于一种线性的历史观，是在世界资本主义体系内和中华文明传统上探索社会主义道路的实践。在中国的国际传播实践中，这套元话语体系表现了超强的稳定性，并在大众传播和内外动员中起着基础性作用。然而，作为一个专业领域，国际传播自兴起以来就以规范理念和科学知识的生产为核心，目标是在国际范围内形成最大可能的政策和社会共识。在这个意义上，国际传播的知识生产就变得异

[①] 李金铨.国际传播的国际化：反思以后的新起点[J].开放时代，2015（1）：211-223，9.
[②] BECK U, GIDDENS A, LASH S. Reflexive modernization: politics, tradition and aesthetics in the modern social order [M].New York: Stanford University Press, 1994.

常重要，其在话语和叙事层面保持着与政治传播和动员的区隔。而上述中国的国际传播国家话语往往诉诸宏观的政策动员和微观实践指导，欠缺中观层面的知识生产。正如陈薇所说，这套话语体系"较少关注话语背后的知识特性以及特定历史情境中的知识构形"①。陈汝东也认为"政治、传媒等诸多领域的'国家话语体系'研究多是'喻化式'的，还停留在'国家话语体系'等概念的阐释层面，缺少实质性的'话语'层面的研究"②。基于此，中国的国际传播理念和实践虽然根植于"二战"以来的世界格局，内置着丰富的全球内涵，却没有形成具有普遍传播力的知识体系。在这个意义上，所谓国际话语权的落差或非均势，不仅可以被解释为其与政治、经济、军事、技术等硬实力的不匹配，也可能是因为这套国家话语的知识构形不够清晰和充分。

在新时代的国际传播工作中，如何突破国家话语的传播与认知瓶颈，特别是推动其知识化和规范化转型，成为一个关键的理论问题。2021年以来，由上而下的政策安排试图从三个方面解决这个问题：其一是在题材上聚焦中国对世界发展与治理的贡献，找寻内容上的连接点和意义上的共通性；其二是在表达上聚焦内外差异，找寻融通不同话语的新概念、新范畴和新表述；其三是在行动上聚焦目标导向，力图通过加强区域国别研究，提升传播效果的精准到达水平。虽然政策方向较为明确，但相关表述依然主要指向具体的传播实践，并未强调中观的国际传播规范体系和知识体系建设。与此并行，由下而上的数字化、网络化、移动化、社交化传播实践正如火如荼地展开，各级政府、媒体、企业、智库皆广泛参与。具有流量生产力的"网红外宣"③甚至成为国际传播工作实现创新的不二之选，推动网络国际传播工作进入数字个体化和流量平台化时代。由上而下、覆盖多级的国家话语在其中扮演了重要的支持者角色。国际传播政策制定和管理部门不断强调流量在回应国际

---

① 陈薇. 作为知识生产的国家话语：国际传播中的知识理性与主体性认同[J]. 南京社会科学，2021（9）：110–119.
② 陈汝东. 论国家话语体系的建构[J]. 江淮论坛，2015（2）：5–10，2.
③ 姬德强，朱泓宇. "网红外宣"：中国国际传播的创新悖论[J]. 对外传播，2022（2）：54–58.

传播能效要求上的重要性，并以国内外特别是国外网红作为流量生产力的重要来源。中央主要外宣媒体和各级外事部门充分动员自身行业和地区内的网红资源，以工作室等形式嵌入这个国际传播的平台化时代，推动着数字主体和数字叙事成为国家话语主导的国际传播工作的前沿领域。

虽然国际传播的数字化实践已经如火如荼，并且得到国家话语的合法性"背书"，但其在知识生产和规范建设上缺少更为系统的努力。数字新闻学如何更为有效地回应数字时代国家话语的创新表达及其所形构的国际传播环境，成为一个重要的理论问题，这个转型过程中既有官方媒体深度融合后的数字叙事创新，也有多元主体参与讲好中国故事的话语实践，还包含数字平台在国际传播中所扮演的日益关键的计算基础设施角色，这些因素都将反哺国际传播中的国家话语体系革新。也许我们可以预测，作为国家话语的国际传播，将吸纳更多数字要素来进行话语创新，一方面拉近与生机勃勃的数字新闻实践的距离，另一方面提升我国在国际社会中的数字话语权。

三、国际传播中的数字新闻学

基于以上分析，数字新闻学可以有效支撑正在寻求内容、渠道和效能突破的国际传播工作，国家话语也在数字化和平台化的传播环境变革过程中，不断吸纳以数字新闻学为代表的交叉融合知识，体现了一种结合了未来主义与实用主义的话语创新。

在国际传播研究的自主知识创新中，数字新闻学可以从如下几个方面实现与国家话语的有机互动，并借此进一步拓展自身的研究边界。

首先，数字新闻学可以继续面向技术创新所引发的传播变革这一未来发展趋势，不断拓展研究领域，为国际传播领域的数字话语权建设提供知识支撑。数字话语权是国际话语权的新面向，核心是要掌握对数字社会理想类型的定义权。虽然当下的数字话语权更多还是由自由与专制、民主与威权等传统二元对立框架所设定的，但也呈现着话语构成的多样化发展趋势。数字新闻学所强调的生态性推动我们超越传统的国家传播范式区隔，思考高度互联且共同面对的传播环境；数字新闻学所强调的情感化推动我们超越现实主义思维，思考国际传播的共通性情感框架，即便是国家话语也不得不诉诸多样化的情感叙事来实现传播效果。当然，也许更重要的是，数字新闻学应当成为网络强国建设的重要思想和知识来源，特别是如何以用户思维和算法逻辑，推动网上舆论正能量建设，并在此基础上回应国内外网络舆论场的复杂互动问题。基于此，本文提出，基于数字新闻学打造新时代中国的数字话语权，需要聚焦数字基础设施建设、数字主体性培育、数字交往能力提升和数字包容性扩展，充分展现技术服务信息生产与共享，服务最大多数的用户参与，以及服务经济与社会发展的建设性作用。这与一个发展型大国的建设逻辑是一致的。

其次，数字新闻学研究可以聚焦数字叙事与国家想象之间的相互建构关系。在多元主体复杂互动的数字空间，通过原型叙事、集体记忆和媒介意识，国家可以被"标识"。[①]数字想象在这一国家意识的形构过程中发挥了不可替代的作用。与传统媒体线性且结构化的国家想象不同，数字新闻可以在流动性、沉浸式、计算化的传播过程中将国家想象渗透每一个产品叙事，并借助算法推荐和用户参与形成多点式、网络化、情感导向的国家叙事矩阵。正如汶川地震纪念短视频所引发的灾难叙事、手机拍摄的自然灾害场景中的相互救助故事等，这一活跃在指尖的国家叙事让家国想象变得距离更近、效果更强。就国际传播场域来说，数字新闻学可以关注国家想象是通过怎样的技术使用和叙事创新而被建构起来的，比如参与性更强、形式更灵活的数字仪式；可以关注国家能力是如何被报道和讨论所合法化的，比如对自主技术和历史传统的强调；可以关注数字记忆如何成为一种建构国家认同和他国认知的话语资源；可以关注国际传播效果评价如何从多维立体转向单一的流量思维，是否存在着主导互联网发展的平台思维以及它是否反向重组着对国际传播的效果认知。简言之，对国际传播工作来说，数字新闻学所需解决的首要问题是通过数字中介和传播参与，更加系统化地提升公众的国家归属感和内部凝

---

① 陈薇.被"标识"的国家：撒侨话语中的国家认同与家国想象[J].国际新闻界,2020,42(1)：136-153.

聚力。在此基础上，还要回答如何对外回应数字威胁叙事，参与全球数字政策博弈，成为具有自主知识创新色彩的数字新闻学并履行历史使命的问题。比如，针对中国的"软实力新闻学"（soft power journalism）[①]和"锐实力"对外扩张话语占据了国际社会讨论"全球中国"的话语前沿。数字新闻学研究也许可以从三个角度对其加以研究和回应：其一是系统分析数字对抗背后的历史逻辑迁移，也就是祛魅数字技术的单向解放力；其二是关注全球多元主体借助数字平台和数字应用所构建的更为立体多元的中国叙事；其三是讨论全球南方的数字新闻如何构建出一种建设性而非批评性的国际话语。

最后，建构以数字新闻学为支点的中国媒介体制创新阐释框架。长期以来，中国的媒介体制被稳定地解读为一种国家控制的信息系统，并不会因为信息传播技术的创新采用而发生重大变化。然而，至少自2014年以来，新闻业的数字化深刻改变了管理理念、舆论生态和传播环境，尤其是传统主流媒体在推进自身深度融合的同时，已经系统融入数据化、移动化和智能化的数字传播环境，并以此传播能力建设为依托，努力嵌入国际媒体网络和社交平台。熟谙国际平台——尤其是流量——逻辑的主流媒体人，正在以更为灵活的组织形态和更具人格化的身份设置，拓展国际传播的新实践场域。除此之外，数字新闻技能的下沉化也使得每一个活跃的网络用户都能"摇身一变"成为国际传播者。未来的数字新闻学应在立足对新型主流媒体的深度融合和对外传播实践的研究的基础上，更多关注其他主体在不同的虚拟场域中所释放的传播活力及其在构建中国的网上舆论场形象中所发挥的积极作用。在这个意义上，数字新闻学具有更新国际社会对中国媒介体制固有认知的可能，因为这不仅代表着一种立足技术的媒介发展主义叙事，还代表着一个展示中国社会的数字传播多样性和主体性的经验土壤。数字新闻业发展的活力和可持续性，将成为推动中国故事数字化生产和传播的内在能力基础与合法性"背书"。

[①] El DAMANHOURY K, GARUD-PAKTAR N. Soft power journalism: a visual framing analysis of COVID-19 on Xinhua and VOA's instagram pages [J]. Digital journalism, 2022, 10（9）: 1546-1568.

超文化回声室：平台化时代中国国际传播的新语境*

新冠疫情一方面加速了互联网在全球、地区和行业内的系统性渗透，进一步将"数字化生存"从生存叙事（神话）升级为"生存状态"[①]；另一方面也不断扩大着"数字鸿沟"，从接入程度的差异到话语权力的高低再到虚拟空间的圈层化，"数字断连"伴随着技术融合正在全球范围内蔓延。基于这一对数字化进程的历史性和辩证性的综合分析框架，本文将聚焦于后疫情时代涉及跨文化传播的一系列核心问题，即在"数字平台"（digital platform）成为全球传播新型基础设施的新阶段，跨文化传播在现象层面正在发生着怎样的变化？超越一个简单的线上和线下的二元论，我们如何思考被新冠疫情所催化的全球传播的平台化进程及其所生成的跨文化传播新景观？被广泛采纳的参与范式或者参与文化，是否存在解释力的缺陷？超越经典的跨文化传播理论，对数字平台主导的虚拟空间内的跨文化信息流动的解释是否需要新的理论视角，比如更多借助聚焦于把平台作为基础设施[②]以及对信息和网络生产力进行宏观批判分析的传播政治经济学的力量？在梳理跨文化传播的相关文献和尝

---

* 本文原载于《编辑之友》2021 年第 11 期，收入本书时，略有删改。
[①] 胡泳，年欣. 中国数字化生存的加速与升级［J］. 新闻与写作，2020（12）：5
[②] PLANTIN J，PUNATHAMBEKAR A. Digital media infrastructures: pipes, platforms, and politics［J］. Media, culture society，2019，41（2）：163-174.

试回答上述问题的基础上，本文将进一步阐释"超文化回声室"①的概念及其在跨文化传播研究中的创新意义。

一、技术变迁视野中的跨文化传播

对源自人类学的解释性传统的跨文化传播研究而言，技术，尤其是现代传播技术往往并不是研究的重心。技术本身与国家权力和市场权力的深刻互构关系，也使得文化的逻辑很难在技术的理性主义轨道上找到落脚之地。然而，文明的概念似乎更切中技术的进化论内涵，为不断出现的技术革命及其在全球的扩散和移植做合法性"背书"。这背后是文化的异质性与文明的同质性之间的矛盾关系，源自西方世界的"文化—文明话语方式"②的霸权式存在。这一元概念层面的区别一直延续至今，导致如今大多数的跨文化传播研究要么继续忽视技术力量，要么坚持一种客体化的立场，仅将其作为文化实践的从属性工具。比如，朱迪丝·N.马丁（Judith N. Martin）和托马斯·k.那卡雅玛（Thomas K. Nakayama）在著名的《语境中的跨文化传播》（*Intercultural Communication in Contexts*）教材中，仅用了极少的篇幅讨论了学习跨文化传播的技术动因，特别是互联网对人类传播的影响，提供了有关"他者"的信息，讨论了帮助建立与相似或差异群体的联系的问题，重新思考身份问题，尤其是身份的多样性和流动性以及传播技术的近用问题等。③因此，如何把技术视角重新纳入一个以数字化为背景的跨文化传播研究，对理解以社交网络、搜索引擎、音视频流媒体等为代表的数字平台上的信息传播、关系构建和意义生成有着重要的理论意义。

卢嘉和史安斌曾从一个规范性的角度梳理了技术变迁与国际传播范式转

---

① 姬德强.李子柒的回声室？社交媒体时代跨文化传播的破界与勘界[J].新闻与写作，2020（3）：12.
② 姜飞.传播与文化[M].北京：中国传媒大学出版社，2011.
③ MARTIN J，NAKAYAMA T. Intercultural communication in contexts[M]. New York: McGraw-Hill Education, 2010: 21-28.

移的互动关系，其中涉及了文化和身份两个概念，他们提出了在移动新媒体技术的条件下，国际传播进入了以世界主义为哲学基础，以文化杂糅和动态的、创设性的身份认同为特征的网络化新阶段。① 这一表述与姜飞和黄廓对跨文化传播两类理论、四种理论研究分野的廓清有着互补之处。如果说前者聚焦于具象层面，后者则关注到"跨文化传播"（transcultural communication）在哲学意义上的超越性和文化传播的超方向性问题②。这一超越经典的二元比较、相互介入的逻辑——实为后殖民主义的文化霸权观和文明等级论——而关注更深层次的文化原型和全球共同体③的立场，对重构数字化时代的跨文化传播理论有着哲学上的指导意义，而那些在赛博空间里简单重复或机械重置的、对多元文化的比较和介入研究，忽视了超越地域界限和文化栅栏的技术体系的生产性特征。

与国内学者致力于打通哲学基础和实践经验的整体性思路不同，国外学者更希望找寻到技术与文化之间的具体联系，并对"新媒介"这一泛化的概念偏爱有加，这也暗示了媒介概念或媒介思维在跨文化传播研究中的新兴地位。比如，陈国明曾撰文梳理新媒介对全球语境下的跨文化传播的影响。基于对新媒介所带来的连接性和复杂性的认知，他梳理了跨文化传播研究应关注的三个新议题，分别是民族文化和族群文化对新媒介发展的影响，新媒介对文化和社会身份的影响，以及新媒介（特别是社交媒介）对跨文化传播不同方面的影响，比如文化间关系、跨文化适应、跨文化冲突等。④ 按照这一思路，跨文化传播研究需要首先关注媒介在文化中的嵌入性，然后反过来影响文化实践。罗伯特·舒特（Robert Shuter）则进一步提出了"跨文化新媒

---

① 卢嘉，史安斌. 国际化·全球化·跨国化：国际传播理论演进的三个阶段［J］. 新闻记者，2013（9）：41.

② 姜飞，黄廓. 对跨文化传播理论两类、四种理论研究分野的廓清尝试［J］. 新闻与传播研究，2009，16（6）：53-63，107.

③ 李怀亮. 从全球化时代到全球共同体时代［J］. 现代传播（中国传媒大学学报），2020，42（6）：1-5.

④ Chen G-M.The impact of new media on intercultural communication in global contextp［J］. China media research，2012，8（2）：1.

介研究"(intercultural new media studies)的概念,认为这是跨文化传播研究的前沿,应致力于探寻跨文化接触的数字理论并修订和拓展20世纪的跨文化传播理论,考察它们在一个数字化世界中的重要性。[①] 因此,面对信息与传播技术对文化间传播的转型性影响,媒介研究逐渐进入跨文化传播的视野,扮演了跨文化传播理论的增长极的角色。然而,我们必须指出的是,国外的相关研究仍然无法处理超越差异的哲学问题,而是局限在"多元文化主义"(multiculturalism)的认识框架里,将互联网看作一个矛盾的场域,认为其呈现着身份的本质性或流动性、普遍主义或特殊主义、承认或再分配的对立[②]。

综合上述国内外的理论视野,我们发现,跨文化传播研究确实已经开始将技术和媒介作为新的理论增长点,也关注到新媒介技术对于跨文化接触的广泛影响,从而反过来推动了跨文化传播研究的媒介化延伸。然而,三个主要的认知局限仍然困扰着跨文化传播研究容纳更加深刻的技术分析和更加丰富的媒介维度:其一,文化逻辑,即更多关注以语言为核心的象征性互动,而较少关注文化传播的物质基础;其二,功能主义,即更多关注技术的客体化和工具化,而忽视技术体系的自主性或主体性问题;其三,技术理性,即强调技术创新和使用的合理性,而较少关注技术进程中内涵的价值问题和权力关系。面对全球范围内数字化加速、平台化成熟的现实,跨文化传播研究亟须走出技术与文化、工具与价值的二元论,从更加中观乃至微观的角度重新发现新的跨文化传播现象,分析这些现象背后的动力机制,尤其是以跨国互联网巨头为代表的数字平台在创造连接的同时如何生产着超越文化边界的新传播景观。这一新景观的创设往往并不以打破文化边界、寻求沟通共识为目的,而是遵循着流量经济的逻辑,在赛博空间里离心化、碎片式地聚集着用户注意力和网上行动力。就这一新兴领域而言,传播政治经济学的一些前沿探讨可以作为跨学科的视角和知识借鉴。

---

① SHUTER R.Intercultural new media studies: the next frontier in intercultural communication [J]. Journal of intercultural communication research, 2012, 41 (3): 219.
② SIAPERA E.Multiculturalism online: the internet and the dilemmas of multicultural politics [J]. European journal of cultural studies, 2006, 9 (1): 5.

二、数字平台上的跨文化传播

本文所指的"数字平台"不是一个自由化、平台化或民主化的隐喻,被广泛应用于一个看似去中心化的新传播生态中,而是具体指向一个"拥有重新配置各种相关要素能力,为企业和用户创造新的应用的基础设施"[①]。比如,对跨文化传播影响更深的社交平台(如脸书和微信)已经借助对关系和网络的打造进入社会生活的基础运行层面;搜索引擎(如谷歌和百度)垄断了通往知识世界的网络入口;算法新闻(如今日头条)和音视频应用(如抖音和快手)已经发展为实时定制和推送内容的自动化平台,将用户紧紧绑定在"自己"的数据化的习惯之中;以电商(如淘宝、拼多多和美团)、出行(如携程和滴滴)、评价(如大众点评)和支付(如支付宝)为代表的服务类应用全面整合了数字化的日常生活,推动"平台化生存"成为新常态。在这个意义上,平台(技术)与文化的嵌入关系可能需要新的认知框架。如果说之前的跨文化传播研究需要进行一定的媒介化转型,从而有效回应一个基于新媒介环境的跨文化传播实践的现实,如今的跨文化传播研究则需要进行"平台化转型",在认识到数字平台的基础设施角色的前提下,将研究问题改为在数字平台如何生产跨文化传播内容,打造跨文化传播新景观。

罗宾·曼塞尔(Robin Mansell)曾指出,"平台"是一种"中介"(intermediary),其拥有者的目的是聚集尽可能多的内容,从而影响数据流动,并最终获取利润,以及在媒介市场生态中获得掌控权——大多数平台企业是商业机构。基于此,本文提出,"平台化"就是数字基础设施的搭建过程,这一过程由商业属性的、垄断性的互联网平台公司所主导,其内生的权变性使得它可以随时应社会各个部门、群体乃至个体的需求而调整供给,而完成这一多维匹配关系工作的就是算法。商业性的数字平台更像"八爪鱼",不仅借

---

① TIMOTHY B, GREENSTEIN S.Mobile computing: the next patform rivalry [J].The American economic review, 2014, 104(5): 475.

助本土化运营策略牢牢把握住特定地区和特定行业内的市场垄断权,而且借助信息自由流动原则这一政治护身符,在全球范围内进行着扩张,在提升全球连接水平的同时,促进了文化间互动,也加速了跨文化传播新形态的孵化和生产进程。

那么,如何理解数字平台上的跨文化传播?本文认为至少需要破除两个主导性的概念神话或理论范式,才能窥视数字平台在生产——而不是再现——跨文化传播新景观上的结构性作用。

首先是"连接性"(connectivity)的神话。从其诞生至今,建立连接就成为互联网的核心技术话语。人与网络的连接,网络搭建的人与人的连接,都使如何理解连接和评估连接的效果成为传播研究的核心,也成为早期的互联网公司和如今的平台公司的中立性主张的合法性来源。然而,连接是否是数字平台存在的唯一目的,连接的话语背后是否隐藏着反连接的动力机制?把"连接"当作一个神话,我们可以解读出"平台"所隐藏的一系列相互关联的大众劝服型叙事:第一,多元化的传播主体,即平台赋予了任何连接者,尤其是建制化体系之外的行动者以发声的权利;第二,扁平化的内容产销机制,即平台拉平了传统的等级制传播秩序,实现了连接者之间的平等互联,而不管其在传播系统内外所拥有的资源的多寡;第三,去中心化的规制转型,即广泛的连接和多边的互动挑战了过往集中化的传媒规制方式,推动以自我规制和联合规制为代表的去规制化转型;第四,基于个体主义的参与文化,即基于连接的个体参与成为数字平台的新文化样态,也预示了一种反对以国家和企业为代表的集中化权力机制进行控制的民主化传播的未来。这一系列暗含的劝服型和动员型叙事将"连接"包裹成一个单向度的、进步式的技术革命,在封闭了话语空间的同时遮蔽了平台打造连接的商业动机,互联网(平台)公司可以利用连接的私域、无处不在的监视权力,造成物理连接基础上的虚拟分隔或分裂。

其次是对"融合"(convergence)和"参与"(participation)的欢呼。对亨利·詹金斯(Henry Jenkins)等人来说,融合需要被理解为两个过程,一个是由上而下的公司驱动,一个是由下而上的消费者驱动;而当下的全球数字文化是一种合成或合成性文化，其中，用户生成内容既存在于商业体系之内，也存在于商业体系之外，既支撑也颠覆着企业控制。① 由此可见，詹金斯对于公司控制是有觉察的，但他更强调用户自身的主体性，以及用户在商业体系内外的"盗猎者"角色，他认为用户以一种拼贴的方式和集体的智慧，塑造着以粉丝文化为代表的参与性文化。参与性文化"不仅是一种简单的文化形式，而更是一种权力，一种消费者与媒介拥有者之间的博弈"②。然而，正如艾琳·R. 米汉（Eileen R. Meehan）所说，詹金斯的《融合文化》（*Convergence Culture*）一书为一些特定的粉丝/消费者勾画了一个美好的未来：这些人拥有闲暇时间、文化资本、技术渠道、足够多的可支配收入，他们成为广告商和企业眼中拥有足够吸引力的潜在市场目标；更重要的是，詹金斯希望每个人都有选择参与细分市场、虚拟社群，以及一个"复活了的"民主制度的权利。③ 在这个意义上，基于技术和平台融合的个体参与，既是技术性的，也是经济性的，更是政治性的。当这一融合趋势走向全球，跨越政治疆域和文化边界的个体参与将有机会游猎式地生产、拼贴和散布信息，自组织和自管理虚拟社群，并最终挑战既有的建制化——当然也是反民主化——的传播秩序。然而，与这一乐观的"参与即解放"的立场相伴随的，是互联网世界的集中化趋势，具体表现为市场结构和技术权力的垄断化，这也是本文所聚焦的平台化的核心要义。正如阿兰·马尔西亚诺（Alain Marciano）、安东尼奥·尼基塔（Antonio Nicita）等人所说的，这一平台资本主义体系展现了一个二元对立的矛盾结构，一面是去中心化的，另一面是中心化的。④ 这种矛盾给这个体系带来了不确定性和多方向性。即便是被誉为"媒介融合"概念的早期定义者的伊锡尔·德·索拉·普尔（Ithiel de Sola Pool），也在《自由的技术》

---

① JENKINS H, DEUZE M. Editorial: convergence culture [J]. Convergence, 2008, 14（1）: 5–12.
② 汪金汉. 从"文本盗猎"到"公民参与"：詹金斯的"参与性"媒介受众研究[J]. 福建师范大学学报（哲学社会科学版），2016（2）: 192.
③ MEEHAN E R. Book reviews [J]. Journal of communication, 2007, 57（3）: 602.
④ ALAIN M, ANTONIO N, Battista G R. Big data and big techs: understanding the value of information in platform capitalism [J]. European journal of law and economics, 2020, 50（3）: 345.

（*Technologies of Freedom*）一书中提醒道："融合绝不意味着完全的稳定或统一，而是充当了一个致力于统一的持续性的力量，但也与变化保持了紧张的互动关系……对融合而言，没有一成不变的法则，变化的过程更加复杂。"因此，对理解融合来说，我们需要一个历史的视野和去本质主义的思路，关注融合的外部结构和内部动能，尤其是连接性和统一性叙事所遮蔽的围绕政治、社会、文化等维度而重塑的传播边界。这一现象除了建基于个体的信息茧房、社交圈层，还发生在以数字平台为基础的全球传播范围内，尤以摆脱文化差异的"超文化回声室"为甚。从历史的角度而言，互联网本身并不是一开始就致力于广泛的连接或者新旧媒介融合的，即便如今它也不完全以连接和融合为唯一目的。只有走出将互联网及其垄断化变体——数字平台看作单一渠道或媒介的认知困境，才能深入这一技术架构的内里，发现其复杂的生产性本质。

基于上述讨论，理解数字平台上的跨文化传播至少走过了工具主义（互联网是文化表达的渠道和工具，先文化后媒介）和建构主义（即认为互联网参与文化建构和转型，先媒介后文化）两个阶段，需要我们深入数字平台的内里。本文将这个新阶段称为文化脱嵌和内容培育，主要指的是数字平台会依据自身的技术优势和经济动能，培育特定的表达内容和关系类型，从而使得传统的跨文化传播逐渐与其原生结构和语境脱钩，而进入流量逻辑驱动的群集化的超文化互动。这一新的互动方式更注重自我表达、情感传递和身份维护。正如塔尔顿·吉莱斯皮（Tarleton Gillespie）所洞察的，平台积极地培育和选择内容，即便这一做法与其所展示的单一管道形象相悖；作为类似传统媒体的新守门人，平台不断根据现状调适内容，以向用户提供一种愉悦的体验。[①] 为了提升这一体验感、避免负载过多的来自语境的接收和解读压力，平台大多聚焦于对两类内容的培育，并注重围绕不同主题内容的用户关系进行打造，分别是：去语境化的内容，包括单纯的知识型信息或浮掠式展演，在第一时间满足多元文化背景的用户，使其能够有效索取信息和获得愉悦；

---

① PLANTIN J.Review essay: how flatforms shape public values and public discourse [J].Media, culture society, 2019, 41 (2): 252–257.

极端语境化的内容，即便往往充满伦理失范，比如仇恨言论、极化政治和情感绑架等，却能有效引爆流量生产，在释放极端声音的同时进一步绑定了社会舆论场。长期而言，对前者的文化脱嵌式内容培育是常态，其最有可能获得用户流量的加持；后者则往往随着社会政治氛围和舆论气候的骤变而偶尔出现，能有效带来对于平台集聚能力的关注。

除此之外，借用麦克卢汉的"部落化"概念，在以电视为代表的视听媒介将人类社会"重新部落化"为一个"地球村"的基础上，数字平台携其融合化的传播要素将这一虚拟的村落进一步打碎，在超越文化差异的基础上，流动性而非固定性、短暂地而非长久地聚集着拥有相似信仰、立场和兴趣的用户，打造出一个流动的、散点的、游猎式的"新部落化"景象。这一"新部落化"过程基于更全面和更多维的互联，充斥着更加复杂而多变的身份认同，甚至是更加极端的身份政治和更加激烈的身份冲突，因此也变得愈加不稳定。因此，将数字平台上的跨文化传播认知为基于固定文化结构和文化价值的线上交往实际上忽视了这一平台生产的权变性和流动性。从一个更加根本的角度而言，数字平台本身并不致力于跨文化传播或多元文化间的交往，而是在扩张技术基础和市场规模的过程中重组了跨文化传播主体间的关系，将最大化流量规模和最稳定用户使用作为运营目标，与此同时，它消除了文化交往的沟通目的，而是围绕特定的文化要素和文化故事，聚集着短暂的注意力和表达力。在这个"超文化回声室"现象的形成过程中，跨文化传播往往被化约为跨文化信息或情感消费，正如李子柒和丁真在全球社交网络的流行所展示的那样。如果硬要把他/她们的流行看作中华文化全球影响力的提升，显然是在用一个民族中心主义的叙事叠加一种建制化的传播视野，而与全球社交平台的运营逻辑，尤其是超越文化差异的在地化战略相去甚远，只是一种自我中心主义的跨文化想象。

三、超文化回声室与中国对外传播的理念创新

基于以上结合传播政治经济学前沿讨论的分析，本文延续了对"超文化

回声室"（transcultural echo chamber）现象的关注，并试图将其作为中国对外传播所面对的新景象和所努力的新方向来加以提炼。"在跨文化传播领域，社交媒体正在更广阔的虚拟空间中生产着回声室效应，把特定的信息、情感和信仰在超越参与者传统文化身份的前提下集中在一起，形成超文化回声室新景观……这一景观以情感经济绑定、均质化内容的算法推荐和极化或日常生活化的平台政治为特征。"① 基于这一判断，中国的对外传播工作就需要进行三个方面的理念革新或理论创新。

首先，基于全球数字平台对跨文化传播以及国际传播的转型式影响，中国的对外传播理念需要实现三个层面的超越：第一，超越文化本质主义，一方面要走出以"中—外"和"东—西"为代表的二元式的、简化的、对立性的框架，关注文化本身的在地化和生成性；另一方面要聚焦于文化表达主体的流动性和群集性，尤其是多元主体如何借助脱嵌的社交媒体平台编织和解读与中华文化有关的故事。第二，超越民族中心主义，要在一个全球化中国的框架下理解中国故事的全球生成机制，在关注自身讲述者合法性的同时，赋予他者更多的解释空间，找到能有效借助中国热度推动流量经济的商业化做法。第三，超越技术中立主义，要摆脱简单的工具主义思维，把以社交媒体为代表的数字平台当作一个内容的生产者和关系的塑造者，将之视为跨文化传播的内容生产者，从而积极理解和主动驾驭以算法为核心的内容培育机制，有效实现特定超文化回声室的触发和维护。

其次，需要充分认识到超文化回声室的三个特征，这也是数字平台自身的系统性问题：第一，数字平台的商业基因与不作保证的公共性。换句话说，以形象塑造、文化沟通和共识打造等为目标的对外传播工作如何与数字平台的商业运作机制实现咬合是一个长期的战略问题，与此同时，数字平台是否如传统媒体或文化机构般可靠也是一个未知数，至少在其保守的政治态度和被期待的传播潜力之间，我们可以轻易地发现裂痕。第二，数字平台的渠道

---

① 姬德强.李子柒的回声室？社交媒体时代跨文化传播的破界与勘界[J].新闻与写作，2020（3）：13-14.

功能与生产本质。如果之前的媒介化逻辑更多聚焦于平台作为渠道的增量和扩容功能，那么新的理念应关注这一非客观的传播主体在生产着怎样的内容和关系，从而在超越文化差异的同时在全球范围内生成着充满聚集效应的多样化的回声室——中国的对外传播就是要去参与超文化回声室的构建。第三，文化模式的脱域和超域。如果"跨文化传播"（transcultural communication）的核心要义是在跨文化接触中实现从比较到转化再到超越的目的，那么基于数字平台的超文化回声室则更多聚焦于超越，即在脱离原初文化语境，甚至绕开文化间接触的前提下，塑造新的互动和意义空间，这个空间的话语基石则是吸引或困扰全球网众[①]的共同问题，如环保、健康、发展、工作、种族等。

最后，基于上述讨论，中国的对外传播需要在战略层面实现三个方面的理念转型：第一，国际传播的降维与跨文化传播的增维问题，即在不断紧张的地缘关系深度锁定国际传播格局的困境下，将更多精力投向跨文化传播这个增量空间，以寻求包括民间社会在内的更多共识，当然更重要的是聚焦于全球数字平台在其中发挥的生产性作用，这对培育下一代的中国故事讲述者和聆听者都有着重要意义。第二，从大众传播到共创传播的问题，即将中国故事的生产机制深度全球化，形成开放而包容的看待中国议题的全球传播的立场和态度，而不是站在一个民族中心主义的立场上延续一种单一的传受模式，而忽视了全球平台用户在参与中国故事编织过程中的自我意义赋予和自我目的达成。第三，从技术中立到技术非中立或技术生产性的问题，尤其是在算法主导、自动化内容产制不断成熟的当下，将技术体系主体化，识别其动能和方向，才能有效融入或借力，促使对外传播真正转型为全球传播。

数字平台研究是一个跨学科的新领域，由于其在全球传播中被视作一种基础设施，所以我们不得不深入其内里分析信息流动、关系打造和意义生成的新机制。不过，我们仍然需要避免某种本质化的视角，因为平台的主要特点之一就是无时无刻的变动性与计算性。这一计算的信息基础设施一方面改

---

① 何威.网众传播：一种关于数字媒体、网络化用户和中国社会的新范式[M].北京：清华大学出版社，2011.

变了稳定的文化间交往格局，将文化间的关系化约为供需的市场关系；另一方面让广大用户与其文化背景脱嵌，在消费脱域化内容的同时生产着新的文化现象及其边界，夯实着流量经济的运行模式。这一看似与文化无关的传播体制正在系统地重构着跨文化传播的实践，由此，我们的对外传播理念就亟须作出调整，否则只会成为一个呈几何级数扩大的全球信息流量池中不断缩小的那部分，用新的跨文化语汇为超文化回声室的商业动机进行合法性"背书"，才能在客观上"夯实"数字平台支撑全球传播的合理性。

中国特色新闻传播理论及其国际影响力的提升*

中国特色新闻传播理论具有丰富的国际维度和本土创新，需要综合认知马克思主义新闻观、欧美传播理论，以及对日益媒介化的中国社会进行本土研究，通过话语创新、寻找学术伙伴等方式，不断增强国际学术对话性和影响力。

习近平总书记在哲学社会科学工作座谈会上的讲话中指出，哲学社会科学是人们认识世界、改造世界的重要工具，是推动历史发展和社会进步的重要力量，其发展水平反映了一个民族的思维能力、精神品格、文明素质，体现了一个国家的综合国力和国际竞争力[1]。20世纪80年代以来，随着传播学尤其是大众传播学的大规模引入，中国的新闻传播研究进入了一个快速发展的时期，并于1997年成为一级学科，与马克思主义、哲学、语言学、政治学等一起，位列社会科学的学科大类。以高等教育为例，目前全国有新闻传播学相关专业的高校达到千所以上，每年出版的著作、期刊、论文，召开的会议，不计其数，在国内的影响力也不断提升，甚至被誉为"显学"之一。21世纪以来，随着"走出去"和"引进来"的步伐加快，中国新闻传播学界与国际学术界的交往日益紧密，如何通过塑造中国特色的新闻传播理论提升国

---

* 本文原载于《国际传播》2017年第2期，收入本书时，略有删改。
[1]（授权发布）习近平：在哲学社会科学工作座谈会上的讲话（全文）[EB/OL].（2016-05-18）[2024-03-20].http：//news.xinhuanet.com/politics/2016-05/18/c_1118891128.htm.

际学术话语权,增强中国的综合国力和国际竞争力,也逐渐成为学者们讨论的话题之一。本文从历史出发,简要梳理了中国新闻传播理论的国际国内学术脉络,并从夯实本土研究、致力话语创新和多维度"走出去"三个方面,讨论了提升中国新闻传播理论国际影响力的具体路径。

一、中国特色新闻传播理论:历史性与本体论

提升中国理论的国际影响力,我们首先需要解决的是"有没有中国理论,中国理论是什么、怎么来的"等核心问题。首要的问题是是否有中国的新闻传播理论? 2016 年初,我们对 20 世纪至今的中国新闻传播学术史进行了考察[1],答案是肯定的。虽然"西学东渐"是主流,但海内外中国新闻学者、传播学者和社会学者在不同历史时期都对具有本土色彩的新闻传播实践进行了理论化尝试。与此同时,有两股理论传统交叉影响着中国的新闻传播思想,分别是源自列宁主义党性原则的马克思主义新闻学传统和基于美国哥伦比亚学派的行政主义传播学理论,它们最终制度化为两个二级学科,共同支撑着新闻传播学的一级学科地位。换句话说,从学术史的角度来说,中国的新闻传播理论本身就具有丰富的国际维度,而这是当下和未来提升其国际影响力的历史根基。那么,中国特色的新闻传播理论是什么?从本体论的角度来说,我们认为,它至少有三个维度:第一,也是最重要的,是马克思主义新闻观及其对中国新闻舆论工作的指导与解释。十月革命一声炮响,给我们送来了马克思列宁主义。以毛泽东为代表的中国共产党人,对马克思主义理论进行了在地化的创新,使之更符合中国革命与建设的实践。如果列宁提出的党性原则是马克思主义新闻理论的核心要义,那么喉舌论、正确舆论导向、以正面报道为主[2]等代表的新闻理论概念则从话语和实践层面,丰富了中国特色

---

[1] HU Z, JI D, ZHANG L. Building the nation-state [M] //SIMONSON P, PARK D W. The international history of communication study. London: Routledge, 2016: 369.
[2] ZHAO Y. Sustaining and contesting revolutionary legacies in media and ideology [M]. Cambridge: Harvard University Asia Center, 2011: 201-236.

的新闻传播学。值得注意的是，马克思主义新闻理论是国际社会认识中国宣传与媒体制度的前提，需要中国学者的直接应对而不是闪烁其词。多年参与国际学术交流的经验告诉我们，在理论上处理好对于党、国家和媒体关系的解释，往往是中外学术交流能深入进行下去的关键。因为，这既是我们革命、建国和改革发展的历史经验，也是国际社会理解中国的前提条件。第二，国外传播理论的本土化译介、整理和发展。尽管有学者创造性地将传播研究在中国的学术史追溯到 1978 年以前[①][②]，但学界公认的一个历史判断是：伴随美国传播学者威尔伯·施拉姆（Wilbur Schramm）而来的大众传播理论才是形塑当今中国新闻传播学尤其是传播学学科体系的主要力量。如果国际传播是一个推与拉的双向过程，那么国外传播理论的中国化也呈现这个特点："文化大革命"以后，尤其是"冷战"之后，中国社会科学的重建过程与欧美社会科学理论的全球化相辅相成。媒体的市场化、信息传播技术的发展、社会领域传播活力的释放以及学术话语的陈旧，都在呼吁一套崭新的理论范式，对转型中国复杂的传播实践进行解释。在这个背景下，一批欧美的（大众）传播学理论被翻译成中文，一批中国学者编纂的传播学教材进入高校的课堂，传播与媒介研究进入了一个欣欣向荣的快速发展期。这套科学化的传播理论虽然避开了上述有关中国媒体政治属性的讨论，但也极大地填补了媒体市场化和资本化以及信息传播技术飞速发展所带来的解释真空，得到业界、学界乃至政界的广泛认同。如果上述两个维度体现了习近平总书记提出的中国哲学社会科学的继承性和民族性特征。那么，第三个维度则回应了习近平总书记强调的原创性和时代性——"只有以我国实际为研究起点，提出具有主体性、原创性的理论观点，构建具有自身特质的学科体系、学术体系、话语体系，我国哲学社会科学才能形成自己的特色和优势。"[③]21 世纪以来，随着数

---

① 姜飞．中国传播研究的三次浪潮：纪念施拉姆访华 30 周年暨后施拉姆时代中国的传播研究［J］．新闻与传播研究，2012，19（4）：19-29，32，30-31，108-109.
② 刘海龙．中国传播研究的史前史［J］．新闻与传播研究，2014，21（1）：21-36，126.
③ （授权发布）习近平：在哲学社会科学工作座谈会上的讲话（全文）［EB/OL］．(2016-05-18)［2024-03-20］.http：//news.xinhuanet.com/politics/2016/05/18/c_1118891128.htm.

字技术和网络技术的迅猛发展，中国社会的传播实践日新月异，国际国内的跨文化交流也不断丰富。面对一个"媒介化"（mediatization）①社会的到来，传统的新闻学和主流的传播学理论都面临着知识更新替代的问题。在这个背景下，中国的新闻传播学者一方面继续跟进欧美理论的发展前沿，借鉴包括大数据、民族志等在内的新研究方法，拓宽自身的理论视野，提升发现、分析和解决问题的能力。另外，在反思挪用欧美理论的局限性的前提下，中国学者开始聚焦于中国新闻传播经验的理论化，从历史和实践中挖掘具有本土思维能力、精神品格和文化特征的理论资源；与此同时，他们展开国际比较研究，不仅服务于中国正在参与建构的新的国际和地缘政治经济格局，也对新闻传播学的多元化发展贡献中国声音和中国视角。总而言之，经过近一个世纪的积累、引进、反思和创新，中国特色的新闻传播理论已经初步建立起来，并朝着"系统性和专业性"②的发展方向快步前进；而这个学科天生的跨学科传统也将开放与包容的视野写入发展的基因，在与其他学科的交叉与融合中，不断获得创新的动力。

二、中国特色新闻传播理论提升国际影响力的三个路径

如何提升中国特色新闻传播理论的国际影响力，让世界知道"学术中的中国"和"理论中的中国"③？我们认为，至少有以下三个路径需要把握。

第一，夯实本土研究。虽然我们要保持开放与包容的国际学术视野，但中国的新闻传播研究领域绝不仅是欧美理论的试验田。习近平总书记指出，我们的哲学社会科学有没有中国特色，归根到底要看有没有主体性、原创

---

① COULDRY N, HEPP A. Conceptualizing mediatization: contexts, traditions, arguments [J]. Communication theory, 2013, 23 (3): 191-202.
② （授权发布）习近平：在哲学社会科学工作座谈会上的讲话（全文）[EB/OL].(2016-05-18)[2024-03-20].http://news.xinhuanet.com/politics/2016-05/18/c_1118891128.htm.
③ （授权发布）习近平：在哲学社会科学工作座谈会上的讲话（全文）[EB/OL].(2016-05-18)[2024-03-20].http://news.xinhuanet.com/politics/2016-05/18/c_1118891128.htm.

性。① 因此，中国学者需要集中关注中国社会复杂而充满活力的传播实践，而不是把解释中国问题的理论空间乃至话语权让给域外理论。从历史到现在，从政策制定、文本到实施，从政府到企业到社会组织和个人，从传统媒体到各类新媒体，从城市到乡村，从中央到地方，从东部到西部，从社会上层到社会下层，从技术到政治经济和各类文化形式，各种关系关联起来会形成各种传播实践的分类矩阵，中国新闻传播学者只有扎根各类矩阵之中，只有做到研究的细致入微和脚踏实地，才可以做到知识的有效积累，为回应国际学界有关中国传播实践的问题，做好充分准备，否则就容易被各类时髦理论牵着鼻子走。从信息论的角度来说，国际学界对复杂而快速变动的中国充满疑问，中国学者只有准备好用来解释中国历史与现状的理论/信息，才可以消除其不确定性。打铁必须自身硬，也是在这个基础上，我们才能在国际学术交往中坚定中国特色社会主义道路自信、理论自信、制度自信、文化自信。

第二，致力话语创新。从争取话语权和建设话语体系两个方面，中国学者需要作出更多努力。首先，在扎实做好本土研究的同时，要不断扩展与国际新闻传播学术界的对话范围、加深对话深度，充分了解所谓国际学术界也是一个多元而复杂的网络，其中既有共识也有分歧，既有理想也有功利，既有标准也有弹性。换句话说，所谓国际学术界并不是中外或者中西想象中的铁板一块，而是充满了差异与不平衡的。那么，为了争取话语权，中国学者应该怎么做？其一，找寻发声的空间，抢占国际学术阵地。在多元化甚至碎片化的国际学术界中，并不是人人都愿意深度了解中国、中国的媒体与传播实践和中国的世界观——这也回应了理论的本土化本质。因此，需要找到适合的平台积极发声，尤其是在涉及上述的中国新闻与传播议题时，中国学者决不能缺席。其二，找寻伙伴，形成国际学术同盟。多年的国际交流实践告诉我们，真正认可并愿意与中国传播研究产生关联的国外学术机构和个人并不多。学术同盟取决于短期的合作目的和长期的学术旨趣。中国的新闻传播

---

① （授权发布）习近平：在哲学社会科学工作座谈会上的讲话（全文）[EB/OL].（2016-05-18）[2024-03-20].http://news.xinhuanet.com/politics/2016-05/18/c_1118891128.htm.

学者和机构需要有所甄别地进行交流合作,在展开广泛而有效的短期合作的同时,更要找寻基于共通的学术立场和学术传统的学术伙伴。

其次,就建设话语体系而言,"要善于提炼标识性概念,打造易于为国际社会所理解和接受的新概念、新范畴、新表述,引导国际学术界展开研究和讨论"①。在这个过程中,中国的新闻传播学者需要做出两种创新:其一,充分挖掘本土文化传统和理论资源,借助其他扎根本土的社会科学理论,丰富自身的概念体系。比如在解释中国社交媒体的传播机制和社会意义时,不是抽象地、去语境化地借用欧美有关社交媒体(social media)的一般性理论,而是转向中国的社会交往传统和社会结构特征,从包括乡土社会在内的社会科学理论中挖掘解释力。再比如在建构中国媒介制度的解释框架时,不是机械地搬用带有"冷战"思维的传媒的四种或几种理论,也不是简单把中国的媒介制度归结为威权主义甚至全权主义,而是转向对中国媒介与政治关系的复线叙事,强调复杂性和历史性。其二,充分利用一些欧美理论概念,填补具有中国特色的内涵。在当下交流繁密的国际学术环境中,完全抛弃域外理论是不可能的,也不利于国际学术对话。那么,在使用这些概念的时候,中国学者理应明确其适用的范围,在具体学术写作和交往过程中,清楚表明其在中国新闻传播实践中所指代的不同意义。比如,商业媒体(commercial media)在欧美国家指涉的是私有的、市场化运作的媒体,在中国,商业媒体则仅仅指的是市场化运作的媒体,并未涉及所有权。

第三,多维度"走出去"。中国新闻传播理论国际影响力的提升既需要本土研究的基础和话语体系建设的支撑,也需要与国际学术界的全方位接触和合作。那么,如何做?其一,要鼓励中国新闻传播学者以个人或机构身份积极"实质性"地参与国际学术组织及其相关活动。何为"实质性"?过去一段时间以来,随着国家对哲学社会科学尤其是新闻传播学研究的大力支持,越来越多的中国学者走出国门,展开了与国际学术组织和各国学者的广泛接

---

① (授权发布)习近平:在哲学社会科学工作座谈会上的讲话(全文)[EB/OL].(2016-05-18)[2024-03-20].http://news.xinhuanet.com/politics/2016-05/18/c_1118891128.htm.

触。然而，此类接触多流于表面，更出现了"学术观光团"的戏称，不仅浪费国家财政资源，也徒增了国际学术界对中国学者的歧见。"实质性"参与强调中国学者以扎实的中国研究为基础，以严肃的学术发表为形式，以通畅的学术交往为目标，步步为营地推进中国新闻传播研究在国际学术界的曝光度和影响力。从学术评价和管理的角度而言，实质性参与国际学术组织和国际学术活动需要得到认可和鼓励，否则导向上就会出问题。其二，以项目制为核心，推动国内外机构间学术合作。过去的中外合作多以签署框架性协议为终点，缺乏后续的、可持续性的合作研究步骤，从而与上述"学术观光"一样流于表面。堆叠的合作协议并不能有效提升中国新闻传播理论的国际影响力。"项目制"的国际合作聚焦于具体的问题研究，建立弹性的合作机制，则有利于锻炼中国学者队伍，能提升其与国际学术界的黏性，产出实质性的学术成果。其三，重视"高质量"的学术出版合作。建立学术成果的同行评议制度，减少学术生产中的官僚主义和圈层主义的负面影响。在中外学术成果互译、联合出版等方面，把注意力从数量转向质量。最后，充分利用多种学术资助机制，通过主办高水平国际学术活动，设立海外中国新闻传播研究机构，以及资助海外学者的相关研究，充分整合学术资源，将中国的新闻传播研究打造成一个开放而包容的学术平台。

三、小结

习近平总书记指出：面对世界范围内各种思想文化交流交融交锋的新形势，如何加快建设社会主义文化强国、增强文化软实力、提高我国在国际上的话语权，迫切需要哲学社会科学更好发挥作用。① 作为哲学社会科学的前沿领域之一，中国的新闻传播研究不仅要跟进全球范围内的技术、市场与政策趋势，更要扎根本土研究，尊重多元的知识传统，提炼理论的新思维和新概

---

① （授权发布）习近平：在哲学社会科学工作座谈会上的讲话（全文）[EB/OL].(2016-05-18)[2024-03-20].http://news.xinhuanet.com/politics/2016/05/18/c_1118891128.htm.

念，找寻与国际学术界对话和合作的新路径。更重要的是，中国学者要"走出去"，更要"走进去"，才能知己知彼，找到与国际学术界的对话空间和发出中国学者声音的最佳时机。当然，这需要长期的学术积累和广泛的学术交往。百闻不如一见，只有亲身的学术体会才能打破封闭的想象，从而树立中国新闻传播研究的主体性。在关注本土和理解国际社会的基础上，中国特色新闻传播理论的国际影响力才可能真正实现。这是一个祛魅的过程，也是一个脚踏实地、实事求是的知识创新。

第三部分
趋势与问题

政治、经济与技术的变奏：全球传播的新趋势与新挑战*

在传统媒体框架之外，以互联网为平台的信息流动已经逐渐占据跨国传播的重要阵地。"斯诺登揭秘事件"的爆出更是向承平日久的世人揭示了国际政治的对抗逻辑——有关信息的主导与控制权之争从未也不会消弭。这让我们忆起美国前国务卿希拉里·克林顿2011年初在参议院拨款委员会上所作的那一番锋芒毕露的陈述：

> "冷战"期间，我们成功地将美国传播出去。柏林墙倒塌后，我们觉得这一切结束了，也不需要这么做了。不幸的是，我们的私营媒体没有延续这一传播优势，我们正在为此付出代价……我们正处在一场"信息战"之中，而我们正在输掉这场战争。半岛电视台崛起了，中国人开办了一个全球的多语种电视网络，俄罗斯人也发起了一个英语媒体网络，我在好几个国家都看到过它，非常有影响力。①

除此之外，令美国权力精英更为担忧的是基于互联网的多媒介形态，正

---

* 本文原载于《对外传播》2013年第8期，收入本书时，略有删改。
① RT. Hillary Clinton declares international information war［EB/OL］.（2011-03-02）［2024-03-20］.http://rt.com/news/information-war-media-us/.

在不断"蚕食"和挑战着美国主导的国际信息与传播秩序,这引发了美国新一轮的对国际社会尤其是非西方国家的道德指责。

本文从对全球信息与传播政治的分析出发,进而探讨大媒介产业的结构性变革,以及技术创新与扩散的逻辑,从而锁定未来全球传播的新趋势与新挑战,为提升中国的全球传播力提供背景参考。

一、从"国际传播"到"全球传播"

在传播和媒介研究领域,一直存在某些概念的混淆使用,"国际传播"也不例外。一般而言,有三个概念需要澄清。第一,国际传播(international communication)强调的是民族国家(主要是政治意义上)之间的传播行为,"对外传播"隶属此类;第二,跨国传播(transnational communication)泛指一般意义上跨越主权国家疆界的传播行为,传播主体可以是国家,也可以是企业;第三,全球传播(global communication)特指新媒介环境下,传播效果可以在全球任何国家或地区、群体或个人之间达成的传播行为,传播主体更为宽泛。

在当下"全球化"加速,信息传播规模以几何级数增长的前提下,我们需要一个概念或者说理念的更新,那就是从"国际传播"到"全球传播":一方面,将中国的对外传播、国际传播视野扩展至新媒介环境下可能触及的全球的任何一个角落;另一方面,拓宽对中国对外传播主体的认识,将"国家"之外的能动性(比如私营媒体机构和互联网上的个人)纳入分析的范畴,因为这不仅是对理论需要的回应,也是对现实的反映。

二、全球传播的政治逻辑:内政与外交

希拉里发表上述言论的背景是,她在为国务院的年度预算拨款争取支持,而参议院拨款委员会认为美国国家的宣传支出和私营媒体的传播业务有重合

之处，因此需要削减它们的经费①。然而，面对国内压力，希拉里的论辩却是以国家安全、"信息战"和预设的"敌人"为理由，凸显了当时主导全球传播的两个相互咬合的政治逻辑，即"内政与外交"的需要。在中国的对外传播政策制定与实施过程中，需要十分关注（尤其是传播对象国的）这一根本性逻辑。

一方面，在以民族国家为主导的世界政治格局中，任何一国的外交、国际关系和全球传播实践都是以本国的内政需要为前提的。鉴于"世界体系"②的不平等，存在着中心、半边缘和边缘国家，具体国家的"国家能力"③与外交政策因此表现不一。边缘国家的外交实力和对外传播力较弱，中心国家则凭借强大的军事、政治、经济和媒体网络硬实力向外施加"软实力"④。这一特征尤其表现在曾经主导全球秩序的"大国"历史中。16世纪的葡萄牙，17世纪的荷兰，18、19世纪的英国以及20世纪的美国分别扮演了这一角色。学者秋风提出，这是世界历史中某国的"历史时刻"——"一个国家按照自己的价值、运用自己的力量极大地影响、改变乃至塑造世界秩序构造之历史时刻"⑤。世界历史是否已经发展到"中国时刻"？我们不得而知，因为当下中国的经济崛起远非单一的"独立自主"发展路径之结果，而是深嵌在全球经济一体化的逻辑之中的。另外，国内复杂的政治、经济、社会和媒体变革进程决定着中国对外传播的多元目标和意义。

就欧美而言，深陷"金融危机"的泥沼之后，多国希望通过诉求"他国威胁论"（比如为中兴和华为进入美国市场召开听证会）等方式来缓解国内紧

---

① RT. Hillary Clinton declares international information war [EB/OL]. (2011-03-02) [2024-03-20]. http://rt.com/news/information-war-media-us/.
② 沃勒斯坦.现代世界体系：16世纪的资本主义农业与欧洲世界经济体的起源[M].罗荣渠，译.北京：高等教育出版社，1998.
③ 韩毓海.五百年来谁著史[M].北京：九州出版社，2009.
④ NYE J S.Soft power: the means to success in world politics[M].New York: Public Affairs, 2005.
⑤ 秋风.世界历史的中国时刻[J].文化纵横，2013（3）：75-80.

张的政治经济和社会矛盾。针对这一形势，中国的对外传播需要首先了解对方的国内政治形势，再制定相关的对外传播策略。

另一方面，有效的外交政策和全球传播策略会由外而内地促进内政问题的解决。以北京奥运会为例，成功的北京奥运会宣传和形象传播，在极大地提升中国在国际媒体上的曝光度的同时，使得国内的民族身份认同得到极大提升，有效地团结了全国人民的精神力量。

三、全球传播的经济逻辑：全球地方化与利益分享链条

对希拉里来说，中国和俄罗斯媒体在全球范围的崛起，并不仅仅是政治意义上的。如果从简单的全球传媒产业角度来说，市场领域内结构性的"权力转移"[1]也许是令以美国为代表的欧美传媒强国所担忧的。正如《纽约时报》2009年的一篇报道，将中国支持媒体"走出去"战略视作国家在创造一种新的"媒体帝国"[2]，在媒体领域复制了"中国威胁论"。

中国媒体向全球传播走出了重要一步，但其经济和市场影响有多大还需要时间的检验。在这里，有必要提出当下全球传播在经济领域的两个主要机制，从而为中国媒体的对外市场化扩张提供结构性背景。

首先，"全球地方化"已经成为跨国媒介集团进入不同国家传媒市场，攫取庞大潜在市场利益的主要手段。一方面，媒介产品（包括传统的电影、电视节目、印刷媒体，以及基于互联网平台的游戏、视频、音频和其他应用）以全球市场为目标，以获取不同国家市场需要的"最大公约数"为主要考量标准，相关的要素包括语言（主要是英文）、结构（主要是被验证成功的"类型化"内容生产）、文化（去意识形态化和去政治化的文化，以泛化的个体、家庭和群体为讲述对象）和市场推广与销售策略（比如借助具有国际视野和

---

[1] 赵月枝.专题研究·"传播与全球权力转移"[J].现代传播（中国传媒大学学报），2013，35（6）：58.
[2] China Yearns to Form Its Own Media Empires [EB/OL]. (2009-10-04) [2024-03-20]. https://www.nytimes.com/2009/10/05/business/global/05yuan.html.

经验、分支机构分布广泛的广告和公关公司）等。成功的全球传播案例从美国和英国的新闻节目、纪录片，到遍布全球的综艺选秀节目、电视游戏节目、真人秀节目，再到故事情节单一、注重科技感和高投入的电影、电视等，不一而足。

另一方面，在一个"地球村"里，各国共享着"全球化"所带来的不断趋同的媒介消费方式，但不同国家的文化传统和市场格局也多有差异，这就导致了全球传媒市场绝非铁板一块，我们需要在产品生产、流通和消费过程中充分考虑目标国家和地区市场的特殊性。这就引发了有关"地方化"的考量。以好莱坞的所谓"中国元素"为例，从早期的《花木兰》和《卧虎藏龙》，到后来的《功夫熊猫》系列电影，好莱坞不仅采撷中国文化故事为其所用，更借此所谓"多元文化"要素，拓展其包容性，"横扫"以中国为代表的新兴电影市场。同样的逻辑也适用于其他国家。其实，这一系列现象背后，是简单的利润导向逻辑，换句话说，获得更多的票房是支持这一"全球地方化"逻辑和行为的核心推动力。

其次，新媒体领域的市场逻辑稍有不同。上述"全球地方化"策略仍带有明显的"中心与边缘"的不平衡关系，核心生产要素都被掌控在欧美的主要媒介集团手中，只有很少一部分生产环节得以"外包"给其他国家。然而，基于互联网（尤其是移动互联网）的新媒介市场结构则更为"扁平"，从而形成了一种"利益分享链条"的工作机制。换句话说，在新媒介经济中，一家独大是不可能的，互联网公司、媒介机构乃至个体的内容生产者都互相连接在一起，共同形成了一个可以被称为"新媒介经济"的生态系统。

以苹果公司为例，史蒂夫·乔布斯的传记虽以"活着就为改变世界"[①]为封面宣传语，但是从经济结构的角度探究苹果的成功，我们会发现：一方面，全球不平等的劳动分工和价值分配使得苹果可以获取高昂的硬件销售利润，而类似中国富士康工厂的劳工问题就成为苹果成功故事的另一面；另一方面，

---

① 扬，西蒙.活着就为改变世界：史蒂夫·乔布斯传[M].蒋永军，译.2版.北京：中信出版社，2010.

也许对我们分析全球传播新趋势来说更具有启发意义的，就是苹果于 2008 年创建的 Apple Store 平台及其所导引的利益分享机制。根据苹果公司的统计，2012 年 Apple Store 的下载量达到 200 亿次，占历年总下载量的 50%；而据时任 Apple 互联网软件与服务高级副总裁埃迪·库（Eddy Cue）透露："开发者通过 App Store 赚取了超过 70 亿美元的收入，我们则持续投入资金，为他们提供最好的生态系统，让他们能创造出全球最具创新的应用程序。"① 其中，中国用户的利润贡献虽然仅占 3.1%，但其拥有庞大的市场前景，是最具活力的②。当然，后来者安卓系统在这方面更具开放性和开源特征，因而在几年内跃升为世界第一大智能手机平台。

针对这一对主导型逻辑，中国的全球传播需要在国家、企业和个体多主体协同的基础上，充分考虑如何在全球范围内推广中国媒介产品，如何对接"最大公约数"；另外，要充分开放中国人接入利益分享链条的可能，发挥中国市场的人力和智力优势，扭转移动应用平台上"别人生产，我们消费"的被动局面。

四、全球传播的技术逻辑：创新的平面化扩散

在技术哲学（philosophy of technology）领域，有两个概念得到了学者的明确区分：科学（science）和技术（technology）。前者指的是按照单一的实验室创新逻辑，进行发明创造；后者则关注科学发现与社会的融合过程，也就是技术的社会应用。

在整个信息与传播发展史中，科学的研发扮演了十分重要的角色，从莫尔斯电码到广播，从模拟电视到数字电视，从美国军用的阿帕网到如今的互

---

① App Store 下载量突破 400 亿次，2012 单年下载量近五成［EB/OL］.（2013-01-07）［2024-03-20］.https://www.apple.com.cn/newsroom/2013/01/07App-Store-Tops-40-Billion-Downloads-with-Almost-Half-in-2012/.

② Apple's China App Store：18% of downloads, but only 3% of revenue［EB/OL］.（2013-01-07）［2024-03-20］.http://www.stenvall-skoeld.com/1998/china-apple-app-store-market-size-revenue.

联网、移动互联网等，科学的革命为技术应用提供了起点。然而，更重要的变化来自技术与社会的结合层面。

进入20世纪末，随着万维网（World Wide Web，WWW）技术的突破，世界范围内的超媒体文件的存储和共享成为可能。尽管在世界范围内仍然存在着不断扩大的"数字鸿沟"（digital divide），但互联网的渗透广度和深度都是空前的。它不仅使得麦克卢汉意义上的"地球村"成为可能，而且有效地促进了全球政治、社会尤其是经济领域的互联，成为经济全球化的重要机制。

21世纪初，另一项互联网技术突破促成了进一步推动全球传播平面化的重要动力——社交媒体的诞生。之前的互联网传播基本上照搬了传统媒体时代的信息传播等级制度，拥有组织化信息与传播权力的政府、企业和媒体是主导者（门户网站为典型）；然而，社交媒体有效地组织起了互联网上的普通个体，由下而上地成为重构互联网传播结构的重要力量。脸书（Facebook）和微博的成功凸显了普通个体的传播力量。当然，社交媒体也成为世界各国和社会各方力量博弈的场所。在这个意义上，对全球传播的分析需要充分考虑互联网尤其是社交网络平台上传播主体的多样性和扁平化特征。

在这个意义上，中国的全球传播需要践行社交媒体时代的扁平化操作路线，充分发挥普通个体在传递中国声音、"让世界了解中国"、塑造中国形象方面的积极作用。国家的信息宣传和治理也需要在保证"信息安全"的前提下，充分考量这一社交媒体的传播潜力，给予足够的政策支持。

超越西方化：中国国际传播的困境与出路*

中华人民共和国成立以来，中国共产党领导的对外宣传或国际传播工作走过了七十余年的光辉历程，提炼出了内外有别、外外有别、一国一策，以及打造全媒体对外传播格局等处理不同历史阶段国际舆论状态和信息环境、讲好中国故事的指导性原则。就国际传播理论或主导话语而言，中国的对外宣传工作也内化了至少三种主要范式，并在积极实践中拓展着与国际社会的对话空间。借用科林·斯巴克斯（Colin Sparks）提出的概念[1]，这三种范式分别为：发展主义范式，强调中国经济增长对本国社会、发展中世界以及全球可持续发展的贡献，但在独立自主、和平共处的外交政策框架内不对外输出中国模式；帝国主义范式，强调西方主导的国际舆论格局对世界信息与传播秩序的多样性和公正性的危害，中国通过媒体"走出去"和文化"走出去"对这一秩序重建的努力，以及其中暗含的全球话语权力转移[2]与"全球南方"[3]的崛起；全球化范式，强调全面连接、多元主体和广泛参与，试图打造一个协奏交响而不是众声喧哗的中外交往生态。以上三种范式虽然在立场、战略和技巧上各有侧重，却往往共同形塑着中国外宣的导向和格局。目前来说，发展主义仍然是主导范

---

* 本文原载于《青年记者》2021年3月下，收入本书时，略有删改。

[1] 斯巴克斯.全球化、社会发展与大众媒体[M].刘舸，常怡如，译.北京：社会科学文献出版社，2009：86.

[2] 赵月枝，姬德强.传播与全球话语权力转移[M].北京：世界知识出版社，2019：65.

[3] 张志华.传播研究的"全球南方"视角[J].现代传播（中国传媒大学学报），2017,39(12)：16–19.

式，帝国主义范式往往被用于在国际舆论战和地缘关系中表达中国立场，而全球化范式更多表现在技术、市场和个体主义话语实践中。

综上，中国的国际传播工作形成了较为清晰的自我认知定位，锻造了对国际舆论环境的复杂分析能力和对本土传播资源的整合应用能力，展现了一个大国在管理自身形象、表达沟通意愿、创新传播手段、改善国际舆论和进行有节制斗争上的系统化努力。然而，国际传播从来不只是一个单向乃至同化的过程，而是充满了结构性与能动性的张力，尤其展现了不均衡和不平等的国际硬实力格局在软实力关系上的直接投射。更重要的是，这一投射往往被参与各方所内化，咬合进自身的传播动机、传播实践和效果评估之中，最终结果并不是期待中的新秩序，而是对旧秩序的调整与延续。正如在解决"挨骂"问题上所面临的矛盾，是否越"走出去"越容易挨骂？以及，在当下，如何解释中国在许多国际事务上作出的贡献与西方民调中所展现的对中国国际形象的评价的空前下滑之间的矛盾？

要破除上述困境，本文认为需要首先反思中国国际传播工作中的"双重西方化"问题，即外部舆论环境的西方化和内部认知结构的西方化。只有认识到"西方化"（westernization）是一个霸权主义机制，也就是共识的互构过程，才能有效清理外宣工作中的"他者化"问题，夯实自身在国际传播中的道义和实践的主体性。

一、外部舆论环境的西方化

长期以来，"西强东弱"被认为是国际舆论环境，尤其是国际媒体权力格局的主要特征。从 1870 年签署的三社四边协定对世界新闻业的寡头垄断式瓜分，再到源自西方国家的少数跨国传媒巨头主导世界传媒市场，以及如今全球互联网的美国中心主义结构和未见缩小的数字鸿沟，都似乎在佐证这个不均衡和不平等的权力格局还会长期延续下去。比如，虽然以中国为代表的新兴经济体在互联网领域的增势显著，也孵化了具有潜在全球影响力的超级互联网平台（如阿里巴巴），但是相比发达国家而言，接触使用上的量化差距还是显而易见的(见图1)。全球互联网流量也大多集中在欧美主要国家[1]，更不用说涉及全球互联网治理结构底层的基础设施分布和掌控权的集中化。始自2020年初的新冠疫情在很大程度上加剧了这一全球互联网发展的不均衡性，让本就"数字贫穷"的国家、社区和群体变得更加脆弱，让跨国数字平台变得愈加具有垄断性和统治力。我们将这一不均衡现象称作疫情驱动下的全球平台化（platformization）进程。结合不断加剧的数字地缘政治矛盾，中国的国际传播工作所面对的外部信息环境和舆论生态变得愈加复杂，曾经处于前台的西方霸权面孔正逐渐退至后台，而替换而来的是庞杂善变的技术景观。

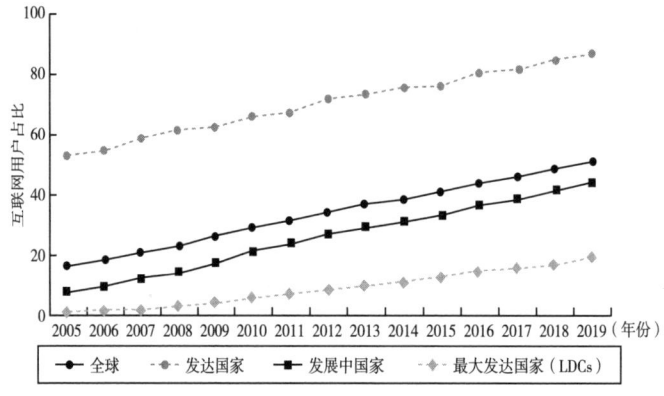

图1　全球互联网普及率（2005—2019年）[2]

因此，系统认知外部舆论环境的西方化，既需要一个历史的视野，以挖掘权力结构的惯性，也需要一个解构的视角，以拆解技术景观背后的新兴权力体系。这也许是在当下重新探讨西方化的新语境和新路径。本文将这一西

---

[1] 2021 Global Internet Map Tracks Global Capacity, Traffic, and Cloud Infrastructure［EB/OL］.（2021-02-16）［2021-03-15］.https：//blog.telegeography.com/2021-global-internet-map-tracks-global-capacity-traffic-and-cloud-infrastructure.

[2] Percentage of global population accessing the internet from 2005 to 2019［EB/OL］.（2020-03-09）［2021-03-16］.https：//www.statista.com/statistics/209096/share-of-internet-users-in-the-total-world-population-since-2006/.

方化具体的表征梳理如下，共有三个方面。

第一，国际信息流动的方向大多是从西方国家流向非西方国家，即便存在着"反向流动"[①]的特例，比如宝莱坞和韩流对全球和地区娱乐产业的影响，半岛电视台和今日俄罗斯在世界新闻市场的崛起，以及后来的中国媒体"走出去"[②]，这一统计意义上的量化趋势在短期内也无法得到根本改变，这驱动着以中国为代表的新生力量一方面继续与西方主要媒体在具体国家和地区市场上短兵相接，另一方面也反向孵化着非西方国家内部的互联互通，从地缘意义上来说，即全球南方国家之间的国际传播。除此之外，上文提到的全球互联网流量也展现着更多向欧美国家集中化的趋势，通过一种地方性的聚集巩固和扩大着数字鸿沟，或者更准确地说，生成着全球范围内的数字断裂。

第二，按照丹尼尔·C. 哈林（Daniel C. Hallin）和保罗·曼奇尼（Paolo Mancini）的归类标准[③]，在北大西洋国家（以美国和英国为代表）的自由主义体制主导下，全球媒介体制呈现同质化趋势，媒体的"自治性"（autonomy）被广泛认为是政治民主和新闻专业合法性的基石，即便学者在现实层面从未厘清过其与政治经济权力的共生关系。换句话说，除了信息流动格局的等级制，国际舆论环境西方化的另一个重要稳定器是域外传媒制度的相对同质化，相似的制度运行经验导致了外部世界看待中国传媒制度的相对一致的态度和立场，不管是在西方发达国家还是非西方的发展中国家。这些立场从对威权主义的批评到对神秘主义的猜疑，不一而足。

第三，国际舆论话语权大多被源自西方国家、以全球为市场的建制化媒体机构所主导，从规范、概念和框架等维度定义着国际传播的初始议程，掌握着上游的解释权。也就是说，源自西方社会的地方性知识和价值体系被等

---

① THUSSU D K. Contra-flow in Global Media [J]. Media Asia, 2006, 33 (3-4): 123.
② THUSSU D K, BURGH H D, SHI A, et al. China's media go global [M]. London: Routledge, 2017: 66.
③ HALLIN D C, MANCINI P. Comparing media systemes: three models of media and politics [M]. Cambridge: Cambridge University Press, 2004: 198.

级化的国际话语金字塔放大为所谓普世标准神话，框定着非西方社会的国际表达。而且，这一话语合法性也护航着西方媒体在全球市场的经济垄断。与此同时，需要强调的是，超越简单的东西方二元对立，一个基于后殖民主义的国际媒体格局将这一去语境化的西方优越论和话语霸权的构建通过"转化"（translation）①和"驯化"（domestication）②延伸至广大发展中国家，深刻影响着对非西方媒介体制的负面认知乃至不屑认知③，从而也就无法超越这一西方体制终结论。

近年来，随着超级互联网平台的崛起，尤其是美国平台系统对于中国以外大多数市场的占领，这一外部环境的西方化在计算基础设施建设、算法孵化内容和网络治理模式等方面得到进一步强化，也深刻影响着全球数字地缘政治④的走向。2017年10月6日，名为"全球数字政策孵化器"（global digital policy incubator）的研究机构在美国斯坦福大学民主、发展与法治研究中心成立。成立仪式上，美国的政治、经济、科技和思想精英共聚一堂，为共同面对的数字技术为民主和人权带来的挑战提供理论和实践的解决方案。美国前国务卿希拉里·克林顿在主题发言中强调了与俄罗斯的信息战和在全球数字政策制定中保护"美式民主"的目标⑤。可见，美国精英群体早就启动了在一个数字化时代巩固或重拾自身在全球政策中的定义权的战略行动。

综上，对中国的国际传播工作而言，外部舆论环境的西方化是一个系统

---

① CHAKRABARTY D. Provincializing Europe: postcolonial thought and historical difference [M]. Princeton: Princeton University Press, 2008: 1.
② 陈韬文，李金铨，潘忠党. 国际新闻的驯化：香港回归报道研究 [J]. 新闻学研究, 2002(1):8.
③ 笔者在多个场合的国际教学和学术交流中，就曾屡次碰到并不了解中国，缺乏一手观察和分析资料的发展中国家学者、学生和媒体从业人员，他们一上来就质疑中国媒体的合法性问题，尤其是指责其与政治权力的紧密联系，而全然无视调查研究的重要性，也并未反思自身的后殖民主义的有色眼镜。
④ 姬德强. 数字平台的地缘政治：中国网络媒体全球传播的新语境与新路径 [J]. 对外传播, 2020(11): 14-16.
⑤ Launch of the Global Digital Policy Incubator [EB/OL]. (2017-10-06) [2021-03-17]. https://cyber.fsi.stanford.edu/gdpi/content/gdpi-launch-conference-report.

性过程，既有宏观的基础设施和市场结构的集中度问题，也有中观的媒介体制同质化倾向，更有微观的故事结构和话语模式壁垒。需要注意的是，西方化也是全球化，或者说主导着全球化。在很大程度上，中国外宣面临的未来挑战并不仅在于如何与西方主要国家的博弈与对抗，而是如何与受到后殖民主义影响并成为事实上西方霸权有机构成者的非西方社会重建体制信任和重组话语连接。在很大程度上，这一传播伙伴或者话语联盟关系是否能够形成，将决定全球南方能否真正作为一个正在崛起的力量，并推动构建世界信息与传播新秩序。

二、内部认知结构的西方化

如前文所述，基于漫长的革命斗争史和国际交往史，中国的国际传播工作在基本的立场和战略层面已经形成较为完善的体系，也呈现了直面百年未有之大变局时中国的政治定力。我们也许可以简要地将这一定力提炼为三个维度，即全心全意为人民服务、为中华民族伟大复兴而奋斗的内部政治合法性，独立自主、自力更生的外交工作合法性，以及求同存异、美美与共的文化交往合法性。坚守这三个合法性原则，中国的国际传播工作就不会在纷繁复杂、瞬息万变的国际舆论场中迷失方向，也不会背离外宣工作的核心目标，即为国内经济社会的发展、人民福祉的获得、国家的安全与稳定营造良好的外部舆论环境，同时积极促进全球和平与发展，匡扶全球交往正义。

当然，纵观改革开放四十余年的创业史和发展史，深度参与全球化的中国也部分地内化了西方主导的国际舆论格局内的一系列理念、标准、理论和做法，并将之与内宣和外宣实践相结合，在通过"接轨"打通与国际舆论场对话渠道的同时，呈现自我西方化的特征。换句话说，这一内部西方化确实有效借助理念和知识创新，让一个快速全球化的中国可以被国际社会所讲述和所理解，中国故事也借此进入了全球故事的叙述框架，尽管其中仍然充满叙述主体的外部性和叙事主体的他者化，甚至意识形态化，但中国与国际社会对一个"世界结构"① 中的中国崛起的形象期待更加匹配,这促进了多层次的中外交流,也展现了一个朝向特定方向的开放中国。然而,随着世界权力格局的变化,尤其是中国在应对内外部环境变化,追求自身可持续发展道路的过程中所展现的日渐清晰的主体性追求,这一内部西方化的局限就凸显出来。尤其是在世界经济体系框架内,在从一个边缘国家逐渐迈向中心国家的过程中,中国所内化的机遇与危机并存,急需以己之力对其加以应对和管控,并作为一个先导性力量反哺全球化的理论与实践创新。在这个背景下,反思和超越内部西方化的认知结构就具有了更加重要的现实意义。我们可以清晰地看到,党的十八大以来,或者 2008 年全球金融危机爆发以来,伴随着经济稳步崛起的是中国解决自身问题的同时解决全球发展问题而不断总结、提炼和理论化了经验、智慧和方案。这些认知超越和知识创新既属于民族主义意义上的中国,更属于世界主义意义上的全球社会。

在一个"后疫情时代",我们更需要持续反思这一内部西方化的认知结构对理解和讲述一个全球化中国所带来的限定性影响,尤其需要关注如下两个维度,并以此来不断自省西方化这一历史进程的顽固性、霸权性和矛盾性,从而以更加开放的态度——而不是回归"一直寄生于人类文化"、不断"驯化"的民族中心主义和自我中心主义②——对外讲好中国与世界的故事。

构成内部西方化的第一个认知维度或认知偏狭就是"英美即西方",它忽略了西方内部的复杂性和地方性,以及非西方国家在处理殖民主义遗产做法上的多元性。不可否认,作为先后主导资本主义全球化进程的两个帝国,英国和美国在建构和领导现代国际关系格局上的大国角色确实不容忽视。从文化帝国主义的角度来说,英国和美国携其国家机器和跨国公司,在全球传播产业的基础设施建设、治理体系设计和主要议程设置等方面也扮演了霸权性角色。中国的国际传播工作必然要与这一集中化的权力结构进行对话和互动,

---

① 全球化与中国社会科学的"知识转型"[EB/OL].(2010-01-04)[2021-03-17].https://www.chinesefolklore.org.cn/blog/?viewnews-12245.
② 单波.民族中心主义的后果[J].跨文化传播研究,2020(2):5-9.

而且已经取得阶段性的进展，比如把国有媒体和文化机构通过多种合作方式推广到两个国家，赢得了在场感和声量的增加。然而，这一以英美及其主导设立的全球传播秩序为纲的认知框架正在面临诸多挑战：一方面，帝国本身的收缩和式微使得中国在全球的所谓"扩张性"行为被标签化为对全球传播秩序的威胁和挑战，换句话说，中国声量的放大并不会被放置在自由主义和多元主义的框架里进行解读，而会被看作对自由和多元的消解，这一明显的"双标"直接将矛头指向中国的政治制度，对媒体与传播的关注反而往往退居其次；另一方面，英美之外的世界虽然受到帝国传播秩序的影响，但也并不是完全同质化的，不管是在欧美版图内部，还是在其他发展中国家与地区中，都充满了地方性和异质性。如果英美所设定的标准是充满弥赛亚主义的普世主义，那么英美之外的世界可以被理解为世界主义的，后者恰恰更符合中国所坚守的独立自主、求同存异和美美与共的天下传播观。在这个意义上，中国的国际传播工作要突破英美中心主义，在认知层面解放西方世界内部和非西方世界的多元社会和多元文化的主体性；与此同时，针对发展中世界的诸多后殖民国家，应在发展主义主导的国家传播框架内，找寻并清理自身殖民主义、追求发展主体性和多样性的共鸣之处，避免被新殖民主义的话语所绑架。

构成内部西方化的第二个认知维度是"自我他者化"，它没有做到全面认知自己的传统和根基，以及语境化理解"他者"。这里的"他者"，正如上文所述，主要是一个想象的、简化的和本质化的"西方"。长期以来，在源自以美国为代表的西方世界的新闻/媒体理念和传播理论的舶来式影响下，中国的对外宣传工作在很大程度上实现了以理性化和科学化为核心的去政治化转向。从主动接收去语境化的、伪装成普遍理论的传媒的规范理论，到如今以均质化受众观为基础的国际传播效果评价标准，拥有漫长斗争史和丰富实践史的对外宣传工作摇身一变为对外传播或者国际传播，在以简单的传递观或散播观积极融入"二战"后西方主导的国际传播话语秩序的同时，渐渐规避了这一秩序本身所依托的中心—边缘关系，更疏远了曾经主导中国外交和外宣工作的革命理论。面对这一"自我他者化"的困境，中国的国际传播工作可以从如下两个方面实现认知突破：第一，系统而深入地语境化理解"西方"，也就是那个作为参照系的他者。语境化的主要原则是将理念和知识放置在其原生的历史、社会和文化等语境中去理解，而暂时忽略其跨越时空边界的旅行、结合和挪用，也就是再语境化的过程。比如，当我们把西方传媒制度简单理解为所谓自由制度时，是否意识到这一自由本身就是地方性历史的产物，是解决特定地理区位、历史阶段和社会制度内部矛盾的策略性手段？正如新闻史上，英国废除出版印花税，将工人阶级主导的报业导向商业化的自由市场，主要解决的是新兴资产阶级与广大工人阶级在舆论影响力和话语权上的矛盾问题①。再如，当我们谈论西方传媒制度的时候，是否意识到西方内部的巨大差异，正如丹尼尔·哈林和保罗·曼奇尼通过经验方法所揭示的欧美社会中媒介与政治关系的多元模式②。早在该书出版的 2004 年，这两位"西方"学者甚至不揣浅陋地提醒读者，这些模式本身既是马克斯·韦伯（Max Weber）所说的"理想型"模式，无法解释复杂的现实进程，也不具备任何在调研世界之外的可复制性，遑论作为标准被用于评价他者。更不用说威尔伯·施拉姆（Wilbur Schramm）在伊利诺伊大学的同事约翰·尼罗的等人（John C. Nerone）对其所著的《传媒的四种理论》一书遗产的坚决清理与系统反思。③既然西方内部的自我反思乃至自我解构一直存在，我们的西方视野为何却往往在本质主义的道路上不断自我强化？与此同时，中国的国际传播理念本就有着丰富的国际维度，需要不断进行重访和重建。除了文首提到的国家战略层面的内外有别、外外有别、一国一策和全媒体格局等原则之外，理论层面上的遗产还包括马克思主义国家理论④和新闻理论，尤其是其中的媒介与社会的互构式分析，以及基于中国内外宣实践而生成的喉舌论、正确舆

---

① 赵月枝."窃听门"与自由主义新闻体制的危机［J］.文化纵横，2011（5）：118–122.

② HALLIN D C，MANCINI P. Comparing media systemes：three models of media and politics［M］. Cambridge：Cambridge University Press，2004：11–13.

③ 尼罗，周翔.最后的权力：重译《报刊的四种理论》［M］.汕头：汕头大学出版社，2008：75.

④ 洪宇.后美国时代的互联网与国家［J］.国际新闻界，2020，42（2）：6–27.

论导向、以正面报道为主等概念①。这些看似教条化的原则如今正随着中国媒体"走出去"而在其他国家和社会的舆论土壤中生根发芽。笔者曾多次在国际留学生授课中聆听到非洲媒体从业者对"正面报道"（positive reporting）原则的肯定。这显然不完全是因为他们对中国媒体制度的高度认可，他们只是希望借此平衡主导性的西方媒体对其所在国家和社会的长期负面刻画。在很大程度上，这是中国内宣理念的外宣化，但也契合了交往对象国的变革需求。这个巨大的理论空间应成为未来外宣研究和实践的重要发力点。

三、小结：西方化的悖论

在笔者主持的全球传播英语课程中，一个来自肯尼亚的博士留学生曾经展示过两段主题相似但是导向迥异的视频新闻。一则来自英国广播公司（BBC），讲述的是一名外籍记者与当地警方合作，将自己的信息以犯罪嫌疑人的身份输入中国的监视系统，并在短短几分钟的步行范围之内，在一个公共区域被迅速识别出来的故事。另一则来自中国国际电视台（CGTN），讲述的是中国的监视系统如何借助大数据和人脸识别技术打击犯罪分子的故事。如果这两则新闻都以国际受众为目标，那么英国广播公司的报道显而易见地巩固了有关中国是一个"监视国家"的认知，而中国国际电视台的报道也很难用"世界上最安全的国家"这个结论来说服那些相信英国广播公司叙事倾向的受众，反而很大可能进一步加剧国际受众对"监视国家"侵犯个人隐私的广泛担忧和质疑。

对中国的国际传播工作而言，西方化无疑是一个悖论式的存在。进一步融入西方必然会面临从基础架构到制度设计到运行方式到实践理念的同化的风险，以及深陷话语泥潭而无法自明的窘境，正如上述案例所展示的那样；而与西方断联或者脱钩则将失去一个重要的舆论场，既违背了中国外宣工作

---

① ZHAO Y. Sustaining and contesting revolutionary legacies in media and ideology [M] //ZHAO Yi. Mao's invisible hand: the political foundations of adaptive governance in China. Cambridge: Harvard University Press, 2011: 201–236.

的宗旨，也与一个全球化中国发展的文化影响力诉求相左。也许，在这个百年未有之大变局和中国共产党建党百年的历史时刻，中国国际传播工作最迫切需要重访和重思的，不是充满矛盾张力的各式规范性理念，而是超越西方化，聚焦于从历史中一步步走出来的实践逻辑，用中国实践创新中国理论。这一实践逻辑的丰富性需要得到更加深入的挖掘和更加系统的提炼。

TikTok 研究：一个国际传播的前沿领域*

随着 TikTok 在全球的崛起，TikTok 研究也正在兴起并逐渐成为国际传播的前沿领域。TikTok 对传统国际传播秩序的挑战性和对新兴国际传播生态的平台性驱动着国际传播的理论创新。对国际传媒学术界而言，长期以来，源自中国的媒介往往是例外的或他者式的存在①。不管是与政治制度的高度互构关系，还是在一个封闭市场内的垄断式发展，中国的传统媒体和新兴媒体大多被解释为一般性传媒理论之外的特殊案例，一方面，西方可以将其用以自我佐证西方主导的传媒理论的合理性，另一方面，西方也可以对这一媒体制度的全球化进程抱持意识形态上的敌视态度。这一点主要体现在被称为传媒的规范理论（normative theory）的研究传统中，也因此和缺乏有关中国传媒制度、历史和实践的经验研究的学术现状保持了高度一致。然而，TikTok 的兴起和繁荣在很大程度上撼动了这一学术格局，在将自身发展成为一个新兴的国际传播平台的同时，给国际传媒研究带来了问题挑战，而这一问题的核心，也许是如何处理其与中国的复杂关系。因为，显而易见，TikTok 与中国有关，但又是属于全球用户的；TikTok 虽然源自中国，但不是跨国数字平台的东方跟随者，而是创新者乃至超越者。立足于这一交叉点上，我们发现一个新兴研究领域正在围绕 TikTok 而展开，并且吸纳了国际学术界的多元力量。因此，面对加强和改进国际传播工作的政策要求，以及深入和创新理解

---

* 本文原载于《视听理论与实践》2022 年第 2 期，收入本书时，略有删改。
① 姬德强."双重西方化"：中国外宣的困境与出路[J].青年记者，2021（6）：18—20.

国际传播前沿变革的学术要求，本文将基于对 TikTok 崛起这一国际传播大事件的分析，集中梳理 TikTok 研究这一前沿领域的国内外研究现状，最终回归到立足中国的对国际传播学术和话语体系创新的讨论。

一、国际传播的大事件

在加强和改进国际传播工作的政策背景下，在国际媒体陷入意识形态旋涡的斗争环境里，各类数字平台逐渐成为"后疫情时代"讲好中国故事的重要选择。这主要源于数字平台的三个基本特征：其一是市场导向，即以用户或流量的货币化为核心目标；其二是可编程性，即基于数据和计算的实时个人化定制服务；其三是参与文化，即在虚拟空间中突破传统文化边界，塑造新的文化交往和圈层机制。伴随着数字平台的崛起，国际传播的平台化进程[①]也得到了加速和加强。对中国的国际传播工作而言，数字平台为全球化和本土化这个一体两面的问题提供了解决方案。

在众多数字平台中，源自中国市场的 TikTok，即抖音海外版，自 2017 年发布以来，通过兼并 Musical.ly 和不断更新针对目标市场的算法，迅速进入了传统媒体可望而不可即的海外主流市场，尤其是在市场逻辑下收获了最活跃的数字原住民用户群体，并逐渐向中老龄群体拓展。截至 2021 年 9 月，TikTok 的全球活跃用户总量超过 10 亿；同时，TikTok 成为 2021 年度美国市场和全球市场下载量排名第一的移动应用。基于此，至少从流量和用户层面，TikTok 的市场成功和技术优势满足了传统国际传播思维下以到达率或者使用率为指标的效果想象，进而被认为是国际传播工作转型发展的新增长点，也参与驱动着国际传播研究和实践的平台化转向。

与其他数字平台的兴起不同，TikTok 在全球市场的挑战者之势——尤其是面对以"油管"（YouTube）和"照片墙"（Instagram）为代表的源自西方市

---

① 姬德强.平台化突围：我国国际媒体提升传播效能的路径选择[J].中国出版，2021（16）：8-11.

场的垄断平台——已经形成，加之其对移动化娱乐和数字化生活的深刻影响，尤其是其基于个体用户实时数据计算而打造的自动化视听内容产制对全球和地方市场内信息消费和文化交往的革命式变革，因而获得欧美学术界从规范到经验等多个角度的广泛关注。其中，最具有事件性影响的是美国前总统唐纳德·特朗普曾以危害国家安全为由宣布封禁 TikTok，进而引发了有关数字平台的地缘政治的争议。商业化数字平台被地缘政治捕获也成为疫情背景下国际传播的结构性议题。除了这一大国博弈下的平台政治，TikTok 这一技术平台和商业体系的复杂性也正在被广泛讨论。比如，TikTok 的算法技术如何加速了数字平台的全球本土化进程，TikTok 如何促进了文化创意产业在数字平台上的多元发展，以及 TikTok 上的产消者或者数字劳工问题等。对中国的国际传播研究而言，TikTok 更多被视为字节跳动的全球化成功，以及短视频平台出海的创新探索。中文文献经常采用"抖音海外版"这一中文名词称呼后者就是一个典型证明。

在上述意义上，TikTok 已经不仅是一个国际传播的大现象，而成为一个国际范围内多学科参与研究的新领域。正如一些学者所梳理和分析的那样，这是一个正在快速拓展和不断多样化的研究领域[①]。因此，为了更进一步理解 TikTok 的崛起对国际传播一般理论和实践的影响，以及对中国国际传播工作的启发意义，对国内外近期的代表性文献进行梳理就变得十分必要，更值得注意的是，此类研究文献以及相关的研究实践已经在探索搭建一个 "TikTok 研究"的前沿领域。在学科交互的背景下，"TikTok 研究"有可能和其他交叉领域一样，成为媒介与传播或国际传播研究的新增长点。

二、全球学术的新热点

图绘这一新兴领域，也许可以从最为简单的国内外文献的比对开始。因

---

① ZENG J，ABIDIN C，SCHAFER M S. Research perspectives on TikTok and its legacy apps - introduction［J］.International journal of communication，2021（15）：3161.

为这一简单的比较视野，本身就是至少由三重研究传统的碰撞、交叉与融合而成的。这三种研究传统分别是：中国媒体的市场结构和制度特征及其在跨国数字平台上的延伸，以及所导致的有关数字地缘政治的讨论；国际传播的平台化及其在不同区域内的表现，带有鲜明的平台经济视野和制度主义的比较传统；以及宽泛意义上的媒介与传播研究，往往以功能主义为导向，关注新兴媒介如何被不同领域所使用才能满足包括知识、心理和情绪在内的多元社会诉求。

英文学术界对 TikTok 的研究呈现一种初步的多元化走向。受到新冠疫情的影响，有关 TikTok 与 Covid-19 的文章也在逐渐增多。由三位学者主编的《国际传播学刊》(International Journal of Communication) 2021 年专辑，聚焦于梳理 TikTok 的研究视角，并讨论了 TikTok 与其母体软件 (legacy apps) 的关系。在专辑的导言中，三位作者从两个角度描绘了这个新兴领域的研究现状①。首先是 TikTok 兴起的三个重要背景，分别是 TikTok 的中国源起，以"个人主页" (For You Page) 为核心的技术特征和参与文化——或者说更具内容创造力的迷因文化所展示的模仿与复制赋能②，以及上文所述的地缘政治问题。其次是文章对相关英文文献进行了整体梳理和分析，提炼了两个方面的重要发现：第一，研究的热点——从数量层面——聚焦于 TikTok 在新冠疫情中扮演的角色、用户行为与内容特征以及这一平台的技术特点；第二，五个主要参与其中的学科或领域，分别是计算机科学、社会科学、医学、商业与管理学、艺术与人文学，其中增长最快的是医学，可见 TikTok 研究的多学科或跨学科属性。该专辑的五篇文章也分别从技术的社会建构、数字平台与文化实践的互相建构、平台的可供性与科学传播的机遇和挑战、医疗工作与可见性劳工、中国社交媒体上的地方主义等角度，探讨了这一领域的扩展性和多样性。上述专辑对 TikTok 研究的梳理和拓展，展现了多元学科

---

① ZENG J, ABIDIN C, SCHAFER M S. Research perspectives on TikTok and its legacy apps - introduction [J]. International journal of communication, 2021 (15): 3161–3172.

② ZULLI D, ZULLI D J. Extending the internet meme: conceptualizing technological mimesis and imitation publics on the TikTok platform [J]. New media & society, 2022, 24 (8): 1872–1890.

对 TikTok 的关注与其创新性的平台特征有着密切关系，后者也是平台研究（platform studies）的基础。在这个意义上，我们也许可以将 TikTok 研究归纳为在新冠疫情期间快速发展并不断丰富和完善的平台研究的一个有机组成部分。

在平台研究中，数字平台在全球的不均衡、差异化乃至对抗式发展也逐渐获得关注。这一点在 TikTok 研究中表现得十分明显，主要涉及两个方面。一个是 TikTok 与其中国国内版本抖音的"共同进化"（co-evolution），这一研究兴趣既指向中国互联网管理制度对两个平行应用平台的设计、开发和推广的影响，也指向曾经分割的全球平台系统在同一家公司实现内部统一的现实，并最终贡献于有关平台企业从全球本土化到"平行平台化"（parallel platformization）运营的理论创新[1]。另一个是如上文所强调的围绕 TikTok 的平台发展差异性乃至与其他平台的地缘关系。《纽约时报》2019 年的一篇长文就以"TikTok 正在如何重写世界"为题[2]，细致描绘了这一平台的技术特征和传播影响，并强调了这一平台对中心化控制和分配机制的执着，以及在其他社交平台被禁止的中国市场的快速发迹。从这一分析中，我们可以发现对于这一新兴平台的技术能力和伦理边界的警惕。更为批判的分析来自对中国互联网"走出去"所引发的所谓地缘政治紧张关系的研究。比如，有学者关注到 TikTok 这一短视频平台挑战了美国平台公司在文化、经济和政治上的垄断权力，而参与这一地缘政治讨论的政府声音往往混淆了围绕平台政治的其他重要问题，比如高度集中的国际平台市场的竞争的价值等[3]，换句话说，它将复杂的平台政治（platform politics）问题简化为国际地缘政治问题。从更具体的地缘政治的角度入手，也有学者分析了 TikTok 在全球化过

---

[1] KAYE D, CHEN X, ZENG J. The co-evolution of two Chinese mobile short video apps: parallel platformization of Douyin and TikTok [J]. Health education & behavior, 2021（2）: 809.

[2] How TikTok Is Rewriting the World [EB/OL].（2019-03-10）[2021-06-23].https://www.nytimes.com/2019/03/10/style/what-is-tik-tok.html.

[3] GRAY J. The geopolitics of 'platforms': the TikTok challenge [J]. Internet policy review, 2021, 10（2）: 1–26.

程中所面临的竞争性的地缘政治格局，尤其探讨了在美国主导的全球平台生态系统中，数字平台如何穿越中国和印度同时作为崛起的力量所呈现的断裂和缝隙①。在这个意义上，TikTok 面临的问题是如何以其跨国商业平台的角色游走在大国博弈之间，而这也超越了简单地将 TikTok 作为宽泛意义上——地理或文化——的中国企业的分析框架。这一框架长期以来被浅薄的方法论民族主义所裹挟，无法超越现代主权体系的认知局限②，从而失去了对国际传播中复杂的政治与经济、全球与地方逻辑的洞察。除此之外，更为激进的批判分析来自对 TikTok 全球化背后隐含的中国国家权力外化及其后果的质疑。比如，美国曾经借助其主导国际市场的互联网公司对全球实施监控，这为怀疑中国不断为其公司拓展地缘经济空间，并将所谓国家监视权力推向全球提供了分析坐标③。基于对其国内版本的运作逻辑的认知，TikTok 代表的"源自中国的平台化"（platformization from China）进程在国际范围内很难摆脱对其与国家权力和内容审查的猜测，也就最终落入一种技术政治逻辑内的"中国性"（Chineseness）④。可以说，这一在国际网络空间内的反威权主义批判路径至今仍是形塑华为、TikTok 等新兴平台及其地缘政治意涵等相关研究的主要理论范式和学术政治取向。

反观国内有关 TikTok 的研究文献，则大多倾向于以传统的"走出去"视野探索这一被称为媒体融合的平台在全球化发展过程中面临的机遇与困境及其给中国的国际传播带来的复杂影响；往往从政治与经济相结合的视角出发，也注重分析欧美政府和网络巨头如何应对或者说打压 TikTok 的崛

---

① JIA L，LIANG F. The globalization of TikTok：strategies，governance and geopolitics [J]. Journal of digital media & policy，2021，12（2）：273-292.
② 赵月枝. 跨文化传播政治经济研究中的"跨文化"涵义 [J]. 全球传媒学刊，2019，6（1）：115-134.
③ CARTWRIGHT M. Internationalising state power through the internet：Google，Huawei and geopolitical struggle. [J]. Internet policy review，2020，9（3）：1-18.
④ LIN J. One app，two versions：TikTok and the platformization from China [J].AOIR selected papers of internet research，2020（10）：6.

起。比如，匡文波和张琼探讨了地缘政治环境给 TikTok 全球化发展设置的障碍，并以此为前提提出了提升中国社交媒体"走出去"的能力和舆论博弈能力的策略①。王润珏和王夕冉提炼了 TikTok 在国际市场成功的产品战略、资本运作和本土化运营，提出未来应更关注以用户保护和版权运营为核心的平台治理能力提升②。另外，从政策问题出发，TikTok 如何服务整体视角下中国国际传播能力的提升也成为近年来的热点话题。有学者认为至少在传统媒体和文化机构"走出去"遭遇结构性困境的局面下，TikTok 带来了新的全球化想象和融合性的平台，比如，李呈野和任孟山另辟蹊径，从跨文化传播的角度分析了 TikTok 如何通过去政治化和迷因文化创造共情式叙事，在业务经营上追求互利共赢，以有效应对当地的经济民族主义和一系列跨文化歧见，而最终的目标是更加在地化的发展③。在这个意义上，TikTok 研究的国内文献也实现了一定程度上的内外结合，既关注"走出去"，也考虑"走进去"，并开始尝试着从跨越政治、市场和文化边界的角度入手，分析 TikTok 平台的多元主体构成，而不是以简单的平台中心主义和平台本质主义思路思考全球视野中的地方性问题，后者呈现了与英文文献的隔空互动，也体现了对数字平台研究的持续深入。换句话说，如何将 TikTok 视为一个多元构成、多边匹配、持续变化、利益驱动的商业信息与服务系统，而非单一媒体思维下的"走出去"工具，往往是突破知识窠臼和认知壁垒的关键。

在很大程度上，TikTok 获得国内学术关注，是媒体融合与国际传播这两个政策议题交互作用的结果。TikTok 一方面展现融合式、平台化发展的技术和市场潜力，这一点与其国内版本抖音存在孪生性；另一方面也为陷入僵局

---

① 匡文波，张琼.地缘政治环境下中国社交媒体全球化发展困境：以抖音海外版 TikTok 为例 [J].对外传播，2020（11）：4-6.
② 王润珏，王夕冉.中国社交媒体的国际化探索与可持续发展：从抖音海外版 TikTok 谈起 [J].对外传播，2019（10）：64-67，1.
③ 李呈野，任孟山.跨文化传播视阈下 TikTok 的东南亚"在地化"路径[J].传媒，2020（18）：53-56.

的国际传播实践带来开放式、自动化和下沉式的解决方案,为在"后疫情"背景下讲好中国故事提供了技术和文化想象。除此之外,跳出 TikTok 与中国的关联性维度,也有学者尝试从一般性视角探讨 TikTok 上的内容生态和用户特征等问题。比如方师师关注了 TikTok 上的媒体圈子及其新闻实践,并对其意识形态倾向和生产关系的固化进行了研究①。此类探索对丰富 TikTok 研究的一般性知识,尤其是基于 TikTok 平台的跨国传播实践,有着重要的创新意义。

在上述整理和讨论的基础上,洪宇等人②针对中国的全球互联网(China's globalizing internet)的政治经济学分析就显得更具有理论视角的复杂性、反思性和超越性,也为我们同时观察国际和国内相关文献提供了坐标。正如其文章所说,由于长期受到"地缘政治的二元主义、技术东方主义和方法论民族主义"的影响,中国的互联网研究往往在国家领土想象的逻辑中将互联网看作一种全球网络;如果这体现了一种"冷战"症候,那么相关研究显然忽视了物质性、基础设施和政治经济的重要性。超越包括民族与全球、自由民主与威权主义、国家与市场等二元对立逻辑,洪宇等提出了一个包含超国家主体、公司基础设施、产业链和网络化公众的互联网分析框架,并以此讨论中国与跨国力量在理念、利益和安排等方面的复杂互动。可以说,这一致力于打破旧有分析边界和学术立场的创新视角为理解 TikTok 带来了新的启发,其中的关键是对此类跨国数字平台进行去本质化和动态化解读,充分发掘各类政治、经济和社会权力主体在塑造平台生态中的独特作用和交互关系。也许,把 TikTok 之类的数字平台视为一种多元力量共建的新型信息基础设施,而不是被简单使用的外部化工具,才是分析国际传播平台化转向的逻辑新起点,这也可以成为国内外学术力量实现对话和融合的关键路径。

---

① 方师师. TikTok 上的媒体圈子:自由、混合与固化[J]. 青年记者,2021(1):62-65.
② HONG Y, HARWIT E.China's globalizing internet: history, power, and governance [J]. Chinese journal of communication, 2020, 13(1): 1-7.

三、传播研究的新领域

作为一个新兴研究领域，TikTok 研究的国际传播面向正在逐渐铺展开来，既是国际传播研究数字化和平台化转向的重要表征，也是数字平台的跨学科研究图谱的重要组成部分。基于上述文献梳理和讨论，我们可以为 TikTok 研究这一国际传播的前沿领域进行初步的图绘。

就研究对象而言，TikTok 这一全球平台生态系统自然是核心，但研究重点绝非简单的算法技术、界面设计和用户习惯。从国际传播的角度而言，要关注的核心是一套传播互动关系，即作为全球化力量的商业数字平台是如何与民族国家力量进行互动的，而后者的边界是十分清晰的，这主要因为国际传播的漫长历史。如果说国际传播指涉的是民族国家间的传播过程、传播关系以及相应的双边和多边、全球和地区的传播秩序，多基于建制化的力量（政府、政党、媒体、文化机构、互联网公司等），日益征用着流动的主体（跨国旅行者、网络社群、意见领袖等），那么，国际传播视野中的 TikTok 研究则需要进一步探讨建制化的传播力量如何在这一商业平台上再造自身，以及平台在不同国家和国际环境中是如何完成自身的建制化的。换句话说，这里的核心逻辑依然是要处理国家与平台的关系，以及相应的国际传播秩序的变革。尽管在其商业驱动和技术逻辑下，TikTok 孵化了更为多元的传播主体和更加离散的舆论场域，但 TikTok 的国际传播研究却必须以政治意义上的主动的国家为分析原点，而且要关注国家是如何组织和征用多元传播主体来完成其传播目的的，这无疑是一个动态变化的过程，也是一个数字平台研究的再政治化过程。

就理论路径而言，传统的国际传播理论显然无法应对数字平台所展现的超越领土主权逻辑的传播、连接和动员能力，以及国家力量在这一虚拟场域内的再造和博弈关系。但这并不意味着包括发展传播学、文化帝国主义等在内的国际传播理论的完全退场，而是如上文所说，要看到国家与平台之间的动态互构关系，否则就会陷入本文不断重复强调的围绕互联网的一系列二元对立逻辑中,夯实了一种源自盎格鲁撒—克逊政治传统的自由民主假设。在后真相和"后疫情"的语境下,这一假设所面临的矛盾和危机已经显而易见,国际传播中国家主体的再度出场也无疑对这一假设进行了内部解构。因此,TikTok研究要实现国际传播理论的平台化转向,即以历史的、结构的、辩证的理论框架,融合平台研究对数字平台的系统解剖,尤其是平台化进程对已有传播资源的全面重组,并形成新的计算式霸权传播秩序的洞察。除此之外,围绕TikTok的数字地缘关系也要得到更加深入的研究,但需要超越固化和简化的国家身份逻辑,找寻平台在资本与领土逻辑间游走的轨迹。

就研究方法而言,量化的数据或者说计算方法无疑可以进一步拓展研究对象的规模和范围,也可以找寻到新的主体、关系和结构,值得研究者继续采纳和发扬,但质化的方法更需要被积极采纳,尤其是在探索平台与国家力量的相互构建方面,更多的深入与长期的线下线上观察,更直接的与利益相关者的对话和访谈,针对多元文本的更系统的话语分析,都可以协助研究者深入问题的内里。基于质化研究,更宏观、更抽象和更批判的理论阐释可以被发展出来,这是大多数量化研究无法达到的。

简言之,作为国际传播的一个前沿领域,TikTok研究正在兴起,亟须研究者对其相关概念、理论和方法进行仔细审视,也更需要跨学科的知识和路径,来应对这一平台系统的复杂性和动态性。对中国学者而言,这既是创新国际传播研究的重要抓手,可以服务于自身的学科、学术和话语体系创新,更是积极参与国际学术生产的重要机遇,至少因为TikTok的技术和商业逻辑更多是来源于我们更加熟悉的社会和传播语境的。

"网红外宣"：中国国际传播的创新悖论[*]

不管是中国人走出去还是外国人走进来，"网红外宣"已经成为加强和改进中国国际传播工作的新共识和新平台，在实践、话语乃至理论层面呈现超越乃至重构建制化国际传播的巨大潜力。然而，原生自（跨国）数字平台的网红群体及其传播行为带有极强的流量经济色彩和虚拟群集倾向，其与国家意志主导的国际传播和文化社群主导的跨文化传播并无内在关联。对于国际传播工作而言，"网红外宣"中既有正面促进它的机遇，也有负面瓦解它的可能，这给面临地缘政治壁垒和深受流量思维影响的国际传播工作创造了实践和想象的空间。这一创新悖论需要从国际传播和网红经济的本质差异入手进行解析，进而回归国际传播的舆论领袖——而不是流量节点——这一根本性的理论维度。

一、"网红外宣"：国际传播的新共识、新平台与新潜力

对于加强和改进国际传播工作，以及构建"多主体、立体式的大外宣格局"而言，立足于数字平台的复调传播与具有下沉态势的民间外宣的重要性正在凸显。由此诞生的一批活跃于（跨国）互联网平台并拥有流量聚集能力的国际传播多元行动者引起了学界和业界的高度关注。尽管学界尚未对网络红人承载的国际传播这一现象予以清晰界定，但作为一种流行话语和传播实践，"网

---

[*] 本文原载于《对外传播》2022年第2期，与朱泓宇合作，收入本书时，略有删改。朱泓宇是清华大学新闻与传播学院博士研究生。

红外宣"现象及其蕴含的理念正在被广泛接受、认可乃至推崇,来自国内外的网红群体正在成为国际传播工作的新目标。2021年6月,由上海市、浙江省、安徽省联合中央广播电视总台国际在线共同举办的"打卡中国——你好,长三角!"活动在上海启动。该活动邀请了国际"网红"参观上海,鼓励他们通过镜头和文字,利用社交平台向世界讲述长三角一体化发展故事,展现长三角地区的新形象①。9月召开的"2021年世界互联网大会乌镇峰会——全球抗疫与国际传播论坛"更是会聚了众多中外"网红",在全球抗疫背景下,他们从各自角度解读如何加强国际传播合作与交流,富有"网感"地讲好中国故事②。不管是中国人走出去还是外国人走进来,"网红外宣"已经成为加强和改进中国国际传播工作的新共识和新平台。在实践、话语乃至理论层面,"网红外宣"呈现超越乃至重构建制化国际传播的巨大潜力和创新价值。

首先,实践层面,社交媒体类平台从微博到推特(Twitter),视频类平台从哔哩哔哩、抖音到油管(YouTube),依托于数字平台的"网红外宣"层出不穷,至少可被分为三类。其中,既有中国国际电视台(CGTN)等央媒打造的"网红关键舆论领袖"(网红KOL)主播和记者,比如因2019年"主播约辩"事件而走红的刘欣以及驻美主持人、记者王冠等,他/她们在推特平台以"主动出击"的姿态推送有关中国的时政类新闻资讯以及热点事件评论,助力提升中国媒体音量;也有如"李子柒""滇西小哥"等因文旅类视频而"出海圈粉"的"文化外宣"自媒体代表,他们在描绘去政治化和东方主义田园生活的同时凸显了流量色彩和商业属性;更有一些外国人记录中国发展的视频日志博主(vlogger),如来自英国的李·巴雷特(Lee Barrett)和奥利·巴雷特(Oli Barrett)父子的"@Barrett看中国"、来自美国的马特·加拉特(Matt Galat)的"@the JaYoe Nation/加油马特"、来自英国的杰森·莱特富特(Jason Lightfoot)的"@Living in China/Jason在中国",和甚至给自

---

① 国际网红齐聚上海"打卡中国——你好,长三角!"网络国际传播活动启动[EB/OL].(2021-06-22)[2021-10-14].http://city.cri.cn/20210622/286e4b11-d2da-21a9-46dd-4da1af94b9de.html.

② 中国发布 | 中外"网红"齐聚世界互联网大会 支招如何讲好中国故事[EB/OL].(2021-09-28)[2021-10-14].https://m.thepaper.cn/baijiahao_14706331.

己取了一个极具中国特色"年代感"昵称——"司徒建国"的"@The China Traveller"等,他们大多用个人化镜头拍摄中国各地实景并讲述自己的实际感受,如 @Barrett 看中国等介绍了被誉为"亚洲第一站"的雄安高铁站建设情况、中国的人工智能无人驾驶巴士以及亲身走访新疆的见闻。对有代表性的"网红外宣"账号粉丝/订阅量进行统计,可见表1(统计数据截至2021年10月3日,未获平台认证账号不予统计)。

表1 "网红外宣"的跨国数字平台账号粉丝/订阅量

"网红外宣"的不同分类		"网红"代表	主要的跨国数字平台账号粉丝/订阅量(单位:万)				
			社交媒体类		视频类		
			微博	推特	哔哩哔哩	抖音	油管
中国人走出去	CGTN等打造的"网红"主播、记者	刘欣	71.2	23.7	/	/	/
		王冠	156.4	2.1	7.5	35.5	/
	文旅类"网红"	李子柒	2764.1	/	792.7	5503.9	1620
		滇西小哥	751.1	/	95.3	295	790
外国人走进来	记录中国的视频日志博主	巴雷特父子	23	/	43.2	81.7	31.5
		马特·加拉特	/	/	18.6	111.7	12.2
		杰森·莱特富特	/	/	/	117.4	17.6
		"司徒建国"	20.8	/	39.4	82.8	10.7

其次,话语层面,一方面,"网红外宣"力图回应乃至驳斥僵化已久的西方中心主义的话语霸权,进而客观而生动地展现一个正面、立体而多维的中国形象。不论是有央媒背景的主播、记者,还是定居中国的外国短视频博主,都尽其所能地用视听媒介语言(如短视频)、外国人听得懂的叙事结构和话语模式给全球平台用户讲(好)中国故事。例如2021年9月24日,主播刘欣就在推特平台上发布 CGTN 官方视频,回应"中国航空计划是否过于'遮掩'(secretive)"的西方舆论指责。她以"合作"为关键词,指出除美国国家航空航天局外,中国已与其他很多国家开展航天领域的合作,有力反驳了该质疑。从国际受众认知中国的最大公约数逻辑即"传统文化传播"出发,巴雷特父子在油管平台以"中国月饼什么味道?"为标题发布视频,向其订阅者分享

他们试吃不同风味月饼的体验并普及中秋节历史文化。值得注意的是，他们将月饼和英国传统小吃百果馅饼（mince pie）进行对比，不忘提及星巴克、麦当劳等全球本土化快餐品牌售卖月饼的事实，便于海外用户增进对"月饼"的感知与理解。

另一方面，"网红外宣"的话语实践亦被平台流量逻辑所裹挟，无可避免地变得更加具有媒介和文化消费倾向。不论是李子柒（团队）还是记录中国生活的外国"vlogger"，他们在油管等平台发布作品时都或多或少地受到了平台算法推荐机制的影响，甚至会在视频标题和封面处刻意突出文化差异性（异域主义），或不自知地进入（内在的）东方主义的想象之中，从而谋求注意力经济效益最大化，实现更多的用户增长。巴雷特父子更是直接将"打赏"的多渠道链接附在视频说明文案里，以期获得流量的直接变现。

最后，理论层面，"网红外宣"补充甚至超越了以政府、媒体和文化机构为核心的基于建制化力量的传统国际传播理论，使其向数字平台和参与式互动转型。"网红外宣"的传播规律深受全球性数字平台运行逻辑影响或制约。网红在破译"流量密码"的基础上，将传统国际传播理论中的国家主义和民族主义与平台动能中的个体主义叙述进行结合，比如CGTN等主流外宣媒体主推的"网红KOL"模式，国际传播理论也因此面临着宏大叙事与个体叙事如何统一的挑战。同时，"网红外宣"积极吸纳数字平台的用户参与势能，以多元主义为传播基调，在一定程度上为强调"对抗与制衡、帝国与反帝国、依附与去依附"等宏观冲突范式的国际传播研究注入了新活力。从政治经济学的角度而言，"网红外宣"为国际传播补充了平台化（platformization）的视角，而在广义的文化研究意义上，又使得国际传播理论更关注文化与多元主体的力量。

二、创新悖论："网红外宣"的流量经济和虚拟群集倾向

尽管在实践、话语和理论层面，"网红外宣"显现了巨大的国际传播创新潜力，但原生自（跨国）数字平台的网红群体及其传播行为因内在的流量经济动能和虚拟群集倾向，在与其用户和社群连接和互动的过程中不断调适而

具有权变性质，存在进一步创新和发展的固有悖论。

第一，"网红外宣"的流量经济动能与国际传播的政治和文化使命不相匹配。国际传播工作的历史逻辑是以国家力量统合不同阶段的多元主体，在对外传播和国际交往过程中助力一国传播能力和文化影响力的提升，进而推动国际传播新秩序乃至国际政治经济格局的建设，以及促进世界文明多样化和文明交流互鉴。然而，尽管被不少学者和媒体机构贴上"国际传播""中华文化走出去"等标签，但诸如"李子柒"等文旅类 IP 内嵌于数字平台的商业属性和粉丝效应，却是其获得跨国与跨平台广泛成功的关键。以李子柒为例，其速食类子品牌和"爆款"商标与她的视频内容之间更类似于一种任意性极强的符号性质联结，是以商业资本利益为重的。比如"李子柒"螺蛳粉由广西某公司代加工，而"李子柒"本人来自四川绵阳，但这丝毫不影响这些食品的销售。自 2021 年 7 月 14 日最后一次在油管平台更新视频以来，李子柒身陷"停更风波"，估值超 10 亿的"李子柒"IP 可能再次引发内容创作者与多频道网络机构（MCN）的纠纷与冲突[①]。生于平台，兴于平台，或将衰于平台——这意味着流量经济色彩极强的"李子柒"等文旅类自媒体从始至终都难堪"国际传播"大任；换言之，对文旅类"网红"能直接承担外宣工作的期待或是一种技术乃至市场迷思下的"超负荷想象"。

第二，在虚拟群集方面，"网红外宣"也存在"外宣变内宣""外宣难破圈"的陷阱。通过应用漫游（app walkthrough）的方法观察这些"网红"账号的发布内容及其互动文本，不难发现，真正阅读、观看这些"网红外宣"内容，并为其贡献反馈信息的一部分用户为中国人（包括海外华人华侨），另一部分为对中国时事和中华文化感兴趣的外国人。一方面，"网红外宣"可能打着"讲中国故事"的旗号，存在通过"蹭热点""夸中国"等方式，在平台引流机制加持下，满足部分国人的自满心理；或是将对某一话题意见相似的人群，比如反对美国防疫政策或反感英国广播公司（BBC）等欧洲传统媒体的

[①] 断更的"李子柒"，心慌的李佳佳［EB/OL］.（2021-09-18）［2021-10-04］.https：//mp.weixin.qq.com/s/E5g0Yey3KPkt8eTFwYKo6g.

人进行聚集，从而制造茧房效应或超文化景观和回声室（echo chamber）①，把特定的信息、情感和信仰在超越参与者传统文化身份的前提下集中在一起。换言之，不少"网红外宣"之所以可以获得数字平台推荐以及流量加持，正是因为他/她们捕获并利用了意识形态光谱上政见类似的人群的潜在认知，投喂其感兴趣的信息内容，形成并加剧了群集效应。另一方面，也存在发布内容引发更深层次对立和相互攻击的可能，这加剧了跨国与跨文化社群间的区隔（distinction），可能将现实层面国际社会的地缘政治矛盾引入数字空间，从而达不到当下以构建人类命运共同体为目标的国际传播的战略要求。

因此，当前的"网红外宣"既与国家意志主导的国际传播无内在有机关联，与文化社群主导的跨文化传播更存在差异，不能狭隘地将三者进行并列讨论，更不能简单地认为"网红外宣"可以凭借看似中立无害的跨文化传播而完成"升维"至国际传播的任务。例如，当2020年"沉寂已久"的中文歌曲《一剪梅》爆红海外、引发欧美青年争相"花式"模仿时，与其将之视作一次有效的"中华文化走出去"，毋宁说这首歌曲的某个单一片段及其歌词和旋律形成了某种具有神秘感和异国/东方风韵的"数字迷因"（digital meme），而在参与式的传播与"狂欢"中造成了规模化效应②。换言之，是"接力""玩梗"等数字平台的"游戏法则"和情绪化、夸张化、戏谑化的传播与转译手法，而非歌曲背后的文化蕴含使其"成功破圈"。

在此基础上，我们更需要认清和剖析"网红外宣"内嵌于数字平台的"权变性"（contingent）特征③。作为复杂的多边平台结构（multisided platform configurations）的一部分，处于平台内部的文化产品生产或发布者——"网红"需要时时刻刻保持与其粉丝和订阅者的良性互动，调整自身产品定位，以使

---

① 姬德强.平台化突围：我国国际媒体提升传播效能的路径选择［J］.中国出版，2021（16）：8-11.
② 《一剪梅》为何突然"爆红"欧美网上？［EB/OL］.（2021-09-18）［2021-10-04］.https：//mp.weixin.qq.com/s/5B7QtZPfgAdGHM9QEkCxAQ.
③ NIEBORG D B, THOMAS P. The platformization of cultural production：theorizing the contingent cultural commodity［J］. New media & society，2018，20（11）：4275-4292.

其定向输送方式贴合目标群体兴趣，并满足一定的平台治理要求，完成自身的进化与传播内容的推送更新。没有一成不变的"网红外宣"。这需要我们从对"网红外宣"的功能主义式分析进入对数字平台的政治经济关系这一更深层维度的探讨。

"网红外宣"对中国当前的国际传播形成了创新悖论。对于国际传播工作而言，既有正面促进的机遇，也有负面瓦解的可能，需要认真辨析网红外宣的流量经济内核，以及如何借助其提高流量和声量，并避免过度的个人主义、消费主义和"去政治化"，偏离国际传播的主要矛盾和主阵地，并陷入平台经济运行乃至国际数字地缘政治（digital geopolitics）的旋涡[1]。因此，要扬长避短，利用好"网红外宣"，突破地缘政治壁垒，驾驭好平台流量势能，为国际传播工作创造实践和想象的空间。

三、回归舆论领袖：解析国际传播和网红经济的本质差异

创新悖论的"二律背反"性质孕育着辩证性的解局思路。从国际传播和网红经济的本质差异入手，可进一步讨论并解析"网红外宣"之于国际传播的创新悖论，并为平台化时代改善国际传播工作提供可行性解决方案。

国际传播归根结底是立足于现实层面的国际关系和权力格局，通过整合领土内外的多元传播主体，以舆论博弈和意识形态交锋为主要场域，最终服务于国家意志和国家利益的跨国传播活动。不论是早期的阿帕网，还是后期的门户网站、移动端等，互联网的发展史并没有兑现或从来就没有想过要兑现其创造"全球公共领域"的最初承诺[2]。在技术的进化与驱动下，它逐步走向商业化、垄断化，走向今天为了资本累积而不惜一切代价侵占用户"虚拟空间（屏幕）、媒介时间以及盈余数据"的移动互联网数字平台"内卷战争"。在此基础上诞生的平台化的"网红经济"（internet celebrity economy/influencer

---

[1] 姬德强.数字平台的地缘政治：中国网络媒体全球传播的新语境与新路径[J].对外传播，2020（11）：14-16.
[2] 屠苏.国际传播[M].董关鹏，译.北京：新华出版社，2004：308.

marketing），则是利用网红和流量节点在网络传播中的知名度和影响力，通过流量变现来获取经济利益的互联网商业模式①。其中，最主要的形式就是与大型电商平台联姻，通过流媒体实现直播带货，促进社会商品化进程。疫情暴发以来，网红经济发展迅猛，仅抖音一个平台的商品销售总价在 2020 年就达到了 760 亿美元②。从全球范围看，更有 93% 的网红选择照片墙（Instagram）平台作为流量变现的收割机器，通过与大品牌合作或 VIP 用户订阅等方式获利。③

网红的吸粉能力也不等于舆论引导力。参考表 1 数据，相较于处于流量池顶端"千万级"的博主李子柒，其余"网红外宣"博主的粉丝量大多仅为"十万级"。但这并不意味着在这些博主中缺乏舆论引导的好样本或他们没有引导舆论的自觉性。"网红外宣"不需要效仿"头部顶流"，走"粉丝用户增长"之路；恰恰相反的是，如何不囿于粉丝增量，并输出有说服力、感召力和艺术表现力的观点更为重要。希冀仅仅通过"涨粉"来实现话题设置与舆情发酵，并引领国际传播的舆论风向，不仅可能达不到目的，更可能适得其反，会破坏某些国际传播和国际关系议题的严肃性和正当性，让本就微小的声浪湮没在全球性数字平台和网红经济的汪洋大海之中。

不管是在以前还是如今，国家仍然是国际关系的最重要活动主体，以国家机器为主要行动者的国际传播依然是全球传播的基本面。尽管国际局势"东升西降"趋势显现，但国际传播基本格局仍旧"西强东弱""北强南弱"，或言"中心—边缘"的现代世界体系格局的根基仍未被撼动。随着中国的快速发展和在全球范围内软硬实力的提升，西方国家及其媒体对于中国的"污名化"（stigmatization）行为不减反增，且将新的国际局势变化掩饰和

---

① 王卫兵.网红经济的生成逻辑、伦理反思及规范引导［J］.求实，2016（8）：43-49.
② YANG Y. Coronavirus Pandemic：China's internet celebrity economy booms［EB/OL］.（2021-04-20）［2021-10-06］.https：//news.cgtn.com/news/2021-04-20/VHJhbnNjcmlwdDU0MDAx/index.html.
③ Influencer Monetization 2021［EB/OL］.（2021-05-12）［2021-10-08］.https：//www.emarketer.com/content/influencer-monetization-2021.

转述为一场"文明的冲突"或文化意识形态的差异。尤其是中美关系尚不稳定，对此的解读众说纷纭，包括"修昔底德陷阱""萨缪尔森陷阱论""冲突论""美国衰败论"等。但无论何种理解（包括国家利益之争、意识形态之辩、亚太地缘冲突等）都很可能引发本国民族主义者的"自我狂欢"和判断偏差，从而把原来仅存在于一小部分人想象中的"修昔底德陷阱"变为现实，甚至把中美关系和整个世界引向深渊[1]。基于这些现实背景，对于变局背景下新型国际关系的构建和国际传播工作而言，需要做好关键性的议题设置和正义性的舆论引导，增强沟通能力和传播效力，解决"挨骂"问题的同时，努力树立一个可信、可敬和可沟通的大国形象。

例如，中央广播电视总台希伯来语网红工作室"小溪工作室"在2020年疫情暴发初期，以对以色列传播为主，借用短视频等形式，直面海外质疑，对中国抗疫谣言"零容忍"，不仅在油管等平台收获了超千万流量，抢占了疫情报道的话语权高地，更被以色列最大的英文报纸《耶路撒冷邮报》视作"权威"[2]。这一"快速、真实、立体"的疫情报道策略恰恰是我国传统主流媒体外宣能力的一次体现和发扬，而非一味地迎合互联网传播模式的结果。

此外，2021年7月，英国广播公司评论员无端批评油管平台上的@Barrett、@the JaYoe Nation等账号被中国官方"收买"，传播了有关新疆的"不实消息"[3]。巴雷特父子等博主随即展开反击、发布视频，揭露英国广播公司的谎言。另一位来自美国的视频认证博主王德中（Cyrus Janssen）在该视频的留言中指出，"中国"形象之所以在海外存在巨大争议，其根源之一正是当下西方主流社会的政治化、极端化以及"麦卡锡主义的复苏"（the revival of McCarthyism）。此举获得了其他用户的点赞支持。该视频与评论所形成的互

---

[1] 赵鼎新."创造性破坏"与"垫背陷阱"：美国的性质与中国的应对[J].文化纵横,2021(5)：30-42.

[2] 奚啸琪,杨扬.论网红在抗疫国际传播中的作用：以中央广播电视总台"小溪工作室"报道为例[J].国际传播,2020(2)：15-21.

[3] ALLEN K,WILLIAMS S.The foreigners in China's disinformationdrive[EB/OL].(2021-07-11)[2021-10-04].https：//www.bbc.com/news/world-asia-china-57780023.

文性文本和多向互动恰恰说明了外国人"网红外宣"的正面效果和舆论反击的重要性。

如何更加精准地反制BBC等西方媒体的谩骂与攻击，利用并放大"网红外宣"的正面效应？我们认为，基于全球性数字平台提升国际传播能力，进而参与建设信息与传播新秩序，不能完全寄希望于数字平台、网红经济乃至所谓"网红外宣"本身，也不能被网红经济的数据和流量思维所主导，从而偏离舆论引导的结构性轨道；相反的，我们需要回归国际传播的舆论领袖——而不是流量节点——这一根本性的理论维度。舆论领袖是指就结构性叙事（国家、政治、民族、文化等）参与议程设置和传播过程的个体或群体代表，其核心是心脑影响力，不是视听传播力。随着基于互联网的多元新媒介深度介入国际传播进程，媒介化舆论领袖（mediatized opinion leader）①逐渐涌现。相较于传统上多级传播语境中的舆论领袖，媒介化舆论领袖需要处理舆论影响力和流量生产力的二元悖论，意识到流量生产力是如何被网络经济所裹挟进而偏离了舆论影响力的原始轨道的。身处全球性数字平台生态中，如何借力商业平台的网络效应，驾驭好"网红经济"和背后的流量数据，立足舆论领袖的本质内涵，有差别地将"网红外宣"主流化，这不仅考验着致力于打造成功的"网红外宣"的CGTN等央媒的智慧，也需要有志于从事"网红外宣"工作的自媒体们实现从"自在者"到"自为者"意义上的角色升级。

四、结语

就加强和改进国际传播工作而言，习近平总书记指出："要广交朋友、团结和争取大多数，不断扩大知华友华的国际舆论朋友圈。要讲究舆论斗争的

---

① SCHÄFER M. S, TADDICKEN M. Mediatized opinion leaders: new patterns of opinion leadership in new media environments? [J]. International journal of communication, 2015, 9 (22): 960-981.

策略和艺术,提升重大问题对外发声能力。"① 基于此,当下渐成气候,呈现复调传播、矩阵规模的"网红外宣"现象确实有效拓展了"朋友圈",提高了对外传播的精准化水平,创新了对外传播的策略和艺术,但与此同时,其中呈现离散化和群集性的趋势。在这一多元参与和圈层聚集的虚拟环境中,议题的严肃性和社会的共识性可能存在被极化或者被瓦解的风险。"网红外宣"能否"提升重大问题对外发声能力",取决于参与者的资源动员能力、平台干预能力大小,以及与问题的直接相关程度。如果说"网红外宣"将国际传播转化为一种人格化的传播形态,契合了社交媒体时代的传播规律,实现了扩大效果或者增加流量的目的,那么,同时需要警惕的是,这一人格化传播策略的平台经济本质及其与严肃议题或者重大问题对外传播的紧张关系。因此,"网红"仅仅是提升国际传播能力的一个必要不充分条件,未来要打造的应该是具备结构化叙事能力的新舆论领袖和新主流平台,如此才能让中国故事讲得出、传得好、立得住。对政策议程和学术议程而言,基于"网红"的国际传播也需要破除简单的流量迷思,尤其是无差别的多元主义和个体主义,而转向更具建设性的"流向"思维。

---

① 习近平在中共中央政治局第三十次集体学习时强调　加强和改进国际传播工作　展示真实立体全面的中国［EB/OL］.（2021-06-01）［2021-10-15］.http://cpc.people.com.cn/n1/2021/0601/c64093-32119449.html.

中国扶贫对外传播的话语、媒介与策略*

一、中国扶贫的世界意义

在全球减贫事业中，中国是一个重要的行动者和贡献者。经过40余年的改革开放，在自力更生和国际援助的双重驱动下，中国解决了8亿多人的脱贫问题，占20世纪80年代以来全球减贫数量的75%以上，有力地平衡了世界财富分配的不均衡格局，为联合国千年发展目标的实现作出了巨大贡献。2013年以来，依托"精准扶贫"的创新政策，中国计划在2020年底完成脱贫攻坚任务，进入全面小康阶段。这种"一个都不能少"的包容式发展政策为以弥合鸿沟[1]为使命的世界减贫进程提供了一个新的参考模式。通过对外援助和国际交流合作等方式，中国正在将自身的扶贫经验和创新模式作为公共产品提供给世界各国，携手广大发展中国家一起努力、共同脱贫。

因此，中国扶贫故事的对外传播有着兼及内外的丰富内容资源和广泛的传播伙伴，讲好中国的扶贫故事是"为国际减贫事业贡献'中国方案''中国智慧'的重要途径"[2]，也将在积极参与以联合国为平台的消除贫困全球对话的同时，助力中国国家形象的进一步提升。基于贫困的多维内涵和扶贫传播的

---

* 本文原载于《对外传播》2020年第3期，收入本书时，略有删改。
[1] 议题简介［EB/OL］.（2020-01-01）［2020-01-03］.https：//www.un.org/zh/un75/issue-briefs.
[2] 2019年全国扶贫宣传工作会议在京召开［EB/OL］.（2019-04-29）［2020-01-03］.http：//www.cpad.gov.cn/art/2019/4/29/art_624_97381.html.

概念，本文将探讨如何通过创新话语和媒介策略，搭建中国扶贫故事的国际对话和跨文化解释空间。

二、贫困、扶贫与传播

贫困是什么？扶贫与传播之间的关系如何？是贫困研究的关键，也是扶贫传播首先要讨论的问题。在《贫困与饥荒》一书中，阿马蒂亚·森（Amartya Sen）提出了"贫困"概念包含的两个要素：贫困的识别和贫困的总体映象。除了生物学和经济学意义上的可识别性标准，贫困还与贫困感、参照系等有关，加总之后就是贫困的总体映象。这一"多维贫困"理论对我们思考贫困问题的复杂性来说非常重要①。贫困不仅是个经济问题，还涉及教育、健康、社会制度和文化传统等多个维度；在不同的发展和社会语境下，减贫也就有着不同的优先级和策略考虑，乃至话语差异。比如，一项来自英国的调查结果显示，单纯的收入标准已经无法衡量贫困在社会中的认知状况，应该加入机会、志向、参与社会的能力等多个维度来进行考量②。再如，中国更侧重利用农业自身的发展，推动工业化进程，以及借助信息与传播技术革命来实现减贫。另外，在政策话语乃至民间话语中，中国更愿意采用"扶贫"的概念，虽然其与"减贫"是近义词，属于同一范畴，但蕴含着一些本土化的伦理特征，是"帮扶+减贫"的概念糅合。在这里，抽象的国家、具象的政府和企业、发达的地区以及富裕的社会群体都有着道德上的责任来参与减少贫困，从而最终实现共同富裕。扶贫，在科学方法和策略之外，也带上了丰富的社会想象和社会动员色彩。所以，中国的扶贫话语绑定了独特的家国叙事和社会主义的精神内核。当然，我们也可以把扶贫当作行为和过程，减贫或脱贫看作结果。下文的应用大多基于这一区分。

如果贫困和扶贫的概念是多维的，那么其中涉及的传播问题相应也是多

---

① 森.贫困与饥荒：论权力与剥夺[M].王宇译.北京：商务印书馆，2001：16-34.
② HALL S, LEARY K, GREEVY H. Public attutudes to poverty[M]. York: Joseph Rowntree Foundation，2014：14.

维的。至少有四个传播向度与之有关：与"贫困"有关的是信息/知识、组织、表达和情感，相应的，与"扶贫"有关的是信息传递、知识散布、组织传播、对话沟通和情感动员。如上所述，如果把贫困和扶贫放置在国际或跨文化语境中，它还涉及地缘政治、政治制度、文化价值、社会组织等多个因素，从而给超越国境和文化边界的扶贫传播带来了诸多不确定性。中国扶贫的对外传播大多以信息传递/知识散布为主导模式，通过"走出去"和"请进来"，促进扶贫信息和知识的传播和公用，亦即遵循了创新扩散这一经典的发展传播学理论。这种模式确实能够有效实现减贫信息和知识的全球扩散，但能否真正解决各个国家和地区的贫困问题，并借此提升受援国对施援国的认同度和好感度，还是一个有待解决的开放问题。毕竟，由于贫困产生和减少的语境差异，什么是减贫传播的核心议题在国际范围内还是充满着争议。比如，更关注创新扩散还是声音表达，把减贫当作经济权力还是政治权力等。

三、中国扶贫故事的话语模式和传播方式

中国已经毋庸置疑地成为全球减贫的样板。多年来，中国政府、媒体和智库也一直在借助各种媒介渠道和组织平台，向世界讲述中国扶贫的故事。其中的经验和问题，也许从传播关系中的受者或跨文化传播语境中的他者角度来看更加客观。

《外国人眼中的中国扶贫》一书由外文出版社于2019年出版，集纳了国际组织负责人、学者和各国来华访问学习人员对中国扶贫的成就、模式、经验的访谈和观感，是一本难得的经验研究资料。全书内容虽然比较散点化，但呈现了几个集聚的话语模式，可以被称为中国扶贫故事的话语模式，值得全球来聆听①。这些模式包括：拒绝规范理论，不盲目照搬，从实践中来，到

---

① 中国国际扶贫中心，中国互联网新闻中心. 外国人眼中的中国扶贫 [M]. 北京：外文出版社，2019：9.

实践中去，创造本土扶贫模式，比如精准扶贫；中国共产党的成功领导和中国政府的强化治理；上下互动的、长远的、目标导向的扶贫规划，以及强有力的实施；系统性思维，用经济增长和基础设施建设等解决贫困问题；用发展而不是救助解决贫困问题；对技术手段的高度重视；以及与国际组织的合作。简而言之，中国的扶贫进程映射的就是一部中国改革开放的发展史，内嵌了中国经济腾飞和社会转型的诸多结构性逻辑。当然，也有被访者提到了城乡不平衡的问题，但大都是为了彰显成果。就传播渠道或媒介策略而言，该书还涉及了三个重要方面，即借助联合国等平台介绍中国经验和模式，借助互联网分享知识和案例，借助短期培训等增加人员往来。

为了获得更多一手资料，笔者在所指导的外籍留学生中做了一个小范围调查。这些留学生来自非洲和亚洲，均属于发展中国家和中国扶贫外宣的目标对象国；同时，他们在中国生活学习过一年左右，能够通过比较一手观察和二手资料，对中国的扶贫成绩展现相对比较全面的态度。总结他们的反馈，中国的扶贫经验主要体现在两个方面：第一，中国领导层拥有改革的定力，中国的政治制度和政府体系对扶贫提供了强力支持，并把它当作国家政策加以推行，除此之外，即便中央政府的决策是根本，地方政府的积极性和对社会大众的广泛动员也很关键；第二，减贫方式的系统化、多元化和精准化，包括对农村发展的高度重视，投资基础设施，促进了地方产业和中小企业发展，提供了高质量教育和良好的健康服务体系，以个人或家庭而不是整个村庄或乡镇为目标的精准扶贫也大有成效。与此同时，他们提出了一些疑惑和问题。比如，中国扶贫面临的最大挑战是否还是腐败问题，以及如何保证扶贫计划的长期性，而不只是解决短期问题；城乡之间的发展差距是否依然很大；中国政府在国际合作上的透明度是否依然较低；面对假新闻，中国的打击是否依然乏力。

那么，如何就扶贫议题提升中国的国际传播能力？来自肯尼亚的留学生认为，内容上应该侧重与其他发展中国家共同减贫的努力，需要更加精确、真实和平衡的视角，以及避免国有新闻媒体的那种整体性宏观框架，不要仅集中在报道政府在减贫上的成绩；渠道上应该更好地借助"一带一路"、中非合作论坛等国际机制，或者说二级传播平台。来自卢旺达的留学生更喜欢

"斯诺式"地走、看、谈，用自己的眼睛去发现中国，去找寻直接的证据，从而避免媒体的误导。他谈道："我曾经访问过延安的一个扶贫项目，当地政府在帮助人们脱贫上的努力让我动容。"因此，就扶贫故事的讲述而言，他认为需要增加人与人面对面交流的机会，在获取一手资料的同时获得更多元而立体的信息和视角；另外，扶贫成绩也许是第二位的，中国需要解决的不是如何展示经济和产业实力，而是如何克服或减少国际社会对中国持有的先入为主的偏见。

总而言之，有关中国扶贫的话语和解读是非常多元的，这也契合了多维贫困的理论视角。创新扩散式的经验介绍和分享无疑是有效的，至少对发展中国家而言是有效的，但扶贫故事远不止于此。主流媒体的成绩讲述是重要的，但如何填充细节同样关键。中国对全球减贫的贡献也是显而易见的，但国内问题是否因绝对贫困人口的消失而减少，也是与贫困有关的中国故事的有机组成部分。

四、话语创新与媒介策略

基于理论、话语和传播分析，中国扶贫的对外传播需要在话语和媒介两个方面持续进行创新。

就话语模式而言，中国扶贫的对外传播需要做到四个方面的创新与反思：首先，适度降低中国贡献话语的曝光度。国际社会对中国减贫世界意义的认知已经成为常识，接下来要将话语重心转移到扶贫和减贫如何解决中国自身发展问题上来，转移到扶贫为中国人民的福祉服务上来。与对世界的贡献这一历史事实相比，中国能否解决自身经济和社会问题，从而保证可持续发展，成为理解中国扶贫故事的新国际视角。换句话说，在这个加速全球化和全球高度互联的新时代，解决好中国问题就是在某种程度上解决了世界问题。其次，在涉及世界减贫和中国减贫的故事讲述中，要突出中外合作的话语，而不再强化中国中心论。一方面，突出与国际组织的合作，借助国际组织的话语权威和传播网络，自然放大中国影响力；另一方面，更要突出其他发展中国家在获得中国援助和支持时的主动性或主体性，而不是继续强化单向的知识、技术和资源输出，从而再生成国际传播中的一种中心与边缘话语，以及上文提到的中国特有的内部治理逻辑——帮扶式的救助关系。再次，在中国扶贫故事的内向化和本土化转向的过程中，需要进一步下沉视角，把故事重心从宏大叙事和整体框架转换成多元而生动的案例，增加文本的亲近性和对话性，在传递信息、知识的同时，利用超越文化圈层的情感性力量获得他国受众的共鸣。李子柒视频在海外的成功可以作为这一转向的重要参考。最后，还有一个重要方面需要在这里特别强调，至少在西方语境中，贫困问题往往与种族问题深度绑定在一起。比如，有学者早在1996年就指出，美国公众大多夸大了非洲裔美国人在贫困人群中的比例，而这种误读导致了他们对福利分配政策的反对；另外，美国电视网也大多把贫困与黑人联系起来[1]。这些种族主义的认知框架往往成为影响贫困问题公共讨论方向的关键因素。因此，中国扶贫的对外传播需要具备敏感的种族主义意识，尤其是在涉及非洲等地区的报道和讲述时，避免陷入种族歧视这一话语旋涡。

就媒介策略而言，中国扶贫的对外传播首先需要认真维护国际传播伙伴网络，充分借助联合国、亚洲开发银行、"一带一路"、中非合作论坛、金砖国家、东盟等国际组织和机制，进一步借船出海，拓展中国扶贫故事的传播力和影响力。其次，需要充分利用国内外大众媒体平台，在强化节目和内容落地的同时，用创新话语讲好具体而生动的中国扶贫故事。再次，需要借助互联网平台的技术优势和传播潜能，通过打造"信息门户+知识共享"的模式，比如已经建设的"中国扶贫在线+南南减贫知识分享网站"，提升中国扶贫信息的透明度和中国扶贫故事的开放度，以鼓励各国受众各取所需的方式，提升其参与传播中国故事的主动性。当下面临的问题是，如何提升此类网站的全球到达力。目前可以借助的渠道有两个：第一，通过与搜索引擎公司合作，加大算法推荐搜索结果的力度；第二，以整体形象推广、事件营销

---

[1] GILENS M. Race and poverty in America: public misperceptions and the American news media[J]. Public opinion quarterly, 1996, 60 (4): 515.

或者单个故事发布的方式，充分借助社交媒体的网络化传播效应，滚动增加用户关注度和黏附力。最后，需要补充的是，由于数字鸿沟的存在，现代大众媒介和移动互联网仍然没有在很多发展中国家普及。因此，在人力可及的范围内，中国的扶贫故事还需要利用一些传统的传播方式，借助记者、学者、专家、学生、游客等多样化传播主体来讲述经验和获得认同。在广大的发展中国家，与中国的多级政府主导模式不同，减贫问题大多依赖社区的主体性，有着分散、多元、复杂的组织特征。中国扶贫故事在这些国家和地区的真正落地，自然需要社区这一信息接收、过滤和重组机制的参与。因此，中国扶贫的对外传播要高度重视发展中国家社区内部的信息组织和传播治理方式，找到关键节点和合适的对话方式，建立信任，打造有关贫困和减贫问题的解释共同体。

坦赞铁路的集体记忆调查：代际分化及其对中国对外传播的启示[*]

2008年"金融危机"爆发以来，国际政治经济格局发生了重要变化，中非关系的战略意义不断提升。作为世界第二大经济体的中国，"无论是自身经济社会转型发展，还是在国际上争取更加有利的发展环境，都比以往更加需要非洲。"[①] 新一届政府领导班子上台以后，对非洲国家的重视更为突出。习近平总书记首次外访第二站便来到非洲。

在中非关系史上，坦赞铁路有其重要的意义，是中非友谊的美好见证。那么将语境放置在当下，坦赞铁路的现实和理论意义几何？有没有发生变化？坦赞铁路在促进中国对非传播，增强中非的双向交流方面能够扮演何种角色？对于未来中非关系的发展以及当下中国与"一带一路"合作伙伴交往有何借鉴意义？我们试图通过对坦赞铁路的集体记忆调查来回答这些问题。

一、坦赞铁路与集体记忆研究

法国人莫里斯·哈布瓦赫（Maurice Halbwachs）最先提出了"集体记忆"（collective memory）的概念。在《记忆的社会性结构》一文中，莫里斯·哈

---

[*] 本文原载于《对外传播》2017年第10期，与杜学志和麦克斯韦·奇帕索（Maxwell Chipaso）合作，收入本书时，略有删改。两位合作者均为中国传媒大学传播研究院硕士研究生。

① 寇立研.对非传播的战略与策略问题刍议[J].对外传播，2013（7）：28-30.

布瓦赫将"集体记忆"定义为"一个特定社会群体之成员共享往事的过程和结果,保证集体记忆传承的条件是社会交往及群体意识需要提取该记忆的延续性"①。

按照李兴军的划分,集体记忆研究主要包括两个视角:一个是功能主义视角,强调集体记忆的保存与传播对于社会正常运作和不断发展的重要意义;一个是建构主义的研究视角,认为集体记忆"不仅是外部力量'形塑'的产物,也是记忆主体'能动性'的'建构'的结果"。集体记忆的类型主要有文本和口述两种,相比于前者,后者把"更多的目光投向了人民大众,从普通民众中发现社会演进的线索,借此来充分认识民众的社会历史作用"②。此外,中国台湾学者王明珂还对"社会记忆""集体记忆"和"历史记忆"进行了区分,这三个概念所代表的范围呈现递减趋势。王明珂认为"集体记忆"是指"在前者(社会记忆)中有一部分的'记忆'经常在此社会中被集体回忆,而成为社会成员间或某次群体成员间分享之共同记忆"③。

我们将坦赞铁路纳入"集体记忆"的研究范畴,提出坦赞铁路是赞比亚、坦桑尼亚乃至整个非洲发展历史上的一个重要片段和宝贵记忆,其意义本身也并不是固定不变的,既有功能性也有能动性,是一个包含着过去、当下和未来的动态发展过程。

2017年春节期间,本文作者之一、赞比亚留学生麦克斯韦·奇帕索(Maxwell Chipaso)回国后对居住在赞比亚卢萨卡和东部一些省份的20位赞比亚人进行了一对一的访谈。访谈之前,受访者都被询问是否知道任何有关坦赞铁路的信息,只有那些对坦赞铁路有所了解的受访者才会继续进入下面的访谈环节当中。基于受访者对坦赞铁路的了解的差异,我们将20位被访者根据年龄划分为30岁以下、30岁到60岁和60岁以上三个层次。

第一层次的受访者共有5位,他们的年龄大于60岁,坦赞铁路建设周期完全包含于他们的生命周期里。第二层次的受访者共有10位,他们的年龄在

---

① 李兴军.集体记忆研究文献综述[J].上海教育科研,2009(4):8-10,21.
② 李兴军.集体记忆研究文献综述[J].上海教育科研,2009(4):8-10,21.
③ 王明珂.历史事实、历史记忆与历史心性[J].历史研究,2001(5):136-147,191.

30岁到60岁之间,他们都有乘坐过坦赞铁路上的火车的经历,但还不足以完全记得坦赞铁路的建设过程。第三层次的受访者共有5位,他们的年龄在30岁以下,这些人大多是通过学校和父母才知道有关坦赞铁路的信息的。

因此,我们在这里搭建出"亲历者—非亲历者"的分析框架。那些在坦赞铁路建成之前出生,对援建坦赞铁路那段历史有直接体验的人被划归为亲历者;那些在坦赞铁路建成之后才出生,只是乘坐过火车或从他人处听到有关坦赞铁路信息的人被划归为非亲历者。这种"亲历者—非亲历者"的框架,将有助于我们了解代际分化下坦赞铁路意义的流变,不仅能够使我们更加生动地了解坦赞铁路的历史,也有助于发掘坦赞铁路在当下的问题和意义。

二、调查发现:集体记忆的代际差异

(一)60岁以上的被访者:高质量的中国制造与勤奋的中国人

在坦赞铁路建设期间,这些60岁以上的受访者还是年轻人。他们在采访的开始就提到这个中国援建项目的建设速度是难以置信的快。相比于其他的一些他们见过的由英国人完成建造的项目,中国人带来了更多的机器。中国人通常会不断工作以保证项目顺利完成,而英国人则会经常休息而使工作进程变得很慢。此外,与英国相比,中国带来了更多的工人。中国人会参与所有任务,而不仅仅是做一些管理性的工作。他们还提到中国为坦赞铁路修建的桥梁和涵洞都是以很快的速度完成建设的。

自建造以来,有两名受访者乘坐过坦赞铁路上的火车。相比从钦戈拉(Chingola)延伸到利文斯敦(Livingstone),途经卡皮里姆波希(Kapiri Mposhi)的赞比亚铁路,他们说坦赞铁路上的火车颠簸比较少,乘坐起来也很舒服。相比赞比亚铁路和公共汽车,坦赞铁路的火车并没有那么拥挤。不管是出于自己的经历还是自己所听到的,5位受访者都提到当火车通过狩猎保护区和山区时所看到的景色是多么美丽。他们认为火车通过一座山(隧道)时的感觉很美妙。有了坦赞铁路,运输时间大大缩短。过去从卡皮里姆波希到达累斯萨拉姆(Dar es Salaam)至少要花上一周时间,而有了坦赞铁路以后只要3天。

由于坦赞铁路的修建,受访者表示中国人是非常勤奋的,因而认为在许多基础设施项目的建设上,中国人都是可以被信任的。他们还认为中国人很慷慨。中国赞助了坦赞铁路项目,因此是赞比亚人民真正的朋友。他们还看到了一些其他的由中国完成的项目。例如,塞伦杰—萨姆菲亚桥(Serenje-Samfya bridge),这个项目也是在困难的地形条件下快速完成的。这些项目增加了他们对中国人工作文化的尊重。

(二)30岁到60岁之间的被访者:舒服的乘坐体验与高质、快速的中国援建

这个年龄层的受访者在坦赞铁路建设期间还比较年轻,难以全面和清晰地回忆坦赞铁路的建设过程。但是,其中的7位受访者乘坐过坦赞铁路的火车,剩下的3位听说过坦赞铁路。他们认为,坦赞铁路比那些有许多警察路障的路要好。他们在火车上的经历与那些60岁以上的受访者的经历相似,他们觉得乘坐坦赞铁路上的火车很舒适,他们能够在火车上睡觉,这让他们能以更好的精神状态到达目的地。

这个年龄层的受访者还表示,中国和赞比亚人民之间的关系应该更紧密,这样两国就可以继续享受坦赞铁路建设期间开始的友谊。他们说中国建设的项目是经久耐用的。他们看到了中国在短时间内完成的医院、学校和政府大楼等的大规模建设项目。同时,他们对中国人的工作质量印象深刻。

(三)30岁以下的被访者:上一代的美丽故事与这一代的个人需求

这个年龄层的受访者对坦赞铁路的直接经验很少,但他们在学校和父母处获得了有关坦赞铁路的信息。在学校的学习中,他们知道由中国援建的坦赞铁路提前两年完成了建设;坦赞铁路是由赞比亚和坦桑尼亚共同拥有的。从父母那里,他们听说了坦赞铁路的良好品质和旅途中美丽的景色。他们中的一些人还听说了在坦赞铁路施工期间,中国人在铁路沿线安营扎寨的故事。

他们觉得中国人对工作有着极大的奉献精神，而且技术娴熟。他们说他们更喜欢在中国学习工程建设，因为他们认为这会让他们学到更多东西。但是，他们也都认为中国人很奇怪，因为他们听说过中国人吃蛇和狗肉之类的东西。他们也从电视和电影中看到中国人是武术家，觉得中国人在道德上是正直的。

三、结论与讨论

（一）对非传播的困境与重塑坦赞铁路的集体记忆

近年来，中国在非洲的形象并不理想，在国际舆论中经常陷入"新殖民主义论""掠夺能源论""漠视人权论""破坏环境论"[①]等的指责。从非洲的传播格局来看，西方国家媒体在非洲占据主导地位，中国媒体则处于相对弱势的地位。一项对肯尼亚当地调频广播的调查显示，在国外电台中，英国广播公司的收听人数最多，达到67.21%；而中国国际广播电台排名第二，仅有24.59%的被调查者表示他们收听该台节目[②]。学者龙小农对17名非洲国家的在华留学生进行了采访，在问及更愿意接触西方媒体的原因时，受访者表示"西方媒体先期进入非洲，更有优势，且收听很方便，内容也不错；西方媒体有语言优势，开放、不歧视，更加吸引人，可信度更高；中国媒体多用中文（应是指CCTV中文国际频道），且有时报道显得很无力，少有新闻能够吸引他们，他们也接触不到中国媒体"[③]。面对中国对非传播的困境，不同的学者从不同的角度提出了很多策略。涂凌波认为本土化问题至关重要，并从运营、语言、内容、人员等角度提出了本土化策略[④]。寇立研则从对非传播战略的角

---

① 李安山.为中国正名：中国的非洲战略与国家形象[J].世界经济与政治,2008(4):6-15,3.
② 闫成胜.中国广播媒体对非洲传播能力现状分析[J].中国广播电视学刊,2015(7):26-28.
③ 龙小农.中国对非传播情况调查及建议：基于对12个非洲国家17名学生的访谈[J].对外传播,2014(6):42-44.
④ 涂凌波.本土实践，全球目标：中国媒体对非传播的新探索[J].新闻战线,2017(3):142-145.

度出发，从内容、合作、机制和能力四个方面提出相应的策略①。

我们认为，对已有的共同或集体记忆资源的开发和充分利用也是一种重要策略，比如坦赞铁路就是一笔中国与非洲国家塑造良好关系的历史资源。面对西方媒体"新殖民主义论"等的质疑，坦赞铁路本身就是最好的回应与反击。坦赞铁路不仅满足了赞比亚出口铜矿以赢得经济上的独立并巩固政治独立等的需要，也具有推动当时东非国家的民族解放运动的重要意义②。然而，随着非洲国家相继获得民族解放和坦、赞两国本身的经济发展，坦赞铁路的重要性也在逐渐下降。加之自身的管理问题，近年来，坦赞铁路有逐渐式微的趋势。记忆的另一面是失忆，如果坦赞铁路有关的记忆再不被挖掘，就会有"被失忆"的危险。共同的集体记忆，既有维护中非关系的功能性，也有动员不同民众参与建构中非关系的潜能。因此，利用上述调查的结论，分代际、有目的、精准化地重塑坦赞铁路的集体记忆就显得尤为重要。

针对年龄较大的当地群众，我们应当进一步夯实共同的历史记忆，通过设立坦赞铁路纪念日等活动，邀请其参加和分享美好的中非故事，依靠家庭、学校、当地社区和媒体等环境将这一故事代代传递下去，使其不被忘记。针对当地的中年人，我们应当更多进行社会营销，将其定义为中国援建项目的参与者、使用者和评价者，增加其参与和体验中国制造的机会，并高度重视其在当地社会舆论中的影响力。针对当地的年轻人，我们应当将对外传播与援非发展有效结合起来，不能空讲故事，更多开展针对年轻人的教育、培训和文化交流活动，并在不同的援建项目和来华留学项目中增加其就业机会。毕竟，坦赞铁路的集体记忆对他们而言是间接的，甚至是媒介化的。我们需要做的，是塑造 21 世纪中非之间新的、共同的集体记忆，它拥有坦赞铁路的精神内核，但填充其间的是与非洲人民的日常生活密切相关的中国故事。

另外，在重塑坦赞铁路的集体记忆过程中，媒体应发挥重要作用。因为，"集体记忆在本质上就是一种立足现在面对过去的建构。在这种建构中，集体

---

① 寇立研. 对非传播的战略与策略问题刍议［J］. 对外传播，2013（7）：28-30.
② 当时赞比亚和坦桑尼亚的周边国家大多数没有独立，而领导这些国家独立运动的政党在坦桑尼亚首都设有办事处，这侧面证明了坦桑尼亚地位的重要性。

记忆的形成又非常依赖于各种传播媒介"①。坦桑尼亚前总统姆帕卡表示："媒体应发挥作用。媒体不仅要讨论当前发生的事情，也要回顾历史，了解历史是如何将我们引领到现在的……我们都应该强调中非互帮互助的历史，告诉民众铭记这段历史。"②

除此之外，"集体记忆既有与时俱进、不断更新变换的一面，又有其连续性的另一面。集体记忆是对于过去的一种累积性的建构"③。坦赞铁路记忆不是固定不变的，而是不断被建构的。因此，对坦赞铁路历史的挖掘、唤醒人民有关坦赞铁路集体记忆的过程中，还要结合当下中非关系发展的实际需要，赋予坦赞铁路以新的时代内涵。

（二）"铁路外交"与"一带一路"上的铁路

近年来，中国展开了声势浩大的"铁路外交"，多项铁路建设项目落地生根。例如，自"一带一路"倡议提出以来，中国在非洲的铁路和公路援建方面取得了很多成果，如连接埃塞俄比亚和吉布提两国首都的亚吉铁路、连接肯尼亚首都内罗毕和东非第一大港蒙巴萨港的蒙内铁路，以及埃塞俄比亚第一条城市轻轨——亚的斯亚贝巴城市轻轨等。

中国外交部部长王毅指出："铁路修到哪里，中国的影响力就能延伸到哪里。"但这个影响力也可以被分为正面的影响力和负面的影响力，可以被分为短期的影响力和长期的影响力，还可以被分为政治经济方面的影响力和文化方面的影响力。这需要我们将影响力细化并放置在具体的情境中加以研究。此外，研究者不仅要立足当下面向未来，还应从过去的历史中吸取经验教训。作为曾经"铁路外交大手笔"的坦赞铁路，它的成功经验和教训对于我们上马和推进"一带一路"倡议中的铁路建设乃至其他项目都具有较大的借鉴意义。

---

① 秦志希，曹茸．电视历史剧：对集体记忆的建构与消解［J］．现代传播（中国传媒大学学报），2004（1）：42-44．
② 外交部政策规划司．中非关系史上的丰碑：援建坦赞铁路亲历者的讲述［M］．北京：世界知识出版社，2015．
③ 李兴军．集体记忆研究文献综述［J］．上海教育科研，2009（4）：8-10，21．

"一带一路"倡议规划出了六条经济走廊，但纵观这些经济走廊上的国家，除了俄罗斯和哈萨克斯坦，其他国家的每年的GDP总量还达不到中国的十分之一，这就使得中国面临着当年与坦、赞两国合作时相类似的局面和境地。从坦赞铁路的经验来看，在各种项目推进的过程中，经济因素是主要的考量因素，但不应是唯一的考量因素。对于项目的评估，不能只从中国利益出发，而要从双方、多方的角度出发，才能实现真正的"共商、共建、共享"。

除此之外，不仅要把好项目建设过程中的质量关，还要做好项目的"售后服务"，开发项目修建所具有的"长尾价值"。这些项目的背后正是"一带一路"原则和理念的体现，应该成为媒体报道的重要素材，成为"一带一路"合作伙伴人民，乃至人类美好的集体记忆。

（三）集体记忆与国际传播：一种双跨研究路径

以往的集体记忆研究主要限于一国之内，通常是某一个地区中某一群体对某一段历史或某一个特殊的历史事件的集体记忆研究。然而，我们的这一调查也揭示了集体记忆研究有跨越民族国家框架的潜力，历史不仅限于一国之内，像坦赞铁路这样国与国、地区与地区和中国与非洲的历史同样可以成为集体记忆研究的对象。

在当今全球化不断加深的背景下，集体记忆研究与国际传播相结合有其独特的优势和价值。集体记忆研究有别于传统的历史文化研究，通过文本与口述，能够更加生动地展现某一段历史或某一个历史事件的真实面貌，能够发掘出官方记载中所遗漏的一些有价值的内容。通过对口述历史、文本历史与历史真实的对比，我们能够在主观理解和客观现实的差别中发现问题和解决问题。带着集体记忆研究的这些特点或优势来进行国际传播相关的研究，有助于增加国际传播研究的厚度和深度。相对地，在国际传播中进行有关集体记忆的研究，也有助于拓宽集体记忆研究的广度。此外，集体记忆不仅属于过去，也属于当下和未来。将年龄/代际的分析维度加入集体记忆与国际传播相结合的研究中，在一种动态的视角下理解历史、理解过去，对于当下和未来也具有一定的指导意义。

与此同时，以往的国际传播研究主要是从国家和媒介的角度切入对相关问题的研究，但这类研究往往陷入过于宏观或媒介中心主义的范畴，缺乏对现实问题的指导能力。因此，我们认为当前的国际传播研究中，精准化传播应当得到更多的强调，应加强对地方社会、地方受众的研究，摆脱媒介中心主义的桎梏。

这种研究视角是国际传播跨入文化研究的表现，它将国际传播视为意义共享与对话过程。此次我们对坦赞铁路集体记忆的调查也是对这一研究路径的初步尝试。我们希望摆脱中国学者国际传播研究中惯常的中国中心主义视角，摆脱媒介中心主义，从坦桑尼亚和赞比亚，乃至整个非洲人民的角度出发，更加注重当地群众对坦赞铁路的直接体验，同时从历时性的维度，分析和探讨坦赞铁路在当下和未来的价值和意义。

深度平台化：加强国际传播能力建设的战略方向*

2021 年，在复杂多变的国际舆论场中，我国的国际传播能力建设取得了长足的进展，积累了应对舆论危机的丰富经验，也探索出构建大外宣格局的创新道路。在众多的战略方向中，如何统筹运用跨国互联网平台，如何创新建设自主可控平台，成为系统提升国际传播能力的重要抓手。这一可以被称为"深度平台化"的战略方向，亟须学者在理念和理论上对其进行澄清，以避免对以社交媒体为代表的跨国互联网平台的工具化认知，进而再次陷入传受关系的简单二元论。一般来说，深度平台化包含深度嵌入跨国互联网平台和深度融合构建自主可控平台两个方面。

一、深度嵌入跨国互联网平台的自主性逻辑

理解深度平台化这"一战"略方向的理念前提是将跨国互联网平台视为国际传播的基础设施或媒介生态。以社交媒体为代表的跨国互联网平台已经形成一个自主和智能的商业化传播生态。这一生态诞生于传统媒体的传播系统之外，是基于高速连接和信息计算的增量性传播空间。这一增量空间的出现一方面全面拓展或者说压缩了人类社会的传播时空，另一方面反向重组了以传统媒体为代表的传播结构。跨国互联网平台服务信息供需的多边性和多变性亦成为国际

---

* 本文原载于中国社会科学网 2022 年 5 月 30 日，收入本书时，略有删改。

舆论场出现流动性危机的内在机制。因此，在互联网平台成为国际传播主战场的当下，摆脱传统的工具化思路，尤其是克服将平台视作渠道的狭隘理念，进而从"深度嵌入"这一角度出发，系统研究跨国互联网平台驱动国际传播变革的技术、商业和政治机理，应成为加强国际传播能力建设的重要突破点。

"深度嵌入"包含三个维度：首先是深度嵌入跨国互联网平台的技术逻辑，这一逻辑以数据、计算和控制为特征，目的是精准维护用户生态的稳定性；其次是深度嵌入跨国互联网平台的商业逻辑，这一逻辑以数据流量的货币化为特征，目的是保证经济模式的可持续和平台垄断的稳定性；最后是深度嵌入跨国互联网平台的政治逻辑，这一逻辑以去极端化为特征，目的是在保证用户多样和声音多元的同时，避免挑战平台地位的伦理争议。基于此，加强国际传播能力建设需要我国各大媒体充分内化社交媒体、搜索引擎、网络游戏等跨国互联网平台的技术逻辑和相应的传播机理，成为平台的积极使用者；探索对接各类跨国互联网平台的商业模式，以客户思维构建与平台的商业合作关系，实现产品和流量出海；借力各类跨国互联网平台的保守性政治底色，推动国际舆论尤其是涉华极端言论的自动化过滤，形成与平台内政治生态的积极互动。

二、深度融合与自主可控的国际传播平台建设

既然跨国互联网平台呈现较强的生态性和自主性，那么在深度嵌入这一国际传播新型基础设施的同时，我国需要在推动媒体融合向纵深发展的基础上，构建自主可控的国际传播创新平台，进而形成与跨国互联网平台的协作乃至互补关系，而不是简单的替代与对冲关系。后者往往是平台地缘政治框架下的零和逻辑产物。

就当下可以动用的传播资源而言，我国至少可以考虑进行两种类型平台的建设。

首先是深度融合的智能媒体平台，即依托媒体融合进程而打造的新型主流媒体矩阵。在平台化的国际传播格局中，此类媒体平台将成为有关中国和国际事务的权威内容补给站，拥有着专业媒体的信源优势和组织化的生产力。

因此，主流媒体国际传播的平台化建设不能按照跨国商业平台的思路做终端并尝试提升自身的流通权力，反而需要再造自身在跨国网络传播的供需关系中的信息或内容的供给侧优势。这一点往往在渠道霸权的流行意识中被忽略。达到这一目标需要提升新型主流媒体针对不同区域、国别、群体、个人以及不同跨国网络平台的智能化内容生产能力，以及相应的国际关系专业知识和跨文化传播素养。

其次是孵化以国际公共性为内核，拥有全球在地化发展潜能的非商业跨国互联网平台。目前，出海成功的源自中国的跨国平台大多为私营商业平台，其全球化的成功和其他源自欧美的各类平台的成功并无二致，大多源于技术与商业的有效结合，而这两类平台企业或平台系统的对立也仅仅是商业竞争或地缘博弈的结果。那么，在这类平台资本主义路线之外，能否依托中国庞大的互联网用户及其数据资源，以及以普遍服务为导向的建设经验，培养和孵化非商业目的的国际公共互联网服务平台，不仅是我国国际传播能力的建设问题，也是国际互联网平台化发展的前途问题。在这里，中国实践和中国智慧将呈现与国际社会的公共性导向的互构关系。就当下而言，这类新兴平台的建设方向可以包含新闻聚合、人际交往、生活服务、知识共享、大众娱乐等；与此同时，我们也要充分考虑到这类新型跨国互联网平台的经济结构，建立政府、企业、社会组织和个人共建共享的合作主义模式，这样才能有效对接复杂多样的国际社会的传播需求。

习近平总书记在中共中央政治局第三十次集体学习时指出，"要加强国际传播的理论研究，掌握国际传播的规律"。在大数据、人工智能、云计算等技术支撑的跨国互联网平台上，国际传播正在日益融入一个平台主导的数字经济和信息传播新生态。如何以积极的姿态嵌入这一技术、商业和政治逻辑，从而实现国际传播的借力效应；如何夯实自主可控媒体平台的内容优势，提升其与跨国平台的精准对接能力；如何尝试走出平台资本主义框架，孵化更具国际公共性的另类跨国互联网服务平台，以上三个深度平台化追问也许可以构成探求国际传播规律、创新国际传播理论的切入点，进而推动"构建具有鲜明中国特色的战略传播体系"。

高举人类命运共同体大旗　塑造胸怀天下的国际话语权[*]

在百年未有之大变局中，推动构建人类命运共同体既是一项伟大的社会实践，也是一套丰富的话语实践。习近平总书记在论及加强和改进国际传播工作时旗帜鲜明地指出，"要高举人类命运共同体大旗"，把我国自主的道路选择和悠久的文明视野与共同塑造公正合理的国际新秩序相结合，也就是把中国与世界——这一在西方视野中割裂甚至对立的二元主体——相融合，体现新时代中国故事的正义性、包容性和超越性。因此，创新性地提出并构建人类命运共同体的理念为国际传播话语体系的重塑提供了中国智慧。

一、国际传播话语体系的内卷格局

人类命运共同体理念的提出奠基于对当今世界结构性危机的深刻理解和精准把握，而世界危机的话语表征就主要体现在国际传播之中。一方面，21世纪以来，以新自由主义为内核的旧的政治经济秩序遭遇了大转型。随着新兴经济体的快速崛起，世界多极化趋势日益明显。另一方面，主导旧秩序的政治力量试图借助包括话语体系在内的所有武器捍卫这一秩序的合法性，支持这一秩序的延续性。于是，我们清晰地发现了世界历史的现实进程与话语实践之间日渐疏离甚至矛盾的共存关系，我们也发现了一种国际传播话语体

---

[*] 本文原载于中国社会科学网 2022 年 9 月 6 日，收入本书时，略有删改。

系的"内卷"格局。

这一内卷格局的核心是植根于"冷战"世界秩序和后殖民主义的单一现代性话语。这一话语将融入这一体系的国家和社会视为落后发展的我者，而将犹豫或拒绝融入的国家和社会视作需要接受改造的他者，进而在一套传统与现代、野蛮与文明、自由与专制、东方与西方，甚至中国与世界的二元框架中不断进行着自我话语赋能，以依然存续的迷思叙事维持着自身的合理性，也有意无意地遮蔽着那些需要话语创新的另类发展与治理实践。在这个意义上，当下的国际传播话语体系充满着内卷的动能，并借助地区冲突、新冠疫情、信息技术、政治事件等冲突框架不断获得阶段性的新生，继续尝试争取和俘获那些在大变局中动摇的头脑，也进一步凸显了所谓国际传播话语体系本就是一个矛盾和斗争的场域，而不像国际传播这一概念所暗示的那样存在稳定的间性关系。

二、人类命运共同体的话语创新实践

在话语体系的"内卷"格局下，人类命运共同体理念的提出恰恰体现了国际传播秩序的自反性努力，呈现了国际传播话语创新实践的对抗性和超越性、特殊性和一般性的统一。

首先，针对西方主导的霸权式、体系化的二元对立话语，人类命运共同体的话语实践展现了强大的对抗性，它以鲜明的概念差异和叙事差异，在挑战上述单一体系的同时，为国际传播的话语创新提供了新的想象空间。与此同时，人类命运共同体这一话语创新并非以对抗为终极目的，否则就会蜕化为二元话语体系的新变体，而是超越了对立叙事的逻辑，赋权所有传播主体在共存共荣的危机环境和荆棘丛生的发展道路上，形成人类故事多元叙事和多维对话的新格局，最终为推动构建更开放、更包容和更正义的国际传播新秩序而助力。因此，人类命运共同体理念的国际传播就是构建国际传播新秩序的话语实践。

其次，人类命运共同体理念的提出和推广体现了鲜明的中国主张和中国智慧，是一种胸怀天下疾苦、解决世界危机的中国方案，也是国际传播话语的特殊性与一般性的辩证统一。在国际传播的话语史中，不管是发展传播的线性史观、反帝反殖的矛盾史观、世界主义的复线史观，抑或全球主义的融合史观，大都无法形成脱离具体国家和制度语境的普遍化叙事。换句话说，国际传播的话语体系是由国家叙事与世界叙事相互构建的两面一体，任何倾向于一端的话语实践都无法构建长期的合法性，两者有机结合才能形成更具号召力和动员力的传播效果。

作为世界体系和全球进程中的中国，从新民主主义革命到社会主义改造和建设，从改革开放到社会主义新时代，一直在探索国家发展、人民幸福、世界大同的独立自主与开放合作之路。在与世界依存度日益提升的背景下，中国首先通过消除贫困、保护环境、发展经济等方式解决自身问题，甚至是以自我革命的魄力，形成对全球可持续发展的强大助力；其次，通过搭建多边政治对话平台和经贸合作机制，中国积极参与国际公共空间建设和秩序维护，已经发展为一个更具全球代表性的负责任的大国合作伙伴；最后，通过实施系统性的国际援助，开展多元化的人文交流，中国日渐成为弥合全球发展鸿沟，捍卫全球发展正义，推动文明交流互鉴的旗手。

基于上述发展与合作实践，中国与世界之间的关系，恰如习近平总书记所说的，就是"你中有我、我中有你"，而不是"以邻为壑、隔岸观火"。人类命运共同体的创新话语实践就是超越西方中心主义的国际传播二元对立话语体系的新概念、新范畴和新表述，是对民族国家主体间性的强调，是对零和博弈的反思，是对霸权主义的超越，也是对人类多元文明秩序的回归。

党的十八大以来，习近平总书记立足中国、胸怀天下，提出和丰富了推动构建人类命运共同体的创新理念，准确而深刻地回答了"世界怎么了、我们怎么办"的时代之问，用这一理念调整和引导着国际传播的话语体系转型，获得了国际社会的广泛认可。正如联合国前任秘书长潘基文所说的："这难道不正是我们应当致力于建设的世界吗？"在党的二十大即将召开之际，我们需要继续深化对人类命运共同体理念的理解，将之打造成解释和构建中国与世界新型交往关系的话语高地。

后　记

　　本书付梓之际，我们将迎来中华人民共和国成立75周年和中国传媒大学建校70周年。一个学者的成长、一个学校的发展、一个行业的变迁、一个国家的强盛、一个民族的复兴、一个新式地球村的形成，诸多历史的轨迹在此刻交叠，我们往前迈出的每一步都镌刻着新时代的印记。面对着国际传播领域的各种危机和挑战，新一代学人应勇立潮头，突破既有边界，拓展理论想象，深耕实践田野，扛起知识创新、教书育人、文明交流的历史重任。希望本书能够为这一时代使命的达成增添一份微薄之力。

　　感谢学校近年来为国际传播研究、教学、实践搭建的各类高端科研平台，提供的交叉学科氛围；感谢各个原发期刊和转载期刊对国际传播理论研究的大力支持；感谢闫伯维、钟瑞奇、黄彬、王龙博在本书编纂过程中作出的贡献。

姬德强